The Good and Beautiful Community
Following The Spirit, Extending Grace, Demonstrating Love
JAMES BRYAN SMITH

エクササイズⅢ
ともに神の愛に生きる

ジェームズ・ブライアン・スミス［著］
松本徳子［訳］

いのちのことば社

Originally published by InterVarsity Press as *The Good and Beautiful Community* (GBS) by James Bryan Smith.

www.ivpress.com

私の素晴らしく美しい共同体
メガン・スミス、マット・ジョンソン、キャサリン・ジョンソン、
ジャニーン・セル、パトリック・セル、ローラ・フォックス、C・J・フォックス、
ジミー・テーラー、アンドリュー・タッシュに

心も魂も私の味方でいてくれるゆえに（Iサムエル14・7）

日本の読者の皆さんへ

松本徳子氏が私の本 *“The Good and Beautiful Community”* を日本語に訳してくださったことを本当に光栄に思います。私は以前から、日本人にとても深いつながりを感じてきました。というのは、私の父が第二次世界大戦で戦い、戦後二年間日本に駐在していたからです。父は当時の写真をたくさん持ち帰って私たちに見せてくれていたので、私は日本にとても魅了されてきました。しかし、私たちの国の関係には困難に満ちていた時代があったことも知っています。国の違いと人種が異なるという単純な理由で戦争をした時代もありました。けれども、イエスは私たちの仲介者です。そして、パウロがコロサイの手紙で書いている言葉を思い出します。「そこには、ギリシア人もユダヤ人もなく、割礼のある者もない者も、未開の人も、スキタイ人も、奴隷も自由人もありません。キリストがすべてであり、すべてのうちにおられるのです」（コロサイ3・11）

今日、私たちはこう言うことができるでしょう。「そこには、日本人もアメリカ人もありません。キリストがすべてであり、すべてのうちにおられるのです」。私たちはキリストにあって一つです。それが私たちの共同体の基礎です。皆さんの信仰の旅路に神様の祝福が豊かにありますように。

主の祝福を祈りつつ

ジェームズ・ブライアン・スミス

目次

序章

「イエスの弟子シリーズ（The Apprentice Series）」は、人々がキリストに似た者に成長するのを助けるために書かれています。このシリーズは霊的に変化するための基本的な公式に基づいて作られています。それには精神的面（物語の書き換え）、身体的面（魂を鍛えるエクササイズの実践）、共同体的面（最初の二つを共同体という文脈のなかで行う）、霊的面（聖霊の働き）が含まれます。そして、私は真の霊的変化とは、人間の生活のたくさんの局面を考慮に入れた全人的なものであるべきだと確信するようになりました。

私はこの教材を五年間実際に使ってみて、私たちがどのように変化し、どのようなものが妨げとなるかについて多くのことを学びました。私が発見したことは、聖霊の導きのもとで人々が以上の三つの活動すべてに取り組むとき、霊的変化が起きることが可能になるだけでなく、ほとんど必然的になるということです。このカリキュラムに真剣に取り組んだ人はすべて、目を見張るような変化を経験しています。彼らの友人や配偶者はそれに気づいて、自分も試してみたいと、すぐに申し込みのサインをしているほどです。

「イエスの弟子シリーズ」の三冊の本は論理的につながっています。最初の本『エクササイズ――生活のなかで神を知る』〔原題は『素晴らしく美しい神（*The Good and Beautiful God*）』〕では、「神についての物語」つまり神についての私たちの考えを取り扱いました。そこでの前提は、私たちの神観をイエスの神観と整合させなければ、間違った方向に進んでしまい、私たちの神と共なる生活は悪い影響を受けて、おそらく立ち行かなくなることでしょう。ひとたび人が「イエスが知っておられた神と恋に落ち」たなら、鏡をのぞいて自分の魂を吟味する準備ができていることになります。それが二冊目の本、『エクササイズⅡ――神の国の生き方を身につける』〔原題は『素晴らしく美しい人生（*The Good and Beautiful Life*）』〕の目的です。この本はおもに人格と美徳を取り扱っています。イエスの山上の説教に従って、怒り、肉欲、嘘をつくこと、思い悩むこと、人を裁くことなど、人生における共通の葛藤を取り扱っています。

これらの本の各章は同じようなパターンで書かれています。読者は実話を通して、人生を妨害している偽りの考えと物語を吟味し、それらをイエスの教えと聖書全体から導き出せる真実な物語に置き換えるように招かれています。また、各章には物語を書き変えるのを助けるために具体的な「魂を鍛えるエクササイズ」が含まれています。あなたはただこの本を読むだけなら、何も得ないかもしれませんし、何かを得る経験をするかもしれません。あるいは、ある章を読んで、魂を鍛えるエクササイズに取り組んで、もう少し大きな変化を経験するかもしれません。けれども、一番よいことは、各章をよく考えながら読み、魂を鍛えるエクササイズに誠心誠意取り組み、自分の経験と洞察を、信仰の旅路を共にしているグループの仲間と分かち合うことです。この最後の方法が最も効果的であることが証明されています。

心と恵みと行動

霊的変化の基本的な公式（物語、エクササイズ、共同体――聖霊）に加えて、この三冊本のカリキュラムは、クリスチャンの霊的形成で非常に重要な基本的原則をいくつか教えています。これらは最初の二冊でも重要でしたが、三冊目のこの本ではもっと重要です。本書は、神への私たちの愛（一巻目）や私たち自身の魂のケア（二巻目）だけでなく、私たちがどのように生きるかを直接取り扱っているからです。本書『エクササイズⅢ――ともに神の愛に生きる』（原題は『素晴らしく美しい共同体（*The Good and Beautiful Community*）』）では、最も大切な戒めの二番目の部分である「隣人を自分自身のように愛すること」を考えていきます。

私たちは隣人愛の領域になると、肝心なこと（心）を見失って、間違ったこと（活動それ自体）だけを強調することになりがちです。パウロはこのことをよく理解していて、コリントの教会の人々に「たとい私が持っている物の全部を貧しい人たちに分け与え、また私のからだを焼かれるために渡しても、愛がなければ、何の役にも立ちません」（Ⅰコリント13・3新改訳第三版）と書いています。

私たちは最高の行為である奉仕に携わることができ、殉教に身を投じることすらできますが、もし愛の心からそうするのでなければ、それはまったく価値のないことです。社会正義やほかの人に対する慈善事業に取り組むとき、その活動自体に夢中になってしまう傾向が私たちにはあります。自己陶酔的なこの世界では、人々はしばしば恐れから小さな安全地帯を作って他者から孤立しているので、人に仕えるということは稀なことです。ほかの人のために自分の時間とお金を犠牲にしている人々を見ると、それは私たちの目を引きます。それ自体は何も悪いことではありません。私たちは自分の光を升《ます》の下に隠すべきではありませんし、実際隠すことなどできません。けれども、気をつけなければなりません。私たちのよい働きは虚栄心へと導くこともあるからです（第二巻で論じたように）。そうすると、私たちの業が天におられる父の栄光を表す代わりに、地上にいる自分に栄光を帰するための業になってしまうからです。

同じことが個人の敬虔さについても言えます。祈りや聖書を読むことを、神と人々から称賛を受ける手段にしてしまうのは簡単なことです。イエスがパリサイ人を批判したのは、祈りと断食と施しをしていたからではなく、それをただ「人々に見えるように」するために実践していたからでした（マタイ6・5）。私がしばしば用いるお気に入りの言葉は、「事柄の中心は心の問題である」です。

以上の注意事項を心に留めながら、はっきり言わせていただくと、このことは問題ではありますが、第一義的な問題ではありません。クリスチャンとしての私たちの大きな失敗は、良い行いが比較的少ないことなのです。かつて私自身も含めて多くの者は、救われるのは信仰によってのみであり、私たちの行いによるのではないと信じるように導かれてきました。まるで私たちの行いが必要ないというかのようにです。多くの人はエペソ人への手紙2章8－9節をこの点を強調するために引用することを好みます。私たちの行いは私たちを救わないし、救うことができないということは真実ですが、私たちが良い行いをするために造られたことも真実です。私たちがすべきことは10節を読むことです。この三節全体を見てみましょう。

この恵みのゆえに、あなたがたは信仰によって救われたのです。それはあなたがたから出たことではなく、神の賜物です。行いによるのではありません。だれも誇ることのないためです。実に、私たちは神の作品であって、良い行いをするためにキリスト・イエスにあって造られたのです。神は、私たちが良い行いに歩むように、その良い行いをあらかじめ備えてくださいました。（エペソ2・8―10）

三節全部を読めば、正しいバランスに到達します。つまり、私たちは信仰（信頼と確信）によって恵み（人生のなかでの神の行為）に近づき、そうして愛の関係のなかに入ることができるのです。私たちは神が私たちを愛しておられることを知り、その応答として神を愛するのです（Ⅰヨハネ4・10）。

これは物語の終わりではなく、新しい生き方の始まりです。その愛は私たちの手足を通して、他者に対する私たちの愛の表現として拡大することができ、拡大されるべきものです。私たちはある目的のために造られました。死んで天国に行くまでただ待つためにではなく、「キリスト・イエスにあって」「良い行いをする」ために造られたのです。信仰と行いは対立するものではありません。信仰は良い行いへと導くべきであり、確かに良い行いは信仰から自然に発生するものだからです。ヤコブはこの点をはっきりさせています。

私の兄弟たち。だれかが自分には信仰があると言っても、その人に行いがないなら、何の役に立つでしょうか。そのような信仰がその人を救うことができるでしょうか。兄弟か姉妹に着る物がなく、毎日の食べ物にも事欠いているようなときに、あなたがたのうちのだれかが、その人たちに、「安心して行きなさい。温まりなさい。満腹になるまで食べなさい」と言っても、からだに必要な物を与えなければ、何の役に立つでしょう。同じように、信仰も行いが伴わないなら、それだけでは死んだものです。（ヤコブ2・14―17）

ここで、ヤコブはどのような信仰について話しているのでしょうか。

個人的な敬虔さと社会活動

信仰には二種類あります。死んだ信仰と生きている信仰です。死んだ信仰とは、個人的敬虔さ、または教理上の正統主義です。確かにそこには、その人自身の実践または教義上の信仰があります。

けれども、それは死んだ信仰です。いのちを産み出すことはありません。まるで死海のようにそこから何も湧き出ないので、そのなかにいのちはありません。生きている信仰とは、愛を通して働く信仰です。パウロによれば、それこそが大事な唯一のことです。「大事なのは……愛によって働く信仰なのです」（ガラテヤ５・６）。生きている信仰とは、神への信頼と確信が、私たちの人間関係と相互の出会いのなかで、愛の行動として表されるものです。

ここまで私は二つのよくある間違いを避けてきました。その間違いとは、①活動そのものに焦点を当てることと、②個人的な信仰に焦点を当てることです。前者は社会的活動が主要な関心事であるグループでよくあることです。後者は個人の信仰や敬虔さを強調する人々のあいだでよくあることです。この二つの側面はしばしばお互いから完全に引き離されていることに、私は気づいています。社会正義を強調する人々は、個人の敬虔さにほとんどあるいはまったく強調点を置かずに活動を行い、もう一方で個人の敬虔さを強調する人々は、社会正義を一貫してまた継続して実践することにしばしば失敗しています。本書ではイエスの弟子にとってこの二つの本質的な側面を結びつけたいと思っています。

個人的な敬虔さなしの社会活動は、簡単に独善的で無神経になり、燃え尽き症候群へと導くことがありえます。社会活動なしの個人的な敬虔さも、独善的で無神経になり、燃え尽き症候群へと導くことがありえます。皮肉なことに、問題はまったく同じなのです。両方とも自分たちの行為（奉仕あるいは祈り）を神と人間の歓心を得る方法と見ています。両方とももう一方の人々に対して無神経です（活動家は受ける準備ができていない人々に自分たちの親切を押しつけ、敬虔な人々はもう一方の人々の必要に対して鈍感なのです）。そして、両方とも燃え尽き症候群になるのは、聖霊によって力づけられておらず、肉の思いから行動しているからです。

ですから、ここでの目的は、黙想と活動、敬虔さと憐れみ、個人のディボーションと社会奉仕のあいだに、幸せな結婚を作り上げることです。先に述べたように、これはよくあることではありませんが、キリスト教の歴史における偉大な運動のなかではっきりと表されてきたことです。聖フランチェスコは瞑想に何時間か費やしましたが、それでも貧しい人々や病人や追放された人々の世話もしました。ジョン・ウェスレーはメソジストたちに、「敬虔な行為と憐れみのわざ」は同じコインの欠くことのできない両面だと語りました。初期のメソジストたちは彼らの個人的な清さと同時に、社会的な清さで知られていました。ウェスレーはどちらの局面も軽視されることを許しませんでした。

真の社会活動家

ダラス・ウィラードと私はあるとき、社会正義と共同体の奉仕について話していました。彼から「ジム、真の社会活動家とは誰だと思うか」と聞かれました。私はコルカタで貧しい人々に献身的に仕えたマザー・テレサや、不正に対して非暴力という愛情深い方法で戦ったマーティン・ルーサー・キング・ジュニアのような人々のことを考えましたが、自信がなかったので「分かりません、誰ですか」とだけ言いました。彼の答えは意外なものでした。「真の社会活動家とは、イエスの弟子として普通の人間関係のなかで生きている人だよ」。彼は続けて、社会活動とは行為ではなく、その人の存在のあり方なのだと言いました。私たちは奉仕や抗議や服従への拒否など、行動に強調点を置きやすいのですが、実は強調点はその人の心や性格にまず置くべきだというのです。

それからウィラード博士は、すべての人間関係、そしてすべての行為は、弟子として生きることから影響を受けることになると説明し始めました。それは、私たちがあちこちで良い行いをするということではなく、私たちの人生そのものが良い行いであるということです。私たちに吹き込まれているキリストの性質が、あらゆる出会いに現れるからです。キリストの弟子は本当のことを言うという事実は、その人の働く場所全体にも影響を与えるでしょう。イエスの弟子は恐れや貪欲に支配されていないという事実は、その人の家庭と共同体に違いをもたらすでしょう。私はダラスが焦点を行いから心に、外面から内面へと移す仕方が好きです。人々はスープキッチン（ホームレスのための炊き出し）や短期ミッショントリップ（宣教旅行）に参加するなど、社会的活動にパートタイムで参加して、実際に自分がしている以上に奉仕していると感じている場合があまりにも多いのです。

それらは良い活動ですが、もしそれがキリストに似た性質からもたらされていなければ、一時的な親切な行為にすぎません。イエスの弟子とはパートタイムで良い行いをする人たちではありません。絶えず神の国につながって生き、いつもキリストが内住してくださっている人々です。彼らはときには本当のことを言わず、ときには犠牲的な生き方をせず、ときには赦さないこともあります。

けれども、私たちが住んでいる世界に影響を与えるチャンスは無数にあります。ですから本書では、私たちがほかの人々と関わりを持つたくさんの方法を検討し、そのことが、今キリストの王国でキリストとともに生きる人たちにとってどんな意味を与えるかを考えたいと思います。

キリストが内住してくださっている者

最初の二冊の本で取り扱ったように、弟子にとって本質的な物語は、アイデンティティーとその人の居る場所とに関係があります。キリストに従う者として、私たちはキリストが私たちのうちに住んでくださっている者です。これは私たちの基本的なアイデンティティーです。それは誰にでも簡単に手に入るものではありません。私たちの行動と関わりなく、変更の可能性があることではありません。ここでの本質的な考え方は、私たちのアイデンティティーが行動を形作るべきということですが、私たちはそれと逆の世界に住んでいます。つまり、この世界では行動がアイデンティティーを決定するのです。けれども、私たちはこの世に属していません。この世は私たちの故郷ではありません。私たちは心と思いを別の世界に向けています（コロサイ3・1―2）。私は最近、私たちの真の意味でのアイデンティティーを表現する、とても美しいフレーズに出会いました。それはユージン・ピーターソンが書いていた言葉で、私たちは「素晴らしい、決して複製されない恵みの物語」[1]であるというものです。

キリストが内住しておられ、キリストが喜んでくださっている存在として、恵みの素晴らしい物語として、私はかけがえのない者であり、神のために取り分けられた者であり、特別で、イエスを死者のなかからよみがえらせた同じ力で力づけられている者です（ローマ6・3―4）。私はかけがえのない者であり、私は私を強めてくださるキリストによってどんなことでもできます（ピリピ4・13）。私のうちにおられる方は、この世にいる者よりも偉大なのです（Ⅰヨハネ4・4）。この認識は、イエスとその価値観を拒絶した世界で、イエスの弟子として生きようと奮闘している者には不可欠です。けれども、よい知らせがまだあります。私は堕落した壊れた世界に生きているにもかかわらず、同時に神の国の力と保護と供給のもとで生きている、ということです。神の国はいつまでも存在し、今、そこにいることができるのです。

このことは、共同体のなかでの私たちの生き方にとって何を意味しているのでしょうか。このことは私たちが他者を愛し、赦し、仕えることに、どのような影響を与えるのでしょうか。それはすべてのことを意味します。私たちは自分がどういう者で、どこで生きているかを知っているからこそ、愛し、赦し、仕え、祝福し、与え、励まし、結びつけ、忍耐することができるのです。これらのことを行うことができるのは、メシアであるイエスが同じことをしてくださったからです。私たちはイエスの模範によってだけでなく、イエスのいのちと力によって力づけられるからそれができるのです。私たちがイエスの行われたことを行っているのは、イエスに似た者とされるために、イエスとともにいることを学んでいるからです。そしてすべては彼が与えてくださる力を通して可能となります。

私たちのうちにおられるキリストが、どのようにしてこの世を変えるかを示している箇所は新約聖書にたくさんありますが、以下はその一部にすぎません（本書全体を読めば分かるように）。

互いに親切にし、優しい心で赦し合いなさい。神も、キリストにおいてあなたがたを赦してくださったのです。（エペソ4・32）

互いに忍耐し合い、だれかがほかの人に不満を抱いたとしても、互いに赦し合いなさい。主があなたがたを赦してくださったように、あなたがたもそうしなさい。（コロサイ3・13）

ですから、神の栄光のために、キリストがあなたがたを受け入れてくださったように、あなたがたも互いに受け入れ合いなさい。（ローマ15・7）

夫たちよ。キリストが教会を愛し、教会のためにご自分を献げられたように、あなたがたも妻を愛しなさい。（エペソ5・25、以上傍点は著者による）

このように、イエスは私たちの模範であられると同時に、私たちが思いやることができるよう、道となってくださいました。私が生き、他者を愛し、他者に仕え、他者を受け入れることができるのは、イエスがそれらのことを私にしてくださったからです。私は持っているものを与えているのであって、自分にないものを与えているのではありません。

このことは霊的形成と共同体の奉仕について論じる際に肝心なことです。これは敬虔と行動が一つにされる方法です。私のうちにおられるキリストは、ひとりになること、レクチオ・ディヴィナ、祈り、生活のペースを落とすことなどの個人的な魂のエクササイズを通して耕されなければなりません。けれども、この私のうちにおられる同じキリストが、他者を愛し、彼らを受け入れ、彼らのために自分を犠牲にすることへと促すのです。あなたが本書を読み、魂を鍛えるエクササイズに取り組むにしたがって、このことがさらにはっきり分かるように私は願っています。もしそうならなければ、私たちの奉仕の業は自己中心で、究極的には独善的になる危険性があります。私たちが他者を愛し、仕え、赦し、世話をするのは、神がまず最初に私たちを愛し、仕え、赦し、世話をしてくださったからです。私たちが今、神とともに生きているいのちは、出会うすべての人にも、あふれ出て伝わっているのです。

著作と講演で活躍しているトニー・カンポロは、献身的に貧しい人々の世話をしている理由を私に話してくれました。彼は毎日、イエスに「思いを集中する」ために時間を取り分けて、キリストが共におられること、確かにキリストが自分のなかにおられることに気づくそうです（ガラテヤ2・20、コロサイ1・27）。

私のなかに、私を通して生きておられるイエスとの結びつきを意識することが、困っている人々の世話をすることへと私を引き寄せるのです。私は困っている人々のなかにイエスを見ています。もし私にこの基盤がなければ、彼らの世話をすることに何の価値もないでしょう。それは憐れみにすぎず、誰も憐れまれたいとは思わないからです。私は彼らのなかにキリストを見て、彼らを愛します。だからこそ、私はこのことをしているのです[2]。

彼は個人的敬虔さと社会活動の関係を見事に説明してくれています。その説明は、私たちが思いやりを抱く理由を示し、間違った理由でそうすることを防いでくれます。

人々のなかで生きる

普段の日、私は朝起きて妻と息子におはようと言い、娘が学校に行く用意をするのを手伝い、マクドナルドのドライブスルーで朝食を注文し（私は朝食を作る完璧な父親ではありませんし、妻は日の出前に仕事に出かけるので、大目に見てください）、渋滞のなかで人と出会い、学校で子どもを車から降ろす他の保護者に手を振り、仕事にくる同僚にあいさつし、教室で学生を教え、ランチで友人に会い、会議で同僚や上司と意見交換し、管理スタッフの見事な仕事を監督し、スポーツジムで五十人と並んで運動をし、帰宅して家族か友人たちと一緒に夕食を食べ、子どもの宿題を手伝い、書き物をし、妻と家族におやすみのキスをして眠りにつきます。次の日、起きて、多少の違いはありますが同じことをします。

ですから普段の日、私個人の神の国は百人以上の人々の王国と触れているわけです。ある人々とは深いレベルでの、その他の人々とは表面的な関わりになります。妻と子どもたちと私は、家族という、人間関係の最も深いレベルでお互いのことを知っています。マクドナルドで私のお金を受け取った女性は私の名前を知らないし、私も彼女の名前を知りませんが、それでも交流を持ちます。私の王国と彼女の王国（つまりそれぞれが支配しているもののこと）は少しの間、関わり合いました。同じことが先に述べたすべての人についても言えます。つまり、同僚、学生、共に汗をかく人たち、ドライバー仲間です。私はこの人たちのことをよく知らないかもしれませんが、彼らのなかで生きています。

イエスの弟子として問題となるのは、キリストが内に住んでおられ、神の国に生きている者として私は、ではどのように彼らのなかで生きるべきか、です。イエスの弟子としての生活を実践するべき第一の場所は、家庭です。そこは普通、それを実践するのが最も困難なところでもあります。人間関係の深さと、それに伴う重さのゆえにそうなるのです。家庭は神の国の生き方を実践する第一の舞台ですが、第二の場所は多くの人にとって、職場になります。平均的な人は職場で一日七・六時間を過ごし、それは一つの場所で過ごす時間としては一番長いものとなります。自然と職場に、弟子としての生き方を実践するチャンスが充分あることになります。

時間という観点から次に挙げられるのは所属しているクラブや組織で、そこではほかの人と交流するために多くの時間を費やします（たとえばＰＴＡ、教会、エアロビクスの教室）。そして、ショッピングモール、スーパー、映画館、郵便局、車両管理局（親切で忍耐強くすることがとても難しい場所です！）といった公共の場で他者と接することの重要さも無視できません。これらの場所ではほかの人のすぐ近くに立たされるので、私たちと彼らの行動が重要になります。

衝突かつながりか

これらの人々はみんな違っていますが、共通していることが一つあります。それは、彼らの王国が私の王国と出会っていることです。これらの王国は、ときにはぶつかり（軽い衝突事故）、ときには穏やかに関わりを持ちます（「ロドニーと申します。給仕をさせていただきます。お飲み物はいかがですか」）。ときには傷つけ（「もう友だちでいたくない」）、ときには関係を築きます（「あなたのことが好きです」）。こうした王国の出会いは、人生の本質的な要素です。彼らは傷つけることもできますし、助けることもできます。呪うことも祝福することもできます。

人間関係で成功するには、私たちの内側の状況が大きく関係します。だからこそ、この本はシリーズの三巻目で、一巻目ではないのです。イエスが持っておられ表してくださる神との親密な関係に私たちが成長するなら、私たちの人生は良い方向に変わり始めます（『エクササイズ――生活のなかで神を知る』）。嘘や怒りや思い悩むこととの戦いで進歩するなら、他者と関係を保つ能力も改善されることでしょう（『エクササイズⅡ――神の国の生き方を身につける』）。けれども、その反対もまた真実です。たとえば、もしまだ怒りに支配されているなら、どのように他者を愛し、赦して仕えるかを学ぶことはもっと難しくなるでしょう。

最初の二冊を習得しなければ本書を読むべきではないと言っているわけではありません。私たちは愛することで愛し方を学び、赦すことで赦し方を学び、仕えることで仕え方を学ぶ場合もあるからです。ただし、私はイエスが主張された真理を指し示します。つまり、良い木は良い実を結ぶ、あるいは内側にあることが外側に現れるからです（マタイ7・16―20）。

ほかの人々との日々の出会いこそ、私たちの神との関係が具体的に現れる場所です。ほとんどの人は、この領域で少し助けを必要としています。私もそうです。だからこそ、私はこの本を書いたのです。私には手引きが必要でした。あなたが読んでおられるのは、人間関係の専門家の言葉ではありません。置かれているさまざまな人間関係のなかでイエスの弟子としてどのように生きたらいいか、自分の葛藤と洞察を語っている初心者の霊的日誌を読んでいるのです。幸運にも、私の周りにはこの重要な領域について教えてくれる偉大な人がたくさんいました。この本は最初の二冊と同じように共同体のなかで生まれ、そこではほかの人々の経験が非常に貴重な教師の役割を果たしてきました。

私は自分がイエスに従う者として、最もよい意味で変わっていることを思い起こさせてもらう必要があります。つまり、イエスの教えによって生きていない周りの人々にとって、私は変わっているのです。私の人生は、永遠で力強い神の国に根付いているからです。私の人生の根は未来にあり、安全で安心です。そしてそのことが私に力を与えて、利他的に生き、多様性の真ん中で一つになるために努力し、困難なときにも赦し、基準を高く設けて、気前よく生き、主の家で礼拝することを望み、死にかけているこの世界で新しいいのちの証人になることを求めさせます。私はそのことを思い起こさせてもらう必要があり、また私の周りにある共同体に、私が誰で誰のものであるか、そしてそのことが日常生活にどんな意味を持つかを思い出す助けをしてもらう必要があります。

この本は、周りの人々にとって私たちが祝福となる方法を提供しようとしています。そうするためには、どうしてそうならないことが多いのか、またどうして毎日会う人々と健全な人間関係を築くことがとても難しいのかを見る必要があります。

最初の二冊と同様に、これらの領域でのたくさんの失敗は偽りの物語が原因です。そして、最初の二冊と同様に、解決法はこれらの偽りの物語を、真実な物語（聖書に見出される）と置き換えて正すことです。それとともに、身体と魂に正しい物語を埋め込むことを目的とする魂を鍛えるエクササイズに取り組むことです。

内向的な瞑想者の告白

この本が、個人の霊的形成と共同体の関わりとのあいだに大いに必要とされているバランスに、何らかの方法で貢献できることを期待しています。生まれつき内向的で瞑想的な者として、私には共同体と奉仕について書く権利はありません。それは私にとって簡単なことではありませんが、聖霊の導きのもとで、この領域で成長するために何年も努めてきました。

私の友人で同労者であり、共同体と奉仕の両方の分野に精通しているマット・ジョンソンがこう言いました。「ジム、君こそこの本を書くのに最適な人だよ。君は専門家ではないが、学び仲間だ。それに君は共同体のなかに入って奉仕に携わることがどんなに難しいか知っているが、私たちにはそれが簡単なことなので、その葛藤を忘れてしまう人もいる。また、君は何年も少しずつ進んで来たから、君の経験は多くの人が身近に感じるだろう。社会活動について書く人はたいてい、多くの人がいるところからかけ離れたところで生きているから」と。

これは「あなたにスキルと専門的知識が欠けていることは悪いことではないかもしれませんよ!」ということの礼儀正しい言い方だったかもしれません。けれども、私はこれを肯定の言葉と受け止めることにします。

この本のなかに、最高レベルの犠牲を捧げるようにと招く聖人の言葉は見つからないでしょう(そのような本を読むことはできるし、あなたにはそれを受け入れる準備ができているかもしれません)。むしろ、光に向かってよろよろ歩いている、必死に頑張っている落伍者の言葉を読むことになるでしょう。私自身の失敗とときどきの成功が、隣人を愛そうと努力するときの励ましとして提供されています。

私たちの究極的な教師は聖霊です。私たちが自分の前に置かれている競走を走るときに(ヘブル12・1―2)、このお方が私たちをすべての真理へと導き、コースをはずれて行くときに正し、エネルギーと励ましを注ぎ込んでくださると私は信じています。あなたが自分の素晴らしく美しい共同体で素晴らしく美しい人生を生きようと奮闘するときに、父なる神と御子と聖霊の祝福が豊かにありますように。

この本を最大限に利用するために

この本は共同体のなかで用いることを意図して作られました。つまり小グループや教会学校の分級、またはご自宅や喫茶店に数人の友人が集まるような場合です。ほかの人たちと一緒にこの本に取り組むことによって、よりいっそう効果が上がるのです。もし一人で取り組むのでしたら、左に掲げる助言のうち、最初の四点だけが該当するでしょう。どのように用いるとしても、神は読者の中に素晴らしい働きを成し遂げることができるし、またそうしてくださると確信しています。

1　準備する。日誌かノートを用意してください（ディボーション・ノートにします）。この日誌は、各章にちりばめられた設問に答えるため、それから各章の最後にある「魂を鍛えるエクササイズ」で体験したことを振り返るために使います。

2　読む。各章をしっかりと読みます。急いで読もうとしないでください。また集まりの直前ぎりぎりになってから読むことのないようにしてください。週のまだ充分に早いうちに読み始めてください。そうすれば時間をかけて内容を消化することができます。

3　実行する。週ごとにすることになっているエクササイズをすべて行ってください。読んだばかりの章の内容に関係するエクササイズに取り組むことによって、その習っている考え方を深めることができます。また自分の魂を形作り、癒《い》やすことも始まります。あるエクササイズをやり遂げるのは、ほかのエクササイズをやり遂げるよりも時間がかかるでしょう。ですから小グループで集まる前に、充分な時間を確保してエクササイズができるようにしてください。またエクササイズに取り組むだけでなく、この本に記されている振り返るための設問もやりたくなるでしょう。

4　振り返る。時間をとって、振り返るための設問の答えをすべて書いてください。

各章の途中や最後にある設問にすべて答えて、日誌（ディボーション・ノート）に書いてください。そうすれば自分の考えを明確にすることができ、神が教えておられることを具体化することもできます。また次の章に進むときにも役立ちます。

5　交わる。聴いたり話したりするために設けられた小グループの集いに参加します。

これは他の人たちの経験を聴いたり洞察から学んだりする機会となります。もし全員が前もって時間をかけて日誌を書いているならば、この小グループの集いでする会話はさらに効果が上がるでしょう。より凝縮された考えをメンバーは分かち合うことになるでしょうし、この小グループでの時間はさらに価値を増すでしょう。ここで覚えておくべき大切なことは、自分が話す量の二倍は聴くようにすることです。けれども話す準備はちゃんとしてください。小グループの他のメンバーは、あなたの考えや経験から学ぶからです。

6　励ます。小グループの集い以外でも、互いに交わってください。

科学技術がもたらしてくれた大きな祝福の一つは、私たちが簡単に連絡を取り合えるようにしてくれたことです。次に小グループで集まる前に、少なくとも二人のメンバーに励ましの電子メールを送るというのはいい考えです。あなたがメンバーのことを思っているのだと知らせてあげましょう。またそのメンバーのために何を祈ればいいのか尋ねましょう。このようにすれば人間関係の絆《きずな》が強まり、あなたの経験全体も深まるでしょう。強固な人間関係を築くことは、自分の経験を成功へと導くうえで鍵《かぎ》となる要因です。

第1章　変わった共同体

私は子どものころ、とても真面目で冷たい感じがする、規律正しいメソジスト教会に家族で通っていました。牧師は二十五年以上その教会にいて、次第に教会は彼の性格を反映していきました。彼は学者タイプで、力強く説教し、真顔でユーモアを言う人でした。特に優美さと秩序を愛していました。

何年も私は、牧師が礼拝の間に座るどっしりとした木の椅子のすぐ隣に、オリーブ色の電話があるのはなぜだろうと思っていました。ある日、静かに黙想する祈りの時間に一人の子どもがぐずり出して、泣き始めました。私が目を開けると、牧師が電話の受話器を取るのが見えました。数秒以内に案内係がその行儀の悪い子がいる会衆席に行き、その母と子を礼拝堂の外へ連れ出しました。

私はその出来事から、子どもはいてもいいが、声を出してはいけないというメッセージを受け取りました。これは子どもだった私に、大きな印象を与えました。教会とは厳粛な場所だという物語が、私の小さな脳に深く刻み込まれました。礼拝中は誰もお互いに話すことはありませんでした。私は何回も「しーっ」と言われたのを覚えています。礼拝が終わった後のコーヒータイムの間だけ会話することができます。私の両親は賛美歌を歌い、聖歌隊の賛美を楽しみ、よい説教を聞くために礼拝に行きました。けれども、子どもだった私にはどれもどうでもよいことでした。私は賛美歌が好きではありませんでしたし、ましてや説教など理解できません。聖書も理解できません。会衆席は居心地が悪く、すべての人は静かにじっとしていなくてはならなくて、それは子どもにとって自然なことではありませんでした（可能だとしても、楽しくはありませんでした）。唯一好きだったのは聖餐式（年に四回）のある礼拝で、それはスナックをもらえたからです。もっとも、それは小さなキューブ状のパンと小さな杯に入ったぶどうジュースでしたが。

大きくなるにつれて、家族で礼拝に行く回数は次第に減り（私には嬉しいことでしたが）、ついに私は教会へ行くのをやめてしまいました。ただし、クリスマスとイースターは別でした。母が行くことにこだわったからです。

私は、自分が神と共同体の生活についての理解を深める神学を無意識のうちに培《つちか》っていたとはまったく思っていませんでしたが、そうだったのです。子ども時代のこのような経験が、神についての考えを形作っていました。神はきちんと秩序を保った、暗く悲しげな人々の上空に浮かんでいる存在だったのです。私は早く家に帰って、出来合いのネクタイをはずして、友だちと野球をするために公園に走っていくことが待ちきれませんでした。次の日曜日には何かが起こって教会に行けなくなるようにと（皮肉にも）祈りました。神に集められた人々と時間を共に過ごすことは、子ども心に不快で嫌なことでした。当時の私は幼すぎて気づけなかったのかもしれませんが、教会の人々の集まりに特別なことを何も感じませんでした。教会の人はただ普通の人で、一週間に一時間、宗教的義務を果たしているだけだと思っていました。

けれども、私が十八歳になったとき、私は変わり始めました。私の魂は落ち着かなくなり、人生の意味を求め始め、その結果イエスに心を開くようになりました。イエスはそれに応えて、私の人生を変えてくださいました。数か月のうちに私は聖書を毎日読むようになり、祈りも多くするようになり、ある二人のクリスチャン男性と親しくなりました。大学に入ると、自分ひとりで信仰を持ち続けるのは難しいと思って、助けが与えられるように祈り、キャンパスに行った最初の週に次のことが起こりました。高校時代、私の対戦相手チームにいた一人の男性が、私がしていた「魚」〔古代ローマ時代にキリストを表すシンボルとして用いられた〕のネックレスに気づいて、クリスチャンかと尋ね、聖書の会へと誘ってくれたのです。

それは水曜日の夜のことで、今でも鮮明に覚えています。私は大学寮の一つの部屋に入っていき、いくつかの全くなじみのないことに直面しました。第一に、その部屋は学生であふれていました。私の教会では若者の数は非常に少なかったのです。第二に、皆がそこにいることでわくわくしていました。それまで私は教会のことで興奮している人を見たことがありませんでした（これを教会と呼ぶことはできるのでしょうか）。第三に、その集まりは異なった人々の集まりでした。体育会系の子も学究肌タイプもいましたし、男性も女性もいましたし、黒人も白人もいて、何人かのとてもきれいな女性と何人かのハンサムな男性もいましたし、あまりきれいでない子やハンサムでない子もいました。私が育った教会は全員白人の中流階級で、五十代から六十代の人の集まりでした。最後に、この集まりの構成で際立っていたのが、障害をもつ人々の数です。そのほとんどが車椅子でしたが、精神的障害を抱えている人もいました。

「いったい何が起きているのだろう」と私は思いました。

数分後にリーダーが立ち上がってみんなを歓迎し、部屋はとても温かく、アットホームな感じになりました。私は心地よさとしか言いようのない雰囲気を感じました。それから、一人の若い男性と一人の若い女性がギターと歌声だけで、賛美とワーシップの時間をリードしました。それは私が一度も見たことのない光景でした。つまり、五十人が一つの部屋に詰め込まれて、大声で楽しそうに歌い、中には恍惚状態に陥っているかのように、両手を上に挙げて歌っている人もいるのです。ある者たちは飛び跳ね、ある者たちは手をたたき、部屋の中の者みんな（その時点では私を除いて）がいい意味でうっとりしているように見えました。二十分間賛美をした後で、リーダーである最上級生が聖書から教え始めました。彼はとても明快に自分の人生に起きた葛藤について語り始め、また教える才能の豊かにある人でした。彼は聖書を私にとって意味あるものとし、私の人生に結びつけ、私の問題に関連づけ、私が理解しようと苦闘していたことに関連づける助けをしてくれました。

集会が終わった後で、私を招いてくれた若い男性にお礼を言いました。彼はまた来てくれるかと尋ね、私はためらうことなく来ると言いました。なぜそうしたのか、当時は分かりませんでしたが、後になって、私の魂が経験するように造られているものを目撃したからだと分かりました。つまり、素晴らしく美しい共同体をです。その人々は完全ではありませんでしたし（賛美はプロ級ではなかったのですが、充分よいものでした）、部屋にいる人みんなと親友になりたいと急に思ったりもしませんでした（私の隣にいた男性は、確かにシャワーを浴びる必要がありました）。完全さや優美さ、才能、パフォーマンスが私を魅了したのではなく、交わりと一体感、多様さのなかの一致に私は惹きつけられました。この人々はとても変わっていました。そして、私はそれが気に入ったのです。

偽りの物語――クリスチャンはほかの人々と変わらない

今まで見てきた偽りの物語と同じように、この偽りの物語も部分的には真実です。私が見た世論調査によれば、少なくともアメリカでは、クリスチャンはノンクリスチャンと同じように行動します。たとえば、クリスチャンとノンクリスチャンの離婚率はほぼ同じです。十代の婚前交渉の世論調査だけが信者と未信者のあいだで違いがあり、それもたったの五パーセントの違いでした。ですから、確かに、キリストに従っていると主張している人の行動は、そうでない人の行動と、ある意味ではそんなに違いはありません。さらに、キリスト教のリーダーが犯したスキャンダルを加えると、クリスチャンはあまりよくないだけではなく、もっとひどい存在のような印象を与えるでしょう。

しばらくそのことを考えてみたいと思います。もし会社の社長や会計士が誰かと不倫関係に陥っても、ニュースになりません。しかし、牧師が不倫関係にあるか、お金を横領していたら、大きな問題になります。そして、それはなぜなのかという疑問を抱かせます。なぜ、宗教的に有名な人が倫理的な失敗を犯すと報道されるのでしょうか。それは彼らがそのようなことはすべきではないからです。言い換えれば、私たちは彼らが異なっていることを期待しているからです。なぜでしょう。それは、彼らが周りとは異なった存在であると主張しており、多くの場合そうしようとしているからです。

そして、かなり多くの場合、彼らは異なっています。私が住んでいる市には三つの病院があります。三つともクリスチャンのグループによって始められ、今もそのグループが運営しています。信仰的背景に関係なく、もし腎臓移植が必要なら、聖フランシス病院か聖ヨセフ病院かウェスレー病院へ治療を受けに行くことでしょう。スープキッチンやホームレスシェルター、救護所、虐待を受けた女性のためのシェルターもたくさんあります。それらのほとんどすべてがクリスチャンによって運営されています。長年にわたって、クリスチャンは先頭に立って困っている人々を助け、支援してきました。

真実な物語はこうです。クリスチャンはいつも異なっているわけではありませんが、異なっているべきであり、しばしばそうなのです。この章では、本当に異なっているクリスチャンの個人やグループを紹介します。第2章では、その違いはどこから出てくるのかを考察し、どのようにしたら私たちの思いと心とを変えてこの世の残りの人々とは異なったよい意味で際立つようになれるかを考えます。私たちを変わった人と呼んでもかまわないのです。

真実な物語――クリスチャンは変わっている

私が神の集められた人々の奇妙さという考えと最初に出会ったのは、英欽定訳聖書の一節の中でです。「しかし、あなたがたは選ばれた種族、王である祭司、聖なる国民、神のものとされた民〔英欽定訳では「特異な民（a peculiar people）」〕です。それは、あなたがたを闇の中から、ご自分の驚くべき光の中に召してくださった方の栄誉を、あなたがたが告げ知らせるためです」（Ⅰペテロ２・９、傍点は著者によるもの）

私は「変わっている」（peculiar）という言葉が大好きです。辞書はこの言葉を、「独特な」、「奇妙な」、「変わっている」、「変な」と定義します。一言で言えば、変わっているとは異なっているということです。普通の人、一般的な人、ほかのみんなと異なっているということです。クリスチャンはほかのみんなと異なっているという意味で変わっているのです。

しかし、イエスの弟子たちはそんなに変わっているのでしょうか。私は、そうである、あるいは少なくともそうであるべきだと信じています。たとえば、もし私が（聖霊の力によって）私の人生のなかにある真理を話し始めたなら、私は変わり者になるでしょう。もし私が生活のペースを落とし、怒りに支配されずに生き、私を殺そうとする人のために実際に祈ることができるようになったとしたら、変な人と思われるでしょう。この世はそのような動き方をしないからです。神の国に浸されている人だけがこのような生き方を始めることができます。そして、そういう人はあまりにも少ないのです。

確かに、弟子ではない人々のなかにも真実を語り、怒ることなく生き、自分に親切ではない人に親切にする人もいます。キリストに従う者だけが美徳に対する権利を独占しているわけではありません。違いは、どのように、またなぜ、このような生き方をするのか、です。私たちがそのように生きるのは、イエスという私たちの教師の例に従うからであり、聖霊という私たちの力また慰め主に導かれているからです。そのようにして私たちは、強力で持続する神の国のなかに生きています。まさに初めからそのなかに生きてきたのです。

どのようにクリスチャンは異なるのか

初期のキリスト教文書で、「ディオグネトスへの手紙」（紀元一二〇―二〇〇年頃）として知られるものがあり、その著者はローマ帝国で広まっていた偏った情報に対する答えを書きました。人々はクリスチャンについて、危険で秘密なグループで、奇妙な行動を取るという偽りの噂を広げていました。人々はクリスチャンについて、人肉を食べている（聖餐式で「イエスの血と肉」を食べていたから）などと言って中傷していました。この手紙はアテナゴラスという名前の人が書いたと考えられています。そして一つの重要な段落で、著者はクリスチャンがどのようにほかの人々と似ていて、また異なっているかを書いています。

クリスチャンとそうでない人々との違いは、国籍や言語や習慣ではありません。クリスチャンは彼らだけの町に離れて住むわけではなく、特別な方言を話すわけでもなく、風変わりな生き方を実践するわけでもありません。……ギリシアでも外国でも、それぞれ決められたとおりにどのような町にも住み、服装や日常の食べ物などの習慣は、その地域の普通の習慣に従います。しかし、彼らは、常識では信じがたい驚くべき生活を我々に示しています。例えば、彼らは自分の国の家に住んでいますが、そこでの行動はむしろ一時滞在者に近いものです。……運命が彼らをここに肉体をもって置いたのですが、肉に従っては生きません。彼らの日々は地上で過ぎ去りますが、彼らの国籍は天にあります。彼らは定められた法律に従いますが、プライベートな生活ではその法律を超越します。すべての人に愛を表しますが、すべての人は彼らを迫害します。彼らは誤解され、有罪を宣告されますが、死の苦痛を受けることで命へとよみがえらされるのです。彼らは貧しいのですが、多くの人を富ませ、すべてのものに欠乏していますが、すべてのものをあふれるばかりに持っています。……彼らは〔呪いに〕祝福で応答し、虐待に礼儀正しく応答します。彼らは自分たちが行ったよいことのために、悪事を行ったかのように鞭打ちを甘んじて受けます(1)。

私はこの引用文を魅力的だと思います。アテナゴラスは、クリスチャンがどのような点ですべての人々と同じであるかを詳しく説明しますが、同時にどのような点で変わっていたかも説明しています。表面上は、彼らはローマ帝国の誰とも異なっていませんでした。平均的なローマ市民と同じ家に住み、同じ衣服を着、同じ食べ物を食べていました。彼らは法律に従い、誰も彼らを泥棒だとか、税金を払っていないとか、他人を傷つけたとか言って訴えたりしませんでした。アテナゴラスは「私たちはあなたがたと同じです」と言っています。

それにもかかわらず、彼らは異なっていました。彼らは地上の法律に従いましたが、もっと崇高な法律に従っていました（「『殺してはならない……』と言われていたのを、あなたがたは聞いています。しかし、わたしはあなたがたに言います……」（マタイ5・21－22））。彼らはローマ帝国のメンバーでしたが、この世界は彼らの故郷ではありませんでした。彼らの国籍は天にあったのです（コロサイ3・1－2、ピリピ3・20）。彼らは苦難によく耐えて、自分たちを呪う人を祝福さえしました。それは彼らの教師が教えられたとおりであり、教師自身がそのようになさったからです。先の引用文で私の好きな箇所は、「自分たちが行ったよいことのために……」とアテナゴラスが書いているところです。「自分たちが行ったよいこと」というのは簡単に見落としやすい点です。よいことをするのは決して小さなことではありません。特に悪事がこんなに多い世の中では。彼らは、自分たちの行ったよいことのために困難に陥ったと言うこともできるでしょう。する理由もないのによいことを行うのは変わっていましたし、今でもそうです。人々に疑われます。

偽りの告発と迫害にもかかわらず、キリスト教は存続し続けただけでなく、どんどん広がりました。世俗の歴史家ロドニー・スタークによれば、キリスト教はその始まりから急激に成長し、十年ごとに四〇パーセントという驚くべき成長率でした。表１・１がその急激な成長を明らかに表しています。

特にキリストの弟子だと分かると危険な状態に陥る時代に、この成長率の理由をどのように説明できるでしょうか。私は多くの説明を聞きましたが、一番ぴったりくるのが、クリスチャンの生き方がとても魅力のあるものだったので、ほかの人々も彼らが持っているものを単純に欲しいと思ったから、というものです。

年（西暦）	クリスチャンの数	人口に対する比率
40	1,000	0.0017
100	7,530	0.0126
200	217,195	0.36
250	1,171,356	1.9
300	6,299,832	10.5
350	33,882,008	56.5

表1.1　世界人口に対するクリスチャンの比率(2)

今日でも同じことが言えます。数年前、私は若い女性をフレンズ大学のテニスチームに誘いました。すると彼女の父親が私に電話をかけてきました。「あなたがたの大学は、聖書で頭をたたく〔聖書のことばを使って人を責めたり罪悪感を抱かせたりするという意味〕場所の一つですか。うちでは娘を宗教的に育ててこなかったので、そこが心配なのですが」。私は、私たちは決して何かで人をたたくことはしません、クエーカーですから、と伝えました。ただし、娘さんが何人かの素晴らしいクリスチャンと出会う可能性があることも伝えました。それは大丈夫と父親は答えました。彼から娘に選択の自由が与えられるならよいと言われたので、それは保証されますと答えました。

大学に入学して数か月がたち、活気のある生活をしている学生がキャンパスに多くいることに彼女は気づきました。その学生たちはイエスの弟子でしたが、彼女に何も強制しませんでした。私は彼女と、神やイエス、聖書について話す機会は一度もありませんでしたが、彼女はキャンパスのクリスチャンの交わりに来ていました。彼女はクリスマス休暇に帰省しましたが、キャンパスに戻って来るとこう言いました。「休暇中にイエスに従う決心をしたことをお伝えしたいと思います」と。そのことを共に喜んだあとで、「どうしてそうしたいと思ったのですか」と私は彼女に聞きました。彼女は「ここの人々が平和と喜びと愛を持っているのを見て、私も彼らが持っているものを欲しいと思ったのです」と言いました。

二千年たった後も、大きな変化はないのです。

変わった神

なぜクリスチャンは変わっている(あるいは少なくともそうあるべき)のでしょうか。それは私たちの神が変わっているからです。私たちが愛し仕えている神は、人間が考え出した神と非常に異なっているのです。ギリシア人とローマ人が神々と女神たちのために神殿を建てたとき、その神々は驚くほど人間に似ていました。しかも、しばしば最悪な部分が似ていました。彼らの神々は嘘をつき、だまし、殺人を犯しました。また、彼らの神々は姦淫を犯し、怒りと嫉妬からお互いを罰し合いました。神々の物語は読んでいて非常におもしろいものです。そのなかには陰謀がたくさん出てきます。

イエスが明らかに示した神は変わっていました。この神は人間を愛するあまり、人間の姿をとって現れて、人間のために死なれたのです。この神は赦しに値しない者をも、赦してくださいます。この神は気前がよく、決して復讐心に燃えません。イエスの神が怒りを表すのは、この神が素晴らしく愛情深いお方なので、愛する子たちを傷つける罪に対して怒られるのです。誰もこのような物語を作り上げることはできません。それは、他のどんな宗教にも、イエスが示された神のような方はいらっしゃらないからです。

神の道は私たちの道ではなく、神の思いは私たちの思いではありません(イザヤ55・8)。神の価値観は異なっています。神は、わがままな息子にひどい扱いを受けても、息子の帰りを切望する父のような方です(ルカ15・11―32)。イエスの話を聞く人々にとって、それは変わった考えだったでしょう。神は一時間しか働かなかった労働者に一日分の賃金を与える雇い主のような方です(マタイ20・1―16)。イエスはその物語で人々に衝撃を与えました。「これはなんという神だろうか」と人々はつぶやいたにちがいありません。イエスはこの世が聞いたことのない、他の神々のようでない神を示したのです。この神は確かに変わっていました。

ですから、神の民が変わった民になるというのも、驚くべきことではありません。私が大好きな聖句の一つは、ヨハネの手紙第一にあります。そこにはクリスチャンの奇妙さの起源が示されています。

愛する者たち。私たちは互いに愛し合いましょう。愛は神から出ているのです。愛がある者はみな神から生まれ、神を知っています。愛のない者は神を知りません。神は愛だからです。神はそのひとり子を世に遣わし、その方によって私たちにいのちを得させてくださいました。それによって神の愛が私たちに示されたのです。私たちが神を愛したのではなく、神が私たちを愛し、私たちの罪のために、宥めのささげ物としての御子を遣わされました。ここに愛があるのです。愛する者たち。神がこれほどまでに私たちを愛してくださったのなら、私たちもまた、互いに愛し合うべきです。いまだかつて神を見た者はいません。私たちが互いに愛し合うなら、神は私たちのうちにとどまり、神の愛が私たちのうちに全うされるのです。（Ⅰヨハネ4・7―12）

この道徳律は単純です。すなわち、神がそうであるように、神の民もそうであるべきだ、というものです。もし私たちが愛さないなら、神を知らないことになるでしょう。なぜなら、イエスという人を通して「神の愛が私たちに示された」からです。それは「その方によって私たちにいのちを得させ」るためでした。

私たちが今していることを行うのは、イエスが私たちのうちに、私たちを通して生きておられるからです（ガラテヤ2・20）。そして、私たちが神を愛する以前から神が私たちを愛しておられたこと、神を愛さず神に仕えない民を神が愛されたことをヨハネが強調している点に注目してください。それが私たちが互いに与え合うべき類いの愛だと、ヨハネは言っています。そして、この聖書箇所の最後に、もう一度強調しています。私たちが愛するとき、神は私たちのうちに住んでくださり、神の愛が私たちを完成させてくださるのだと。ですから、私たちの変わった神は、たとえ愛を返してくれない人であっても愛するという変わった民に私たちを造り変えてくださるのです。

こういうわけで、私たちの歴史は奇妙な人々であふれています。殉教者たちは処刑されながら賛美歌を歌いました。前代未聞なことです。アッシジのフランチェスコは裕福な家庭出身でしたが、そこを去って裸で町を出て、物乞いの着る外套を着てハンセン病者にくちづけしました。確かに奇妙です。ジェノヴァのカタリーナ（一四四七―一五一〇年）と彼女の裕福な夫は、空しい思いになるライフスタイルを捨てて質素な家に引っ越し、病人と苦しんでいる人々のお世話に献身する決意をしました。カタリーナは一日に何時間かを祈りに費やし、その間、心は神の臨在の燃える炎を感じたと言っています。そして、彼女はその二倍の時間を困っている人々のお世話に費やしました。そうして、黙想と行動の素晴らしいリズムに生きました。おかしな話です。

もっと現代の話では、ウィリアム・グラハムは神学校を去って、シカゴの小さな教会に仕えました。神学校を断念したのは、説教したくてたまらなかったからです。彼は後にユース・フォー・クライストのスタッフになり、若者に奉仕しました。その後、倫理と平和と正義について説教をし始めましたが、彼はおもに人々をキリストに導きました。何十万もの人をです。多くの人に彼は「ビリー」として知られていますが、彼もこの世にとっては不思議な存在です。

　私の姉妹教会では同性愛者であることを隠さず生活していた若い男性の葬儀を行い、そのために別の教会のメンバーが「神はゲイを嫌っている」というプラカードを持って教会の前でデモを行いました。それは肌寒い、雨の降る朝でした。私の姉妹教会の人々は、イエスの弟子を公言しながらデモをするこの人々の怒りと憤りに衝撃を受けました。けれども、教会の人々は呪いの言葉を受けましたが、そのデモ隊を祝福しようと決めました。彼らは温かいココアでいっぱいのトレーを持って外に出て、デモ隊に差し出しました。なんと奇妙な話でしょう。

　十八世紀にアメリカに住んでいたクエーカーは、奴隷制の不公平さを嫌悪するようになりました。彼らはニュージャージーで、聖霊の導きとジョン・ウールマンという男性の指導のもとで集会を開きました。彼らは沈黙のうちに何時間か祈りました。それから、自分たちの奴隷を全員解放すると決めました。それだけではありません。この元奴隷たちに、労働賃金をすべて支払うと決めたのです。それは過激な考えすぎて、全員破産するのではと疑う者もいました。驚くべきことに、そうはなりませんでした。それでも、この出来事全体は私たちの文化と相反していて、ほとんど誰も信じることができないようなことでした。ばかげています。

　シェーン・クレイボーンは、自分からフィラデルフィアの都心部の貧困者の中に住み、人々が暮らしを改善しようとするのを助けるために時間を費やしています。とりわけ、彼はそこの人々を愛していて、この世の人が無視したくなるような人々を愛しているのです。前にお話しした、大学でクリスチャンの生活に感動して、キリストに人生を捧げた若い女性は、現在夫と二組のカップルと一緒に貧しい人々が住む地域で共同生活をしています。彼らは自分たちの時間と私財を、人々を結びつけるために用いています。近所に住む人々は、彼らのことを本当に変わっていると思っていますが、それゆえに彼らを愛しています。彼らがそのブロックで開くパーティーは希望と喜びを与えています。そして、そのような感情をめったに得られない人々に与えています。

これは変わっていると思いませんか。

このような人々は社会に不適応な人とさえ呼べるかもしれません。そして、もしそう呼ぶなら、それはほめ言葉になるでしょう。なぜなら、彼らはこの世のやり方に適応していない者だからです。もちろん、すべてのクリスチャンがこのように不適応であるわけではありませんが、私たちはそうであるべきだと私は思います。コーネル・ウェスト教授はそれをうまく表現して、こう言っています。「貪欲にうまく適応し、恐れにうまく適応し、偏見にうまく適応しているクリスチャンはいつでもいます。そして、貪欲に適応しておらず、恐れに適応しておらず、偏見に適応していないクリスチャンも、いつでもいるのです[3]」

すべてのクリスチャンがそうなのではありませんが、すべてのクリスチャンは不公平、貪欲、物質主義、人種差別のようなものに対して不適応であるべきです。しばしば、私たちはこれらの事柄に簡単にうまく適応してしまいます。私にもそういうところがあります。住んでいる場所の文化にうまく適応するのは簡単で、コントロールするために嫌悪感と暴力を使う文化、人を個人的利益のためにモノのように扱う文化、不道徳に目をつぶる文化にうまく適応するのは簡単です。

ウェスト教授は別のところでこのように言っています。「次のように問うのには勇気がいる。どのようにして私は、不公平にこんなにうまく適応してしまったのかと。性分に逆らって反体制派になるのには勇気がいる。自己満足した眠りのなかにいる代わりに、起き上がって目覚めているのには勇気がいる。迎合と臆病を打ち破るのには勇気がいる」[4]。私はこれに同意します。私たちの変わった神のように生きること、魅力のない人を愛し、赦せない人を赦すことには勇気がいります。この勇気を見出すことは、私たちが別の世界に根ざしている人々の共同体であることを発見するときにのみ可能になります。それが第2章のテーマです。

聖霊の導きを信じる

私の大好きな物語の一つが重要な原則を説明してくれています。その原則は繰り返し何度も、特にこの本の中で私たちに適用されます。クエーカーの歴史上の二人の主要人物、ジョージ・フォックスとウィリアム・ペンの話です。ジョージ・フォックス（一六二四―一六九一年）は十七世紀のイギリスで起こったクエーカーというクリスチャン運動の創始者でした。クエーカーの二つの偉大な貢献は、平和主義（暴力を用いることの拒否）の教えと平等（階級区別の廃止）です。

ウィリアム・ペン（一六四四―一七一八年）は上流階級で育ち、当時受けられる最高の教育を受けました。二十三歳のときペンはクエーカーになり、すぐにすべてが変わり始めました。ペンの時代、剣を身に着けることは普通で、それは誰かを傷つけるためではなく、上流階級に属していることを示すものでした。クエーカーになってから、ペンは剣を身に着けるべきかどうかで葛藤しました。結局のところ、それは階級の違いを表すと同時に戦争を象徴するもので、二つともクエーカーが真っ向から反対していることだったからです。

それで、ペンは彼のメンターであるフォックスのところへ行って、この問題について指導を仰ぎました。「剣を身に着け続けてもよいのでしょうか」とフォックスに尋ねました。もし私なら、フォックスが次のように言うことを期待したと思います。「いや、はずすべきだ。鋤《すき》に打ち直して、そのようなものは決して身に着けてはならない」と。けれども、ジョージ・フォックスのした返事は、クリスチャン生活の領域で私にとって試金石となるものでした。「できるだけ長く身に着けていなさい、ウィリアム、できるだけ長く身に着けていなさい」

フォックスはクリスチャン生活における重要な原則を明らかにしていたのです。実践やふるまいに関しては、規則や法律を作ることを避け、聖霊の導きを信じることが必要なのです。フォックスは「身に着けるな」とは言わず、「身に着けても構わない」とも言いませんでした。ペンがそのうち正しい決断ができるようになると信じたのです。もし、フォックスが命令をしたなら、ペンから聖霊に聞くという大切な機会を奪ったことになったでしょう。そして厳しい基準を設けることになり、それはほとんど常に、後で問題を生じさせたことでしょう。

律法主義でも放縦でもなく

どのように生きるべきかという類いの本には、規則を明確にする危険がいつもあります。この本では、ある男性たちや女性たちが選んだライフスタイルと実践を考察します。それはあなたにとって素晴らしく、励みになるものかもしれません。その気前のよさが素晴らしく、その赦しが驚くばかりで、未信者への証しが感動的である人々と教会の例を、この本では見ていきます。彼らの例は私たちを励ますためのものですが、彼らの実践だけがイエスの弟子として生きる唯一の方法、正しい方法、さらには最善の方法だと考えないように気をつけてください。たとえば、私は先に友人のマットとキャサリンの話をし、彼らが他の二組のカップルと大きな家で一緒に暮らしていることを話しました。彼らが近隣の人々に示している倹約と愛はとても素晴らしいものです。けれども、仮に私が彼らの例から本当のクリスチャンは共同生活をしなければならないと結論づけたなら、それは誤っていることになります。私たちには個人が聖霊に導かれて実践したことを、共同の法律にしてしまう傾向が存在するからです。

ですから、この本では「フォックスの原則」をたくさん用います。自分の富をどのように用いるべきか、どのように自分の時間を用いるべきか、あるいはどのような実践が神との生活を高めてくれるか、どちらの実践が神との関係を邪魔するかという問題を取り上げるときは、ジョージ・フォックスの知恵を思い出す必要があります。たとえば、この本の途中で、経済的な余裕がある方の中には、「私はこの車を使い、この家に住んでもよいのだろうか」という疑問に導かれる方もおられるでしょう。最も望ましくないことは、厳格な規則でそれに応えることです（たとえば、「クリスチャンなら十万ドル以上の家を所有してはならず、二万ドル以上の車を運転してはいけない」）。その代わりにこう言うべきです。「快適と感じているかぎり、その家に住み、その車を運転しなさい。心に不安をまったく感じないかぎりそうしてください」と。

ある人たちには、これは責任逃れの口実ととられるかもしれません。確かに、それを破ると生活を必ず傷つけることになる法律もあります（十戒のように）。浮気をしている男性に、私は決して「快適だと感じているかぎり、浮気を続けなさい」とは言いません。けれども、私たちが直面するたくさんのライフスタイルに関しては、何を食べ、何を飲み、何を着、どんな車に乗るかという点で、私たちは分別をもって、そして聖霊のささやきに耳を傾けながら考えるべきなのです。神の国とは規則のことではなく、私たちが聖霊の導きに委ねるときに発見する素晴らしさと自信に満たされることとほほ笑みだからです。

私はジョージ・フォックスと使徒パウロと同じ立場を取るつもりでいます。あなたが聖霊の導きのもとで、これらの問題についてご自身の結論に至るように、そして、その結論をすべての人が従うべき規則にしたり、あなたと同じことをしない人を裁いたりしないように、励ましたいと思います。クリスチャンは宝石を着けるべきでしょうか。テレビを見るべきでしょうか。映画を見に行くべきでしょうか。日曜日にスポーツをするべきでしょうか。これらの問いに「いいえ」と答える素晴らしいクリスチャンの男女がいますし、「はい」と答える素晴らしいクリスチャンもいます。すべての人にとっての正しいか間違っているかの普遍的な答えがないからといって、それが質問するに値しないということにはなりません。実際、個人的な生活の中で自問し、聖霊に聞くというプロセスは、必要なことでもあり霊的に鼓舞されることだと思います。私たちは白か黒の答えを欲しいと思いますが、それはしばしば、ただ私たちが怠け者で、識別するという大変な仕事をしたくないから、という場合があります。

ウィリアム・ペンが剣を身に着けるのをやめたのは、すぐではなかったと想像されたでしょう。このことも教えられるところの多いことです。私たちの物語と実践が変わると、生活のほかのことも変わりますが、一夜にして変わってしまうのではありません。私は、若いペンが価値ある教訓をフォックスから学び、それを一生を通じて何回も適用していったと考えます。そして、ペンの人生は驚くべきものでした。ペンは後にアメリカに来て、クエーカーの共同体を作り、その結果奴隷制に反対する戦いを導きました。ウィリアム・ペンは多くの点で驚くべき人です。クリスチャンとしても（彼の著書『十字架なければ王冠なし』は素晴らしい本です）、政治家としてもです。

どのように律法主義と放縦を避けるかの例は、魂を鍛えるエクササイズのなかに出てきます。これらのエクササイズは私たちを縛る規則ではなく、また、私たちが神および人との生活において成長したいなら、無視するべき訓練ではありません。その訓練は、結果が予想できるレシピになることなく、生きて働いておられる聖霊の導きへと私たちを委ね、目覚めさせます。

魂を鍛えるエクササイズ――二かける四（ツーバイフォー）

この章には二つの重要なポイントがあります。第一は、クリスチャンは変わっているということで、第二は、クリスチャンが変わっているのは彼らが従っている神が変わっているところから来ているということです。言い換えると、この変わった神と時間を共に過ごすにつれて、私たち自身ももっともっと変わってくるということです。けれども、これは私たちの協力なしには生じません。

この理由から、今週次の二つのことをしてほしいと思います。①神とともに時間を過ごすことと、②何か変わったことをすることです。忘れないでください。変わったこととは何か悪いことではなく、私たちの文化では見慣れない変わったことという意味です。

今週、黙想と行動を結びつけ、個人的敬虔と社会的正義を結びつけていただきたいと思います。私たちは神と時間を共にすることと、他者のお世話をすることとのバランスを取る必要があります。どちらか一方を失うことは、よくあることですがひどい間違いです。バランスを取るための方法として、二つのことをしてもらいたいと思います。すなわち、二時間神に集中して過ごし、そして四つの変わった行為を意図的に行ってください。私はそれを「二かける四」と呼んでいます。二時間神とともに過ごして、四つの親切な行為をすることです。以下に、どのように二時間過ごすかの指針を示し、他者を助けるために皆さんがやりたいと思うことをいくつか提案します。

神との二時間

皆さんのなかには、二時間神と一緒に過ごすことにおじけづいている人もいるでしょうし、「たったの二時間だけ?」と考えている人もいるでしょう。多くの人々と関わりを持ち、振り返りを注意深く行った結果、私はこの二時間という時間は達成可能だという思いに至りました。それは長すぎも短すぎもしない時間なのです。もちろん、この二時間は提案であって、決まりではありません。これは目標とするもので、それをできたから誇りに思ったり、できなかったから罪深いと思ったりするためのものではありません。どうして私がこれを達成可能だと思っているかを説明させていただき、それから、どのように神とその時間を過ごしたらいいかの指針をあげておきます。

どのように二時間を扱うか

第一に、この二時間は一度に持たなくてもかまいません。私は三十分間を四回の別の機会に分けて持つことをお勧めします(ある人は十五分間を八回持つかもしれません。別の人は一時間神と過ごすことを二回持ちたいかもしれません)。

第二に、共同の礼拝(教会に行くこと)も二時間のうちに数えることができますが、それは神と会う、焦点が神にある、という感覚で教会に行く場合のみです。あまりにもしばしば、礼拝中の多くの時間に神以外のことを考えてしまうからです。以下に、どのような思いで教会に行ったらよいかのヒントをあげます。
- 早めに到着します。
- 礼拝が始まる前に、神に焦点を合わせる時間をとります。
- 焦点は神にあることを、繰り返し自分に言い聞かせます。
- 気が散ってしまったら、神について考えることに意識を戻してください。

このようにして、教会に行き、そして神に注意を向ける時間のブロックを一つ以上予定に入れるとよいでしょう。

神とともに過ごす方法の提案

このシリーズの第二巻『エクササイズⅡ――神の国の生き方を身に着ける』の最終章のエクササイズは、一日をディボーションをして過ごす方法を、ギュイヨン夫人の手引きを使って述べています。彼女のアイディアをヒントに、神とともに過ごす別の方法として以下の提案をします。以下のステップは厳格な規則としてではなく、提案として示しています。

1　**一人になれる静かで心休まる場所を見つける。**心地よく感じ、比較的邪魔されない場所であるべきです。

2　**呼吸する。**「今いるところに存在する」ようになることには時間がかかります。私が好きなことの一つは、ただ深呼吸して、自分の呼吸に注意を集中することです。そうすると落ち着き、集中する助けとなります。自分の呼吸を実際に数えることもあり、四十回くらいになるとリラックスして集中できることが分かりました。

3　**祈りを唱える**。私は主の祈りか頌栄を祈るのが好きです。大事なことは神の臨在の中にいることを覚えることです。

4　**賛美する**。私は、「神は御民の賛美の中に住まわれる」という表現が好きです。少し時間をとって、自分が受けている祝福のリストを書いてください（第一巻『エクササイズ——生活の中で神を知る』でこのようなエクササイズを完了しておられるかもしれません）。それから、神にそれらのことを感謝してください。あなたの霊が引き上げられることを感じることを期待してください。

5　**じっくり読む**。あなたは聖書を開いて、短い箇所を読みたいと思うかもしれません。四、五節くらいにとどめてください。詩篇か福音書から始めることをお勧めします。日々のディボーション用の手引きが助けになるという人もいます。私は『キリストにならいて』から短い箇所を読むのが好きです。

6　**思い巡らす**。今読んだ箇所について考えるためにしばらく時間をとってください。何かあなたへのメッセージがありましたか。神はその箇所からどんなことを語りかけておられるでしょうか。

7　**求めて聞く**。神に直接語りかけるのを恐れないでください。神にどんな質問でもしてください。けれども、実際に声として聞こえる答えを期待しないでください。神のかすかな細い声を識別する能力は、後天的に獲得されるものであり、時間と訓練が必要です。神は静かな内なる声を通して語られることもあり、私の頭に浮かぶいくつかの考えを通して語りかけてこられることもあります。

鍵となることは、神の前に自分の心を開くことです。どのように感じているかを神に知らせてください。詩篇はそういう意味で素晴らしいものです。詩篇記者は怒りや苦悩、賛美や感謝を神に知られることを恐れていません。

8　**日誌**。神とのこの静かな時間の中で感じたあなたの考えや感情を書き留めることはとても助けになります。日誌にあなたが思ったことや疑問をメモしてください。それは学んでいることを明確にするのを助け、書かれた記録として何年か先に役に立つものとなります。

以上によって、どのようにこの時間を使ったらよいかの基本的なアイディアが示せたと思います。右の八つのステップは二十分から三十分間でできるし、あるいはもう少しゆったりしたペースなら、四十五分から一時間でできるでしょう。

四つの変わった行為

何年か前、私は次のようなエクササイズに参加しました。それは、毎日一つの利己的でない思いがけない、親切なあるいは気前のよい行為を、三十日間してください、というものでした。私はそのエクササイズを本当に楽しんで行いました。それは私が他の人のためにどんなことができるかを考えるように仕向け、それを実際に行うよう励ましを与えてくれました。気がつくと私は人のためにたくさんの小さなこと（カフェテリアで誰かのトレーを棚に戻したり）をしており、たまには大きなこと（友人の引っ越しの手伝い）もしていました。それはまた、私をもっと創造的になるように仕向けました。それは、信じられないかもしれませんが、一つの思いがけない無私の親切な行動を毎日するのは、想像以上に難しいことだったからです。幸運なことに、そのエクササイズを考案した人が、事前に「これは大変ですよ」と教えてくれていたので、私たちは大変でも驚きませんでした。

　そのことでたった一つ気に入らなかったのは、まさにその問題でした。私は、親切な行為が歓迎されないか必要とされていない場所で、親切な行為を自分に強いていることに気づきました。また、自分が親切な行為を少し偽っていることにも気づきました（知らない人に手を振ることは思いがけない親切の行為でしょうか）。その数年後に、私は達成可能で、しかも変化を促すやり方を見つけようと決意しました。利己的でなく思いがけない、親切なあるいは気前のよい行為を一日に一つする代わりに、毎週四つ行うことを自分に課してみたのです。それはとてもうまくいきました。あるときはやることがまったくなくても、別の日には三つか四つのチャンスが訪れたからです。

　次に私が発見したのは、このエクササイズの内容を広げて、私がこの世界に適応していないことを示すような行為を含めることができるということです。たとえば、もし自分に必要でない物を買わないことを選択すれば、私は貪欲や物質主義やこの世の過剰さに適応していないことを示すことになります。もし人々の社会的階級（普通は服装で表される）によって扱いを変えるという誘惑を拒否して、自分と同等に、また互いに同等に扱うなら、この世が自分の家ではないことを示すことになります。つまり、私は神の国に属しているのだと。もし私がペースを落として、急ぐことを避けるなら、自分が住んでいる急《せ》かす文化に不適応だということを示すことになります。

実験を広げて、これらのことも含めるようにしたところ、実に興味深いことになりました。私はそうでなければしなかったことを意図的に行うようになり、しかも自分が別の世界の市民であるという感覚で行うようになりました。親切と気前のよさは確かに、変わった行動の最高の類いのものです。ですから、特に今週は、利己的でない親切な行動か、変わった行動か、不適応であることを示す行動を四つ計画することに集中してほしいと思います。

以下に私が楽しんで行った例をあげます。

1　誰かの車のキーを借りて、ガソリンスタンドの洗車場まで持っていくか、自分の手で洗います。

2　隣の家の枯葉を掃除するか、隣の私有車道を掃きます。

3　会話の中で注意深くして、相手が自分の人生について話ができるようにします（聞くことは大きな賜物です）。

4　頼まれる前に家かアパートを掃除します（誰かと住まいをシェアしている前提です。そうでなければ、自分に親切な行動をしていることになります！）。

5　ドライブスルーで後ろにいる人の分も支払います。

6　町で経済的に苦闘している場所に、意図的に買い物に行きます。

7　列に並んでいるなら、ほかの人を先に行かせます。

8　「やあ、今日は元気？」と誰かに声をかけ、通過せずに、その人の返事を待ちましょう。

第2章　希望に満ちた共同体

私の妻はとても社交的な人です。人の集まりの中にいるのが好きで、夕食を共にしたり、特別な機会をお祝いしたり、ただ友人と一緒に出かけることも好きです。妻は小学校の教師なので、仕事の一環として、多くの時間を費やして社交を広げたり、新しい人と出会うようにしているのです。夫が宗教学の教授で牧師だと人が知ると、しばしば神と信仰について尋ねてくるそうです。たまにその会話が深刻な質問に変化することもあるそうです。「どうして素晴らしい神が悪の存在を許しているのですか」とか、「こんなにたくさんの宗教があるのに、あなたの宗教が正しいとどうして分かるのですか」などです。しばしば人々は純粋に答えを求めていて、おそらく神を求めてさえいるのでしょう。妻はそのような会話をしてから家に戻ってくると、必ず同じことを言います。「あなたがいてくれたらよかったのに」と。

妻がそう言うのは、私がいたらその質問に答えることができたと思うからです。そう言われたときは、私はいつもこう答えます。「ぼくが一緒にいたからって、何も変わらなかったと思うよ。その人が聞いている質問の多くは本当の問題じゃないんだから。そうした質問はたいてい隠れみので、その中には何か別のものが隠してあるのさ。その人が本当に知りたいのは、『それは本当ですか』ということで、それに対する答えは知的な概念ではなく、変えられた人生そのものだからね。それこそ、君がその人に与えられるものだよ。君の人生が君の証しだからね。君は真理を知っているし、その真理が正しいと心の底から理解し、それが君の人となりを形作っている。その人生を証しするのに何かをする必要はないし、君が隠そうとしても隠すことはできない。彼らは君が希望を持っている理由が知りたいのさ」。それでも、質問されたときには、もっと的確に自分の信仰を言い表せたらいいと思うと妻は言っていました。「私には伝道の賜物がないのよ」と結論づけます。けれども、伝道は妻の賜物の一つです。

証しをしたり、伝道したり、信仰を語ったりすることが自然にできる人がいるということは本当ですが、気づいているか否かは別にして、イエスの弟子はみんな、ほかの人に信仰を語ることができますし、実際に語っています。信仰を語るのには、二つの方法があります。私たちの生き方を通してと、私たちの口を通してです。私たちの生活こそ、神との関わりを示す大きな証拠となります。多くの時間、私たちは行動を通して他の人々に証しをしています。けれども、私たちが何を信じていて、なぜそれを信じているかを説明する機会を人々が与えてくれる時があります。この章では、信仰を語る二つの方法に焦点を当て、最初に、どうしたら私たちの生き方を通してよりよく語れるか、第二に、どうしたら「あなたがたのうちにある希望について説明を要求する人には、だれにでも、いつでも弁明できる用意」（Iペテロ3・15）をすることができるかを説明します。

偽りの物語――特定の人だけが信仰を語ることができる

未信者の人に証しをすることに、特別に賜物が与えられている人がいることは本当です。彼らには、自分を拒否するかもしれない人々に真実を話す、揺るがない確信と、ひるまない勇気があります。そしてまた、彼らにはたいてい言葉の賜物があります。けれども、特定の人だけに宣教の賜物があるという考え方は、その賜物がない人は宣教しなくてもよいという言い訳となりうるでしょう。正直に言うなら、自分の信仰を語ることは怖気づくようなことでもあります。以下に挙げるのは、何年ものあいだに私がクリスチャンの人から聞いた発言です。

- 証しをすることが得意ではありません。やってみましたが、ただ口ごもってばかりでした。
- 人が証しをするのを何度も見てきましたが、自分でやってみるのは恥ずかしいです。
- もし自分の信仰を語ったら、誰かの感情を害するのではないかと心配です。
- もし自分の信仰を語ったら、自分を偽善者のように思うでしょう。私は完全なクリスチャンではありませんから。
- 信仰の話を持ち出したら、拒絶されるのではないかと不安です。
- 充分な教育を受けていないので、自分の信仰をほかの人に話すことができません。

これらは偽りのない不安です。信仰の話をすることは恥ずかしいときがあり、時には相手の感情を害するようなこともあります。完全な者など誰もいないので、偽善者だと責められることもあるでしょう。そして、拒絶される可能性はいつもあります。

それでも、これらの反対意見はどれもまったく真実ではありません。たとえ私たちが伝道することが上手ではなくても、今よりもっとよくなることはありえます。また、恥ずかしいかもしれませんが、そう思わなくてもいいのです。誰かの感情を害する可能性があるかもしれませんが、上手にできたらそうならないかもしれません。私たちは完全ではありませんが、私たちの完全さが大事な主張点なのではありません。つまり、私たちは自分自身に焦点を当てているのではなく、完全なるお方に焦点を当てているのです。

拒絶される危険性があるかもしれませんが、私たちが向き合っている相手にはかけがえのない価値があり、その人の人生が変えられる可能性があることを考えれば、危険を冒すだけの価値があります。私たちを怖気づかせるかもしれませんが、私たちは実際すでに毎日自分の信仰を語っていますし、それを向上させることができます。その秘訣は、新しいテクニックを学ぶことや特別な説得術を身に着けることにあるのではなく、また私たちが完全になって、他の人が私たちの人生を見て驚いて「どうしたらあなたのようになれるのですか」と聞いてくることにあるのでもありません。その答えは、究極的に私たちの物語の中に見出されるのです。その物語は私たちの行動を形作っており、その物語をよく理解するならば、私たちはそれを言葉でよく説明できるのです。

真実な物語——すべてのクリスチャンは自分の信仰を語っている

私がクリスチャンになりたての頃、「ある人々にとって、あなたは彼らが読む唯一の聖書だ」という決まり文句を言われたのを思い出します。それはとても重要なことだと思いましたが、同時に脅迫のようにも思ったことを覚えています。私にはその課題ができそうには思えませんでした。「ジム、君だけがあの人たちにとって、たった一つの希望だ。彼らは聖書を読もうとしないから。彼らは聖書を持ってすらいない。だから、君に期待しているよ」。それが意味するところは、この人は私の人生だけでしかイエスに出会えないということなのですが、私は自分の人生にそのような力がないことを知っていました。

それにもかかわらず、この決まり文句は本当です。イエスに従っていない人の数は膨大で、そういう人に私は毎日出会っています。つまり、彼らは最近聖書を開いたことがなく、彼らが信仰と結びつく可能性は、私たちを通してだけなのです。これはやりがいのあることであって、怖気づく必要はありません。そこには解決法があるからです。

人生のすべての側面には、改善する方法があることを私たちは知っています。語学を習得することから楽器を演奏することまで、または仕事をすることまで、習熟するためには方法があるのです。この数年間、妻のメガンは教える能力を向上させるために、たくさんのことをしました。講習会やセミナーに参加することや読書を通して、また新しい技術を試すことによって、妻はよりよい教師になりました。息子のジェイコブは野球をします。ジェイコブは自分の体を運動と練習で鍛えます。それに優れた指導を受けて、ピッチャーとして年々上達しています。あるコーチが新しいボールの握り方を教えてくれたので、それで大幅に上達しました。娘のホープは、その年齢にしては優れた芸術の才能がありましたが、放課後の絵画教室に入会させて初めて、娘の賜物に気づき始めました。優れた指導者の導きによって、技術はすぐに上達しました。そのコースが終わると、娘の絵は著しく上手になりました。

これらの物語は、私たちの人生に関わる基本的な事実を表しています。つまり、私たちが行うことを向上させるためには、方法があるということです。けれども、それがいざ信仰生活の話になると、「なぞのように神秘に包まれている」と考えてしまうのです。「私は誰々さんのようによい祈り手ではありません」と、まるで祈りが特定の人にしか与えられない聖なるスキルであるかのように言われるのを聞いたことがあります。祈りは、私たちが熟練することのできる行為です。

同じことが信仰の証しにも言えます。私たちはたとえいつもよくできないとしても、もうすでに証しをしているのです。ですから、同様に証しを向上させる方法を見出すことができるのです。信仰の証しをする二つの方法、つまり言葉と行動を詳しく見る前に、その土台に注意を向けたいと思います。つまり、物語にです。この物語を理解すればするほど、その物語はあなたのものになります。そして、あなたの物語になればなるほど、あなたの言葉と行動にもっと自然に表れてくるようになります。

希望を抱かせる物語

聖書を読むとき、私たちはしばしば、特に何回も聞いている言葉である、信仰・愛・希望という言葉を見過ごしてしまいます。私はコロサイ人への手紙1章5節「それらは、あなたがたのために天に蓄えられている望みに基づくもので、あなたがたはこの望みのことを、あなたがたに届いた福音の真理のことばによって聞きました」を暗記していたときに、見過ごしてしまうことが起きました。この聖句を完全に理解するためには、その前後の聖句と結びつけて読まなければなりません。パウロはこう書いています。

私たちは、あなたがたのことを祈るときにいつも、私たちの主イエス・キリストの父なる神に感謝しています。キリスト・イエスに対するあなたがたの信仰と、すべての聖徒に対してあなたがたが抱いている愛について聞いたからです。それらは、あなたがたのために天に蓄えられている望みに基づくもので、あなたがたはこの望みのことを、あなたがたに届いた福音の真理のことばによって聞きました。（コロサイ1・3―5。傍点筆者）

ここが重要なポイントです。信仰と愛は希望から出てくるのです。希望が信仰と愛の起源であると考えられることはほとんどありませんが、パウロがここで言っているのは、そういうことです。

聖書学者のN・T・ライトは「クリスチャンの将来には希望があるという確かな事実は、現在において誠実な信仰生活を送り、犠牲的な愛を行うための力強い動機となっています」[1]と言っています。N・T・ライトの言葉である確かな事実に注目してください。これが鍵です。

この定義によれば、希望とは「素晴らしい将来があるという信頼」です。信仰は真空状態には存在しません。つまり、信仰は何かと結びつかなければなりません。私たちは何かを信じるべきです。だからこそパウロはこう言っています。「キリスト・イエスに対するあなたがたの信仰……について聞いたからです。それらは……望みに基づくもの」であると。私たちの希望は天に蓄えられているものであり（5節）、そこではキリストが神の右に座しておられます。

パウロがコロサイの信者に向けて、「あなたがた」と書くときはいつも、第二人称の複数形を用いています。「あなたがたのために……蓄えられている望み」とは、私たちが共同体として分かち合う希望です。希望は私一人だけのものではありません。イエスの弟子たちはその同じ希望を共有していました。希望は私たちを結びつけ、お互いに対する愛を増し加えます。それは個人だけの希望ではなく、共同体の希望だからです。

クリスチャンの共同体は、「その根源を将来に持ち、その枝を現在に張り伸ばしている」[2]とイオアンニス・ジジウラスは書いています。イエスの「エクレシア」（教会、共同体）は、その起源を将来に見出します。そして、イエスとイエスが完成された働きのゆえに、「エクレシア」の将来は明るく、確かで揺るぎません。希望は将来から現在にかけられるかけ橋で、その希望の枝が信仰と愛なのです。

Ｎ・Ｔ・ライトはこう言っています。「使命によって形作られた教会は、希望によって形作られた使命を持っていなければなりません。つまり、それは純粋なクリスチャンの希望であり、イエスの復活に根ざしたもので、その希望は神がすべてを新しくされるという希望です。またイエスが堕落と腐敗と死を克服するという希望であり、イエスの愛と恵み、イエスの力と栄光によって宇宙全体が満たされるという希望です(3)」。将来に根源を持ち、復活に根源を持ち、イエスの永遠の勝利に根源を持ち、永遠のいのちにしっかりと植えられた根源を持ち、幹と枝を育てる根源を持ち、究極的には、この物語に他の人々を引き寄せる実を生み出す根源を持っているのです。ライトは「このような使命に本当に生きるためには、神が刷新されたいのちに純粋にまた喜んで根源を持たなければなりません(4)」と結論づけます。私たちには歓喜する本当の理由があります。その物語を知れば知るほど、喜ぶことができるのです。

希望の物語の四つの部分

パウロはコロサイの信者に、彼らの希望は「福音の真理のことばによって」（コロサイ１・５）語られていると述べました。コロサイの信者が聞いた福音とはいったい何だったのでしょう。コロサイ人への手紙の残りの部分を詳しく見れば、この福音は物語という形式で最もよく伝えられていることが分かります。福音は人間の物語を超えた物語で、それは造り変える力を持つ大きな物語です。

キリスト教の人間の物語を超えた物語には、四つの基本的な部分があります。つまり、死・復活・昇天・再臨です。それはイエスの物語であると同時に私たちの物語でもあります。

私たちはイエスの物語に接ぎ木されています。そして、その物語によって、私たちは一つとされています。私はこの物語の四つの要素を明確にして、どのようにそれぞれの部分が私たちをより大きな物語に引き寄せるのかを示したいと思います。コロサイ人への手紙から採った四つの聖句が、イエスとイエスがなさったことについてどのように教えているかに注目し、また私たちもイエスの物語に含まれていることに注目してみましょう。

1 死。「あなたがたはすでに死んでいて、あなたがたのいのちは、キリストとともに神のうちに隠されているのです」(コロサイ3・3)

イエスは十字架上で死なれました。これは私たちみんなが知っていることです。けれども、信仰によって私たちがその死にあずかるという事実は、パウロの書簡にたくさん述べられているにもかかわらず、あまり教えられていません。パウロはコロサイの信者に、彼らも死んだのであり、彼らのいのちはキリストとともに隠されていることを思い出させています。コロサイの信者はイエスとともに十字架にはつけられませんでしたが、自分のことのようにイエスの死に参与しました。違った意味で、彼らは死んだのです。彼らの古い生き方は終わりました。彼らをかつて支配していた物語に対して死にました。その物語とは、この世の国で教えられ、私たちに「力は正義なり」とか「お金は喜びを与える」とか「セックスは達成感への道だ」と教えていた物語です。これらの古い偶像はキリストの物語によって打ち砕かれ、私たちは新しい物語に入っていきます。

三位一体なる神との、愛と信頼による生きた関係に入る前は、私は自分自身のために生き、この世の国と力に導かれていました。けれども私がイエスに自分の人生を捧げたとき、「古いジム」は死に、新しいジムが現れました。ところが、その新しいいのちがほとんど目に見えないのは、「キリストとともに神のうちに隠されている」からなのです。今では私は信仰によって生き、イエスの物語のなかに捕らえられています。イエスは私たちに、十字架上ではなく自分自身に死ぬように招いておられます（ルカ９・23）。競争と虚しさの上に建てられた古い生き方は、イエスとともに死にました。そこから出てくるのは新しいいのちです。私たちには隠されていますが、間違いなく真実であり、確実で信頼できるものです。それが私たちの本来の姿です。

2　復活。「バプテスマにおいて、あなたがたはキリストとともに葬られ、また、キリストとともによみがえらされたのです。キリストを死者の中からよみがえらせた神の力を信じたからです」（コロサイ２・12）

多くのクリスチャンは、自分がイエスの復活にもあずかっていることに気づいていません。イエスを死から復活させた同じ力が、私たちのなかにも働いています。古い私たちは死にましたが、新しい私たちが復活させられたのです。パウロはほかの箇所でもこう書いています。「ですから、だれでもキリストのうちにあるなら、その人は新しく造られた者です。古いものは過ぎ去って、見よ、すべてが新しくなりました」（Ⅱコリント５・17）

私たちはキリストが内住してくださっている新しい人です。このことが分かると、個人的に自分自身に力が与えられるだけでなく、ほかのキリストの弟子たちとも連帯するようになります。ブラジルにいたとき、私は言葉と文化の壁のために疎外感を強く感じました。けれども、そこで教会に行って賛美したとき、わが家にいるように感じました。自分がそうであるように、キリストとともに死んで復活した兄弟姉妹と一緒にいたからです。

そこでキリストによって造られた新しい私、新しい自分自身がはっきりとしました。私たちは新しい人を身に着け（コロサイ3・10）、それは日々新たにされていきます。私は新しいアイデンティティーを持っています。すなわち、キリストが内住してくださり、喜んでくださっている自分です。それは私の行いによるのではありません。それは神の力によるのであり、イエスを墓からよみがえらせたのと同じ力です。私は毎日この力をもって、死んだけれどもまた復活した者として前進します。イエスの復活は私の復活でもあります。これが私の新しい物語です。

3　昇天。「こういうわけで、あなたがたはキリストとともによみがえらされたのなら、上にあるものを求めなさい。そこでは、キリストが神の右の座に着いておられます」（コロサイ3・1）

イエスは死んでから復活され、そして昇天されました。ある人は、イエスの昇天は、イエスが逃げ出した日であり、それ以降決して見つけられなかったと考えています。ところが、イエスの昇天はこの物語の重要な部分なのです。イエスは今やすべての者の最高の主として、王位に就いておられるからです。

イエスは今や君臨しておられ、いつの日かすべての膝がかがみ、すべての舌がイエスは主であると告白する日が来ます。パウロはコロサイの信者に、心を上のものに向けるよう、「キリストが神の右の座に着いておられます」と教えています。イエスが座に着いておられることに注目してください。それはイエスの仕事が完成されたからです。私たちの心と思いとを「上にあるもの」に向けるとは、イエスの完成されたみわざに焦点を当てることを意味し、それは希望と力の源を意味しています。私たちはこの共通のビジョンに一致を見出します。

私たちは、イエスによって達成された勝利に心を向けるように勧められています。ウォルター・ブルッゲマンによると、この勝利は私たちの新しいいのちと同じように、しばしば私たちからは隠されています。だから、そのいのちを私たちのただ中で見るために、私たちは努力しなければならないのです。

今日における、多くの偶像崇拝に対する神の勝利は、私たちの目から隠されていて、それは神の決定的な勝利が私たちからいつも隠されているのと同じです。神の勝利がいつ、どこでもたらされたのか、私たちには明確には分かりません。神の勝利は隣人愛という弱さのなかに隠され、憐れみという愚かさのなかに隠され、同情という傷つきやすさのなかに隠され、赦しや寛容という頼りないと思える選択肢のなかに隠されています。けれども、こうしたものが絶望や残虐行為という状況のなかにあって、新しいいのちを生じさせるのです。(5)

イエスは、私たちを圧迫していたものを打ち破ってくださいました。それが私たちの希望の理由になっています。その希望はネオンサインのようにパッと光っただけではなく、今も私たちの周りに存在します。隣人が別の人に仕えたり、人を赦したり、もてなしたり、寛大に接したりする姿を見るときに、私たちは希望の姿を見ます。私たちもそのように行うとき、イエスの勝利に参与しているのです。

4　**再臨**。「あなたがたのいのちであるキリストが現れると、そのときあなたがたも、キリストとともに栄光のうちに現れます」（コロサイ3・4）

この物語の最終部分はまだ起きていません。教会は宣言します。「キリストは死なれた。キリストは復活された。キリストは再び来られる」と。イエスの再臨は、究極的な回復がなされ、正義が成就することを約束しています。イエスが最終的な勝利をもって再臨されるとき、すべての悪は正され、すべての苦悩は終わり、私たちの喜びは完全なものにされます。私たちが聖なる陰謀の最終的な完成を待っているあいだ、希望こそがクリスチャンの共同体を一つにします。

その物語が私たちの物語になる

私たちはイエスの大きな物語のなかに入っていったので、私たちはキリストとともに、神の国の一員となりました。これは単に私たちが特別だとか安全だとか感じるためではありません（確かにそう感じさせますが）。この物語は私たちの行いの変化へと導くべきものです。この物語は新しいアイデンティティーを作り出し、そして今度は新しい行いをするようにと導きます。イエスの物語が私の物語となるのです。つまり、そうなると私はキリストに在《あ》って、キリストが内住してくださっている者として、私の行動が変わり始めます。

私は完全ではないので、アメリカの文化やアメリカの物語や価値観に影響を受けてきましたし、今もその影響を受けている「古いジム」と葛藤することになるでしょう。けれども、大事なことは、そのアイデンティティーが行動よりも先に来るということです。私たちはたいていそれとは逆のことを行っています。つまり、行動に基づいて、その人のアイデンティティーを決めます。つまり、彼らがどのような人であるか（直説法）を見出すために、彼らが何をすべきか（命令法）を伝えるのです。ところがパウロはまったく逆のことをしています。つまり、彼らがどのような人であるかを伝えて、それからどのように生きるべきかを伝えています。

私たちがその物語を自分のものにすればするほど、その物語は私たちのなかで大きく成長していきます。スタンリー・ハワーワスはクリスチャンの平和主義者ですが、著書『平和を可能にする神の国』のなかで次のように告白しています。「私の完全な状態は、その物語が真実であることによって可能になります。……その物語のなかで成長することによってのみ、どれだけ自分の魂に暴力を抱え込んできたかに気づきます。その暴力は一晩で消滅するようなものではありませんが、私はその暴力を認知し、放棄する努力をし続けなければなりません[6]」

私はハワーワスの正直さが好きですし、その意見に共感します。私たちもその物語のなかで育てられるにつれて、ハワーワスがいうとおりに、物語は完全であるのに、私たちは完全でないという衝突が起こります。ウィリアム・ペンはキリストの物語のなかで成熟するにつれて、自分の魂に蓄えられていたエリート主義の考え方が揺さぶられました。ペンはキリストの物語で形作られた自分の魂が耐えられなくなるまで、剣を着用していました。

ハワーワスの場合、その物語と新しいアイデンティティーは、魂に蓄えられた暴力を明るみに出しました。ペンの場合、その物語と新しいアイデンティティーが明るみに出したのは、プライドでした。何が明るみに出されるかは、私たちそれぞれにとって異なりますが、ポイントはその物語全体は真実であり続けることです。重要なポイントは、その物語と物語が作り出すアイデンティティーとが私たちを導いて行動を変えさせるのであって、その反対ではないということです。しかし、この反対の考え方がとても一般的になっています。

この世界では、私たちは行動に基づいてその人のアイデンティティーを決めます。それでは挫折し、律法主義に陥ってしまいます。ハワーワスはそれについても、とてもうまく説明しています。「『私はどうあるべきか』という質問は『私は何をするべきか』という質問よりも優先されます」[7]。この順番はとても重要です。直説法（私たちは何者か）が命令法（私たちはどのように生きるべきか）よりも先に来るべきなのです。私たちがどのような者であるかを理解するためには、自分たちが別の世界に根を持つ者であることを理解しなければなりません。だからこそ私たちは変わった存在なのです。

行動に移された希望

聖フランチェスコの言葉として、よく引用される格言は確かに真実です。「どこへ行っても福音を宣べ伝えなさい。必要なときには言葉を用いなさい」。実際、私たちの生活自体がいつでも宣教しています。これは特に私たちがぶつぶつ文句を言い、泣き言を言って苦しんでいる日々には、不安にさせるような考えかもしれません。私たちは完全になるようにとは召されていませんが、私たちに希望を与えてくれたイエスの物語の証人となるように召されています。

信仰と愛は希望から生じます。それがどのように機能するのか説明し、どうしたら行動による証しを改善できるのか、その例をいくつか示したいと思います。しかし、大事なポイントは、私たちが何者（キリストが内住してくださっている者）であって、どこに住んでいて（揺るがない神の国）、何に向かっているか（イエスとともにいる永遠の栄光）を覚えることです。

私は明日の朝目覚めるとき、大丈夫だという感覚を持って起き上がるでしょう。実際、大丈夫以上の感覚を持って目覚めるでしょう。ところが私が家を一歩出てみると、周りを取り囲んでいる世界は、私の価値は私の能力と業績にかかっていると教えます。

けれども、私はそれ以上のことを知っています。私はその古い価値観に死んだからです。そして、私はイエスとともに復活し、イエスが私のなかに生きておられ、私を愛しておられることを知っています（ガラテヤ2・20）。言い換えれば、私は安全で、安心していいのです。人と競争し、自分を印象づけ、状況を支配し、コントロールしようとする古い自分は死にました。私は新しい人を身に着けました。それはイエスの姿に倣って、真の知識に達するのです（コロサイ3・10）。

ですから、たとえば私は今日思い悩む必要がありません。私は平安でいられます。なぜなら、私のいのちはキリストとともに神のうちに安全に隠されているからです（コロサイ3・3）。ですから、私の心と思いを、私の主であり王であり教師であられるイエスの勝利に置くことができるのです。そしてこのお方こそ、私を何か素晴らしいことのためにお造りになったお方なのです。

バスケットボール界の伝説的な名コーチであり、イエスの賢い証人でもあるジョン・ウーデンに、毎日をスタートする前にどんなことを考えますか、と私はかつて尋ねたことがあります。ウーデンは言いました。「私は一つのことしか考えません。今日という日を最高傑作にすることです」と。私たちの誰もが、毎日その可能性を持っています。今日という日を最高傑作にできますし、何か素晴らしい、並はずれた、壮大で確かに変わった日にすることができるのです。その日はどのように見えるでしょうか。パウロはローマ人への手紙のなかで、私たちが他の人との関わりのなかで、私たちの希望を明確に示すためのたくさんの方法を挙げています。

兄弟愛をもって互いに愛し合い、互いに相手をすぐれた者として尊敬し合いなさい。勤勉で怠らず、霊に燃え、主に仕えなさい。望みを抱いて喜び、苦難に耐え、ひたすら祈りなさい。聖徒たちの必要をともに満たし、努めて人をもてなしなさい。あなたがたを迫害する者たちを祝福しなさい。祝福すべきであって、呪ってはいけません。喜んでいる者たちとともに喜び、泣いている者たちとともに泣きなさい。互いに一つ心になり、思い上がることなく、むしろ身分の低い人たちと交わりなさい。自分を知恵のある者と考えてはいけません。だれに対しても悪に悪を返さず、すべての人が良いと思うことを行うように心がけなさい。自分に関することについては、できる限り、すべての人と平和を保ちなさい。（ローマ12・10―18）

これは私の大好きな聖書箇所の一つです。これはどのように言葉を使わずに福音を宣べ伝えるかを絵のように描写している箇所だと思います。それは日常生活ではどのように見えるでしょうか。そして、それは希望とどのように関わっているのでしょうか。

今日、友人がある難しい話を私に話してくれました。私は友人の話を注意深く聞き、この試練のなかで私も友人とともにいることを分かってもらいました。友人も私に同じように接してくれます。なぜなら、私たちはパウロが言ったように「互いに愛し合」っているからです。私たちはそれを宣言する必要がありません。私たちが頭を下げて祈るときに、それを見ることができるからです。私たちは苦しいときにも笑うことができます。なぜなら、「望みを抱いて喜」んでいるからです。

日曜日に私たちの教会で、礼拝の後に会衆に残ってもらい、最近起きた地震で壊滅的な被害を受けたハイチの人々のために、食べ物と衣服で箱をいっぱいにしたいことを呼びかけました。会衆は

「聖徒たちの必要をともに満たし」てくれました。私の友人二人がホームレスの簡易宿泊所の人と友だちになり始めました。私の友人は高学歴で、よい仕事とある程度の収入がありますが、簡易宿泊所で友だち関係を築くことは「身分の低い人たちと交わ」ることを喜んで行うことです。憐れみの心からではなく、愛の心からするのです。

ダラス・ウィラードの知恵を思い出してください。「真の社会活動家とは、イエスの弟子として普通の人間関係のなかで生きている人だよ」。それは神の国の思いと心を持って、私たちの結婚生活や親子関係や、同僚や隣近所や、金物店で通路をふさいでいる男性との関係を生きることを意味しています。

新しくされた自分は新しい生き方をし、それは周りの人々に見えるし、匂いを嗅ぐこともできます。パウロはコリントの信者にこう言いました。「私たちは、救われる人々の中でも、滅びる人々の中でも、神に献げられた芳しいキリストの香りなのです」（Ⅱコリント2・15）。ただし、キリストの香りはショッピングモールで購入することができるコロンや香水ではありません。「オー・ド・イエス」などというアフターシェーブローションはありません。

そうではなく、私たちが大変な状況でも真実を伝えるとき、私たちが差し迫った用事があるにもかかわらず傷つき恐れている友人と一緒に待合室で座るとき、私たちと意見が合わない人と協力するように努力するとき、もっと多く捧げられるように節約する方法を探すとき、私たちを呪う人に祝福を与えるとき、私たちのなかで生きておられるイエスの本質が現れてくるのです。

私はあるとき知らずに、ニンニクのかけらを八つも食べてしまいました。それをバターソテーされた小さなおいしいポテトだと思ったのです。その晩、家に帰ってベッドに入ったとき、私が発散させていた臭いがあまりにも強かったので、妻は起き上がって「何を食べたの」と言いました。「ローストビーフと小さなバター味のポテトだよ」と私は答えました。「いいえ、ニンニクを食べたわね。小さなポテトはニンニクのかけらだったのよ」。結局、私はソファで眠ることになりました。

次の日、私は歯を二回みがき、さらにマウスウォッシュでよくうがいをして、ガムも噛みました。教会で、妻は私のそばに来てはこう言いました。「まだニンニクの臭いがするわ」。問題はそれが私の身体のなかにあって、私の血液と肺のなかにあって、毛穴からも発散されていたことです。

私はキリストの香りを放つ者のことを考えるとき、このエピソードをよく思い出します。私たちが、キリストが内住してくださっているという真実を知り、生き、呼吸するとき、イエスの現実が私たちの肺と唇と毛穴のなかに存在するのです。これは私たちにはどうすることもできないことです。幸運なことに、ニンニクとは違って、私たちのなかに、また私たちの行動のうちにイエスの香りを人々が感じるとき、人々は私たちにどこかへ行ってほしいとは言いません。たいてい私たちの希望について聞きたいと思ってくれるでしょう。

言葉で表現する希望

いちばんよく物語るのは私たちの行動ですが、私たちは言葉でも福音の希望を語るようにも求められています。ペテロは初代教会の人々にこう書きました。「あなたがたのうちにある希望について説明を求める人には、だれにでも、いつでも弁明できる用意をしていなさい。ただし、柔和な心で、恐れつつ、健全な良心をもって弁明しなさい」（Ⅰペテロ3・15―16）

この聖句にはたくさんの知恵が含まれています。第一に、ペテロは私たちに備えておくようにと勧めています。これは私たちがイエスの希望の物語の四つの部分についてよく考えることを前提とし、その物語を語るように求められたときに、どのように説明するかを考えておくことを仮定しています。

私は特に次のことばが好きです。「あなたがたのうちにある希望について〔の〕説明」というところです。それはすべての人が本当に聞くべきことです。人々は、聖書の権威についての長い説明や、なぜイスラム教が間違っているかの説明を聞きたいのではありません。あなたに何が起きたのかだけを知りたいのです。あなたがどのようにして新しい物語に捕らえられ、新しい行いをするようになったのかを知りたいのです。

最後のことばもまた珠玉です。「柔和な心で、恐れつつ、健全な良心をもって弁明しなさい」。あまりにも多くの場合、人々は自分の信仰を荒々しく説明し、また見下したような態度で説明します。あるクリスチャンはキリスト教を伝道するときに傲慢な人のように行動するので、いつも逆効果になってしまいます。

どのようにして私たちの希望の理由を、柔和な心で、恐れつつ伝えることができるのでしょうか。

それは、私たちの物語を話すことによってです。あなたの物語について議論するのは難しいことですし、あなた以外の誰もあなたの物語を伝えることはできません。それはあなた自身の物語であり、あなたがどのようにしてイエスの大きな物語に気づくようになり、あなたの人生がその物語のなかにどのように書かれていったか、そして今やイエスの物語があなたの物語ともなっていることを伝えるのです。それが柔和な心で伝える方法です。

恐れつつ伝える方法とは、人々が興味を持ったときだけ説明することです。タイミングが重要です。柔和に伝えることに加えて、私たちは忍耐強くなくてはなりません。イエスは弟子たちにお伝えになりました。「わたしは狼の中に羊を送り出すようにして、あなたがたを遣わします。ですから、蛇のように賢く、鳩のように素直でありなさい」（マタイ10・16）

ダラス・ウィラードはあるときこの聖句を引用して、私にこう尋ねました。「『蛇のように賢く』とはどういうことでしょうか」と。実際、私はその聖句をよく知っていて、ダラスが暗記していた英欽定訳聖書でも知っていたのですが、蛇の賢さについて考えたことはありませんでした。「ところで、蛇が誰かを追いかけるのを見たことがあるかい?」私は「いいえ」と答えました。ダラスは言いました。「蛇の知恵とは、誰かが蛇のところに来るまで待っていることだよ」

もちろん、私たちは誰かのことを殺そうとしたり、噛みつこうとしているのではありません。だからこそイエスは鳩のように無害でありなさいと付け加えておられます。鳩は捕まえようとすれば、捕まえることができるほど無害です。鳩は平和のシンボルでさえあります。私たちが蛇の賢さと鳩の優しさを結びつけるとき、私たちはキリスト教を伝道する正しいアプローチを見つけることができます。

フランク・ラウバックはフィリピンの人々にキリスト教を伝道しにきたと明かすのに、一年近く待ちました。ラウバックはただ自分の仕事を誠実に行い、上にあるものに思いを向け続けました。そのうちにイスラム教の指導者がみんなにこう言いました。「あの人と一緒に時間を過ごしなさい。彼は神様を知っている人です」と。ラウバックは待ち続けましたし、柔和にしていました。また人々を尊敬して、読み書きを教えることで人々を助けました。ラウバックは希望の人で、その希望から信仰と愛が現れていました。

希望を手に入れる

妻と私は二人とも教師をしていますが、それぞれ町の反対側で教えています。毎日午後四時十分に、私は娘のホープを小学校まで迎えに行きます。大学を四時少し前に出ますが、たいてい途中で三、四人の知り合いに会います。知り合いはこう聞いてきます。「どこかいい所へ行くのかい?」私はこう答えます。「うん、ホープ（希望）を迎えに行くのさ」

私はこう言うたびにほほ笑みます。私はホープを迎えに行きます。ある意味でこれは本当です。私はそういう名前の小さな女の子を迎えに行くからです。もう一つの意味でもこれは本当です。娘は妻と私にとって希望を体現している存在だからです。娘は、神は信頼するに値するお方であることを思い出させる存在で、それだからこそホープ（希望）と名づけたのです。もう一つの意味でも、私は希望によって生きているので、希望を手に入れに行くことは本当です。それは私の根が植えられているところです。

けれども、別の見方では、それはまったく真実ではありません。私が希望を手に入れるのではなく、希望のほうが私を捕らえているからです。私には毎日、最高傑作を作るチャンスがあります。それは、死を克服し、豊かな憐れみによって私たちに永遠のいのちを与えてくださった神を、私は信仰と愛との筆遣いで証しすることができるからです。その希望は生きていて、決して死ぬことがありません。

　私たちの主イエス・キリストの父である神がほめたたえられますように。神は、ご自分の大きなあわれみのゆえに、イエス・キリストが死者の中からよみがえられたことによって、私たちを新しく生まれさせ、生ける望みを持たせてくださいました。（Ⅰペテロ1・3）

魂を鍛えるエクササイズ――あなたの信仰を証しする（恥ずかしがらず強制されずに）

誰に対して証しをするべきでしょうか。誰にあなたの信仰を話し、いつ話すべきかを決める基準は何でしょうか。また、どのようにその話をしたらよいのでしょうか。この章で述べたように、私たちは、気づいていないかもしれませんが、絶えず証しをしているのです。人々は私たちを見ているのであって、私たちの行動は、よいことであれ悪いことであれ、何かを物語っています。このことを前提として、私たちが他の人に思いを向けて信仰生活へと招くときに、もっと意識的に行うなら、助けになるエクササイズを提供したいと思います。

私が、役に立つと分かった行動が七つあります。そのうちのいくつかは、私たちが証ししている人との最近の関係によって異なってくるでしょう。もし相手のことをよく知っているなら、そして相手が私たちを信頼しているなら、この過程をもっと速く進めて、場合によっては途中をスキップして最後の行動に移ることさえできます。それでも、それぞれの行動は私たちがそれを一人で行っているのではなく、神に頼っていることを思い出させるためには、直前の部分は必要です。

1　祈る

最初にすることは、神に誰かを送ってくださるように祈ることです。これは、ほとんどいつもすぐに応えられる力強い祈りです。聖霊は私たちよりもはるかに賢く、知識に満ちておられるお方です。聖霊は私たちが心にかけている人々の必要もご存じです。神にそういう人々を送ってくださるよう祈るだけでなく、彼らが現れたときにその必要を認識できる目と耳を与えてくださるように祈ってください。おそらく、あなたが心にかけている人がすでにいるかもしれません。その人のために祈り、また信仰を伝える一歩を踏み出す機会を作ってくださるように神に祈ってください。

2　観察する

祈ったなら、注意深く観察してください。定期的に神にこう聞いてください。「あなたが送ってくださる人が誰かを見えるようにしてください。思いやりのある目を与えてください。誰のことかを分からせ、いつ次の一歩を踏んだらよいか教えてください」。蛇のような賢さを忘れないでください。

3　手を伸ばす

その人が誰であるか分かり、神がその人との関係を築くように用意されたことを感じたなら、怖がらせない仕方でその人に近づく方法を探してください。コーヒーを一緒に飲もうとか、ランチに行こうとか誘ってください。もしその人がすでにあなたと時間を一緒に過ごしている人なら、「今の生活はどうですか。うまくいっていますか。うまくいっていないことがありますか」というような、怖がらせないでいて探るような質問をしてください。その人のことをまだよく知らないなら、こうした質問はあまりにも直接的でしょう。もっと基本的なレベルの会話にとどめて、その人の心にあることを知る手がかりを求めながら、耳を傾け続けてください。

4　聴く

よく聴いてください。これは私たちの騒がしく忙しい文化のなかではほとんどなされないため、もはや失われた技術のように見えます。ただ聴くだけでも、あなたは愛を示しているのです。その人の心の状態を知る手がかりを求めながら耳を傾けてください。その人は何を求めているでしょうか。何に苦しんでいるのでしょうか。あなたが心のなかで問う最善のことは、「この人の人生のなかで、神はどこで働いておられるのか」です。それは離婚による苦痛からの癒やしかもしれませんし、新しい仕事を得た喜びかもしれませんし、愛する者を失った悲しみかもしれません。それが何であれ、その人が何を求めているかを発見してください。

5　結びつける

この段階に来ると、あなたの福音の理解（私たちの神が支配しておられ、神が私たちとともにおられること）が役に立ち始めます。その人の心に引っかかっていることが何かを見極めることができたら、その人の状況と福音のメッセージを結びつけるようにしてみましょう。

たとえば、その人が愛する者を失った悲しみで苦しんでいるとします。あなた自身に問うてください。この人の状況に、福音はどのように適用できるだろうか。たくさんの方法があると思いますが、三つのことが頭に浮かびました。第一に、イエスは死を打ち破られたことです。第二は、神は私たちの暗闇のなかで共に立ってくださることです。第三は、神は私たちの苦しみを通して偉大なことをしてくださるということです。

その人との人間関係がしっかりしているなら、次のような質問をして、言葉による結びつきを作りたいと思うでしょう。「あなたに今、希望を与えていることは何ですか。なぜ耐えられているのでしょうか」。もしその人があなたに心を開いているなら、あなたはおそらく長い答えをもらうことでしょう。その人の状況とあなたが知っているよい知らせとの間を、説教することなしに結びつけるように試み続けてください。この段階で、あなたは対話を行っています。ある段階で、その人の人生に起きていることと神がなさったこと、そしてこれからなさることとの間をはっきりと結びつけることができるかもしれません。

６　伝える

ある時点で、あなたの話や考えを話してくれるように、相手から求められるかもしれません。もしそうなったら恐れないでください。自分の信仰を語ることを妨げる偽りの物語がいくつかあります。

それを一つひとつ検証することは意味のあることですが、単純にこう言わせてください。神は私たちに完璧であることや、すべての答えを持つことを求めてはおられません。神は、三位一体なる神との交わりというういのちに入るよう人々を招くように、私たちに求めておられます。私はこう言うのが好きですが、神の国は困難に陥っていません。神の国は宣伝広告の専門家を必要としていません。神の国は人々に機会を与えようとして待っているのです。牧会的ではない言い方を許してほしいのですが、私はただこう言いたいのです。「乗り越えてください。抵抗感を捨ててください」

ペテロのアドバイスを思い出してください。「あなたがたのうちにある希望について説明を求める人には、だれにでも、いつでも弁明できる用意をしていなさい。ただし、柔和な心で、恐れつつ、健全な良心をもって弁明しなさい」（Iペテロ3・15―16）

この聖句で私が好きなところは、次のように言わないところです。「神学校に行って組織神学と教会史と弁証学と哲学を学びなさい。そうして初めて、キリストの証人となることができます」と。聖句はただこう言っているだけです。「あなたがなぜ希望を持っているかを人々に伝えられるように備えていなさい。そしてそれを柔和に、恐れつつ行いなさい」と。

これは、福音のメッセージがどのようにあなたの人生と交わったかを伝えることを意味しています。これは説明するときではありません。あなたの物語を語り、どのようにして神を知るようになったのか、また神があなたの人生のなかでどのように働いてこられたかを伝えることです。正直になってください。あなたが完全でないこと、あなたが葛藤していたこと、それにもかかわらず神に信頼することに決めたことをその人に知らせましょう。

この助けになる一つの方法は、この章の「希望の物語の四つの部分」においてコロサイ人への手紙から引用した聖句を覚えていることです。あなたがこの四つの部分の物語について知れば知るほど、そしてそれがどのようにあなたの物語になったかを知れば知るほど、ますます希望のメッセージを言葉で的確に表現することができるようになるでしょう。

7 招く

人間関係を築いたある時点で、その人を受け入れてくれるクリスチャンの交わりに招いてください。それは教会であるかもしれません。これはたいていそんなに怖いことではありませんが、ある人にとっては怖いときもあります。あなたはその人を社交の場（夕食や映画）でクリスチャンの友人たちと会わせたいと思うかもしれませんし、小グループの聖書研究会に招きたいと思うかもしれません。ある人々は、五百人の知らない人が集う教会よりも、家庭での五、六人の人との交わりに行くほうが気が楽でしょう。もう一つのアイディアは、あなたとほかのクリスチャンが関わっている奉仕活動にその人を招くことです。これはとても力強い証しとなるでしょう。

何よりもまず、その人のために祈り続けてください。そして、そのために時間をとる準備をしてください。人が最初に求道し始めて、実際に信仰告白するまでの平均的な時間は二十八か月だそうです。[8] ある時点でその人を教会に招くか、その人が教会を探すお手伝いをしてください。私たちは回心と呼ばれる大事な瞬間を経験するにもかかわらず、実際には、多くの気づきを経て、神とともに生きる人生の新しい側面が切り開かれていきます。そして教会だけが、それができる唯一の場所なのです。

最後に、心から神を信頼してください。この人の旅路には、私の旅路がそうであったように、私たちが決して想像できない紆余曲折があることでしょう。神はふさわしいときに、ふさわしい人を連れて来てくださいます。ですから今は、あなたがその人の旅路に関わるという特権にあずかっているのです。ですから、あなたは友人に自分の物語を伝えて、すべてを支配される神を指し示すとよいでしょう。

第3章　仕える共同体

ある牧師に次のように尋ねたことがあります。「もしイエスの弟子である生活が人々の共同体に根ざしている、特に地域教会に根ざしているとしたら、それが本当に変化をもたらし始めているかどうかは、どのようにして分かるのですか」と。牧師はためらうことなく、「教会の委員会で分かりますよ」と言いました。

私の最初の反応はクスクス笑うことでした。長年の経験から、教会の委員会がいかにやる気をそぐものとなりえるか、人々がいかによくない態度をとるかを知っていたからです。また、彼の答えに少し驚いてもいました。「みんながもっと礼拝に出席するようになれば」とか、「どこへ行くにも聖書を持ち歩くようになれば」、あるいは「奉仕者表に進んでもっと記名するようになれば」と彼が答えると思っていたからです。

牧師は続けて、多くの教会の委員会での問題とは、人々が二つの考え方で動いていることから派生してくると言いました。あるメンバーは、教会の働きがなされているのは神のため、人々の益のためであり、世界をよくして、神の国を前進させるためであると認識しています。けれども、他のメンバーは、この世の王国の価値観と目標にもっと影響を受けています。私は、具体例をあげてくださいい、と頼みました。

「ある晩、私たちの教会は役員会を行っていましたが、主な議題は敷地内に新しい建物を建てる計画についてでした。この計画については二つの心配事から委員会の人々が強い関心を抱いていました。一つ目の心配事は、教会が数的に成長していない、頭打ちのところにきていたことで、それは単にスペースがないという事実から起きていました。すべての礼拝は満員で、実際もっとスペースが必要だったのです。教会が成長していない二つ目の理由は、道路の向こう側にある教会が最近大きな成長を経験していることにあるのではないかと、ある人たちは心配していました。そこの教会の成長には、私たちの教会から移った人たちがいることも含まれていたので、その教会のほうが私たちの教会よりも施設がよいからではないかと思っている人も委員会のなかにいました」

牧師は続けました。「話し合いは委員の一人である建築家に向かいました。その人は新しい建物の設計図を担当していました。みんなは彼に、その建物の外観がどのようになるのか、費用はいくらぐらいかかるのか、どれくらいの人を収容できるのか質問しました。ある時点で一人の人が、善意からだと思いますが、感心しない表現で次のように質問しました。『私が知りたいのはこのことです。道路の向こう側の教会と競争できる建物を建てることはできるのですか』と。その建築家は立ち止まって『ちょっと待ってください』と言い、深呼吸すると、続いてこう言いました。『その質問に答えるのに、神の国のなかで生きる者として答えるか、神の国の外側にいる者として答えるか少し考える必要がありました』と」

この建築家はどのように答えるかを考えるために少し時間をとらなければなりませんでした。そのことは、二つの考え方、二つの異なる物語がその部屋にあったことを表しています。一つは、競争や数で成功することや自己保全といった、この世的な価値観に基づいているものです。もう一つは、協力の場や奉仕と自己犠牲という点での成功、といった神の国の価値観に根ざすものです。

この二つの物語は、教会の委員会のなかでしばしば衝突すると牧師は言いました。なぜなら、教会員はこの二つの異なる物語の影響を受けているからです。誰かが神の国の物語に自分の人生のチャンネルを合わせ始めると、そしてその物語に生き続けるようになってくると、それは教会の委員会での行動に如実に現れてくるそうです。私は牧師に言いました。「ということは、人々がイエスの弟子として成長することを助ける最高の議論は、彼らの魂のためだけではなく、委員会の改善のためにもなるわけですね」。二人とも笑いましたが、実際私たちは深い真理に触れたのです。

偽りの物語——私たちの必要が一番大事

この話の建築家は、イエスの弟子なら通常経験することを味わっていました。私たちは毎日たくさんの決断をします。そして、その多くは魂にあまり大きな影響を与えません（今日、黒色のズボンをはくか、茶色のズボンをはくかは魂に大きな影響を与えないように）。けれども、私たちの魂の状態をあらわにする決断はたくさんあるでしょう。建築家に投げかけられた質問は、そういった魂をあらわにする質問でした。どちらの答えをしても、その背後には物語があります。私たちはこの世の物語の影響を強く受けており、それを脱ぎ捨てるのが難しいのです。最も支配的な物語の一つは、自己保全や個人的な幸せの上に建てられたもので、必ず私たちの必要を満たそうとします。これは個人だけに当てはめられる物語ではありません。共同体にも当てはまる物語です。

教会の委員会はあることを共通認識としている人々で成り立っていて、一つの具体的な共同体のメンバーです。その共同体は多くのことをメンバーに提供します。たとえば、家庭や共通のビジョンや、時間がたてば素晴らしい思い出となる歴史です。人々は自分たちの共同体を愛しています。共同体を守ろうとし、共同体が繁栄することを願います。最初にお話しした教会の委員会を構成していた人々は、教会がうまくいくように助けることに時間とエネルギーを注いでいました。あなたと家族を長年育ててくれたキリストの弟子たちの共同体を愛することは、決して悪いことではありません。そして、あなたの教会とその働きがうまくいくことを願うことも決して悪いことではありません。たとえば、牧師に毎月謝儀が必ず支払われるようにする方法や、駐車場が充分にあることを気にかけることは、決して悪いことではありません。

問題が起きるのは、最も重要な考慮すべき事項、最有力な欲求と最大の関心事が、その共同体だけの成功であるときです。ある人の関心事がその人自身の必要を満たすことだけに向かうとき、それは自己中心的で効果がなく、究極的には不幸になるのと同じように、共同体が自分たちだけのことに焦点を当てると、自分たちの魂を失うことになります。そのような状況になるとき、その共同体を存続させたより大きなビジョンは輝きを失い、共同体はもはやもともとの使命を果たすための存在ではなくなって、ただ生きているだけになります。これはしばしば、霊的な死に向かう最初の一歩であり、究極的には共同体の消滅を招きます。

フレンズ大学のチャプレンをしていた最初のころ、私は百人くらいの学生とともに働く特権にあずかっていました。その学生たちは毎週の交わり会から修養会、小グループや宣教の働きまで、キャンパスでさまざまな働きに参加していました。私はこの若者たちの霊的リーダーであり、彼らは私を信頼して、私の導きに従ってくれました。

あるとき、地域の教会の牧師から電話をもらい、お昼に誘われました。その牧師は、教会で話し合いをして、数千ドルを私たちの大学での宣教プログラムに捧げたいと思っていると話してくれました。私はそのお金で学生たちのためにどんなことができるかを考えて、大喜びしました。すると牧師は言いました。「私たちが求めていることは、あなたに若い人向けの日曜学校を教えていただくことだけです」。私は承諾し、まもなく大学から約二十五名の学生がそのクラスにやって来ました。すべてがうまくいっているように見えました。

それから一か月後に、その牧師から電話をもらいました。「ジム、問題が起きています。あなたの学生たちは私たちの教会の礼拝に出席していません。あなたのクラスには来ていますが、それから別の教会へ行くか、帰宅してしまうのです」。それを聞いて驚きました。私自身も、家族と一緒に母教会の礼拝に出席するために、その教会の礼拝に出ていなかったので、その問題に気づいていなかったのです。牧師は続けて言いました。「若者たちを礼拝に来させてくださらないかぎり、あなたのお働きに献金することはできません」

私は日曜学校で学生の幾人かに、特に、母教会を持っていない学生に、なぜここの教会の礼拝に出ないのかと尋ねました。皆が同じことを言いました。「退屈だからです。五十歳以下の人は一人もいませんし、誰も話しかけてくれさえしないのです。それで、行くのをやめました」

私には彼らを強制することはできず、まもなくその教会で教えることをやめ、お金は与えられなくなりました。不幸なことに、この教会は大学生たちのニーズにではなく、教会のニーズに焦点を合わせていたのです。

真実な物語――他者のニーズが最も重要

それとは対照的に、翌年、別の地域教会の信徒リーダーから電話をもらい、こう言われました。「ジム、私たちの教会は長いことたくさん祈ってきて、若者たちに捧げるものがたくさんあると感じているのです。高齢者の多い教会で、そんなに大きくないのですが、たくさんの知恵があり、次世代の若者のことを心にかけています。あなたが大学の学生と関わっておられることを知っているので、どのように彼らを牧会したらいいか見つけるのを手伝っていただきたいのですが」。それから数か月間、この教会の人々と会って話し合いました。彼らには捧げるお金はありませんでした。ただ、大学生が母教会で何を求めているかを知りたがっていました。

私は、大学生はまず、食べることが好きだと言いました。大学生はお金がないことが常で、当時カフェテリアは日曜日は閉まっていました。その教会の人々は言いました。「食事作りなら得意です」と。第二に、別の州から来ている学生たちは、家族と離れてしばしば淋しい思いをしていることを伝えました。教会の人々は温かいハグと歓迎されているという雰囲気を作ることができます。教会の人々は言いました。「ハグは得意です」と。私は、「それで充分だと思いますよ」と結論づけました。

それから、ある年配の女性が言いました。「ジム、学生さんたちは私たちの礼拝形式を気にいるかしら？　ギターはなくてオルガンだけだし、賛美歌を歌っているのよ」。私は答えました。「学生たちを愛して、食べさせてくだされば、大した問題ではないと思います。学生たちは皆さんが思うほど、楽しませてもらいたいと思っていませんよ」

私は五、六人の学生を招いて、一緒にその教会に出席しました。中に入ると、みんながハグして迎えてくれました。礼拝形式は伝統的なもので、賛美歌と聖書朗読、ある種の式文、説教と聖餐式がありました。牧師は愛に満ちた心をもった人で、しっかりとした説教をしました。学生たちが打ち解けていくのを感じることができました。現代的なことやかっこいいことは何もありませんでしたが、学生たちは現代的でかっこいいことは平日にたくさん味わっていました。

礼拝後、フェローシップホールに行きました。その教会の婦人たちがごちそうを用意してくれていて、お決まりのサヤインゲンのキャセロールと果物の入ったゼリーが用意されていました。学生たちはそれが大好きでした。私も大好きでした。そして、私はそれ以来、その教会から決して離れることがありませんでした。そこは本当に他者のことを考える共同体だったので、数年後に町のその地域での働きを閉じる決意をし、新しい教会を作りました。それはチャペルヒル合同メソジスト教会となり、そこに私は今も出席しています。

以上の二つの教会の違いは何だったのでしょうか。最初の教会が質問してきたことは、「私たちの教会を改善するために、私たちはどんなことができるか」でした。二番目の教会は「どのようにしたら他者に仕えることができるか」と問うてきました。最初の教会は自分に焦点を当てた物語から行動していました。二番目の教会は他者に焦点を合わせる物語から行動していました。最初の教会は、教会のイメージと教会を維持することだけを心配していました。大学生が自分たちの教会に出席することは成功のしるしだったのです。二番目の教会は学生たちの幸せだけを考えました。学生たちを教会のただ中に迎えることは、彼らにとっては仕えるチャンスとなりました。

私たちが神の国の現実に浸っているとき、焦点は自分たちの必要から他者の必要に変わっていきます。それは私たちが神の国のなかに巻き込まれるときにのみ、可能なのです。そうなったときだけ、確信に満ち安全であるときだけ、私たちは自分の焦点を自分から他者に向けることができるのです。

他者中心の共同体

イエスの素晴らしく美しい共同体は、その生命と力とをイエスご自身のなかに見出します。そして、イエスは私たちの教師であるだけでなく、私たちの強さの源でもあります。イエスのように、イエスの弟子たちも生きるのです。イエスは仕える者となられ、他者の益のために生きられました。この世の王国では、偉大さはその人が持っている権力によって定義されます。給仕される人のほうが、給仕する人よりも偉いのです。けれども、イエスは偉大さについてのこの考えを引っくり返されました。「食卓に着く人と給仕する者と、どちらが偉いでしょうか。食卓に着く人ではありませんか。しかし、わたしはあなたがたの間で、給仕する者のようにしています」（ルカ22・27）

イエスの模範は私たちの模範になります。それは単に、私たちがイエスのようになって、イエスに気に入られたいからではありません。他者に仕える者になることは、崇高な生き方だからです。一方、他者から仕えられたいと願い求める生き方は、命を生み出さず、魂を破壊する生き方です。イエスはそのことをご自身の生き方で示されました。宇宙の創造主、万物の王であられるイエスが、仕えるためにこの世に来られたのです。イエスは弟子たちの足までも洗われました。この方は仕えるために来られたからです。

それはイエスが一つのこと、すなわち「愛」によって、かつて動かれ、今も動いておられるからです。イエスは弟子たちに、愛を表す最高の方法は、他者の益のために自分自身を差し出すことだと教えられました。事実、他者の幸せと引き換えに自分の命を差し出すことは、もしあなたがある立場にいてそうするなら、最大の愛の行動になるでしょう。イエスは言われました。「人が自分の友のためにいのちを捨てること、これよりも大きな愛はだれも持っていません」(ヨハネ15・13)

イエスはそれを教えられただけでなく、その言葉の通りに生きられました。ご自分の命を、あなたと私も含む他者の益のために捧げられました。イエスを教師として従う私たちは、同じことをするようにと、焦点を自分自身から他者に移すようにと招かれているのです。

どうしたらそれができるのでしょう。どうして二番目の教会にはそれができて、最初の教会にはできなかったのでしょうか。その解決は神の国に見出すことができます。第2章で述べたように、信仰と愛は福音の宣言のなかに発見される希望から湧き出てくるからです。そのよき知らせのなかに、ノリッチのジュリアンが記しているように、すべてはよくて、すべての事柄はうまくいくということを見出すのです。私たちは素晴らしい将来について確信を持っています。神がその知恵をもってお許しにならないこと、よいことのためにお用いになることのできないことは私たちに対して何も起きないということを知っているからです。私たちは安心だし、安全なのです。このような状況のなかで、私たちは自己中心から他者中心に移ることができるのです。

私たちがイエスとともに神の国に生きるとき、私たちの基本的な必要は満たされます。その必要を供給するのに、他のクリスチャンが用いられることもあります。神の国では、私たちに必要な物質は供給されます(たとえシェルターや食料や衣服がなくても、それを供給できる団体があります。それらはたいてい、イエスの弟子たちによって運営され、神の国の最前線としてこの世で仕えています）。神の国では、私たちは安心だし、安全なのです。死さえも私たちを神の愛から引き離すことはできません。神の国では、私たちは永遠に無条件に愛されていることを発見します。神の国では、私たちは価値のある大切な存在であること、身代わりに死なれるほどに価値があることも知ります。ユージン・ピーターソンが言うように、私たちは「素晴らしい、決して複製されない恵みの物語[1]」なのです。

以上の真理を自分のものにしているとき、私たちは、自分の注意を他者と他者の必要に向けることができるようになります。後で分かったことですが、最初の教会は恐怖心で生きていました。お金がたくさんありましたが、急速に高齢化し、教会に新しい人が誰も来ないため、教会を閉じる危険性を感じていました。彼らは自分たちの教会のいのちと、神の国を混同していました。教会は移り変わりますが、神の国は永遠に存続します。教会のいのちと力と存在理由は神の国にあって、それは決して衰えません。二番目の教会はそのことを直感的に知っていました。彼らは自分たちの小さな教会を愛していましたし、その歴史について感傷的になることもできましたが、必要ならば先に進む準備もできていて、実際にそうしました。彼らの教会は死ぬことによって、新しいいのちに生まれ変わったのでした。

共同体は神の国の物語に浸っているときに、他者中心になることができます。彼らは自分たちの共同体が神の国の最前線であり、必要とされるかぎり恵みを語り、恵みに生きる場所であることを知っています。教会の価値は存続期間にあるのではなく、教会が現している愛にあります。教会の成功は大きさにあるのではなく、人々と地域社会に仕える姿にあるのです。

私たちは、教会を設立したこともなく、会堂を建てたこともなく、素晴らしい建物を建てるための献金を募ったこともないお方によって設立された群れなのです。私たちのリーダーは、ほかの人の益のために来られて、仕えられて、そして死なれました。次の文章は教会のかなりよいミッションステートメントになると思いますが、ほとんど目にしたことがないものです。「私たちは他者に仕えるために存在し、そして死にます、私たちの創始者のように」

宝物を大切にする

パウロはピリピにある共同体に、毎日の生活で互いにどのように生きるべきかを次のように伝えました。「何事も利己的な思いや虚栄からするのではなく、へりくだって、互いに人を自分よりすぐれた者と思いなさい。それぞれ、自分のことだけでなく、ほかの人のことも顧みなさい」（ピリピ2・3―4）

あるとき、私がこの聖句を主要なテキストとして用いてクラスを教えていると、一人の女性が手をあげてこう言いました。「『人を自分よりすぐれた者と思う』というのは、パウロの心理状態はよくないのだと思います。それはただ低い自己評価になると思います」。この女性には、他者に敬意を払うと同時に適切な自己イメージを持つことは可能だということが、理解できなかったのだと思います。彼女は他者を自分より優れていると思うことは、自分を低く評価することだと思い込んでいたのです。

問題が生じるのは、私たちが誰かを自分より「優れている」と思うことに慣れていないからです。パウロが次の節で、「自分のことだけでなく、ほかの人のことも顧みなさい」（4節）と促していることにも注目してください。パウロは私たちが通常、自分自身の関心事に目を向けることを知っていますが、それを悪いことだとは言っていません。ただ他人のことにも注意を払うよう求めているだけです。

　パウロの言っていることを理解し、それに生きることができたのは、数年前、結婚式の説教の準備をしていたときでした。私は自分たちの結婚を助けていることは何かと思い巡らしていて、妻のメガンがどんなに素晴らしく驚くべき存在かを思い、「宝物」という言葉を走り書きしました。私にとって妻は尊い宝物です。すると、ある考えが浮かびました。あなたの宝物を大切にしなさい。

　妻は私にとって大切な贈り物であり、かけがえのない存在です。私がその現実を私の心に思い浮かべると、妻を大切にし、愛し、彼女の幸せを思い、彼女を保護するためにときには自分の欲求を犠牲にすることは容易になります。子どもたちも、かけがえのない素晴らしい宝物です。ときどき私はそれを忘れて、子どものお世話をすることが日常の雑事になってしまいます。そしてそれを思い出すと、彼らのお世話をすることが突然、義務ではなく、特権になるのです。それは物の見方の問題で、その人の素晴らしさとかけがえのなさを見ると、仕えたいという願いが増すのです。

「神よ、私についての真理を信じられるように助けてください。どんなにそれが素晴らしいかを見させてください」[2]とマクリーナ・ウィデカーは書いています。彼女の祈りは確かに真理を表していますが、私は彼女の言葉を次のように変えたいと思います。「神よ、今日私が出会う人たちについての真理を見ることができるように助けてください。どんなに彼らが素晴らしいかを見させてください」と。

傷つくことになっても他人のことを考える

私たちが生きる指針として選択する物語は、私たちの核となり、私たちの行動を決定します。つまり、私の必要が先か、あなたの必要が先かを決定します。

友人が最近起きた出来事を話してくれました。彼女は社会的な団体をあるノンクリスチャンの女性と経営していて、その人と親しくなろうと努めていました。何回かランチに誘いましたが、その女性はいつも会えない理由を持っていました。その人の秘書に何回か電話をして、その人を誘おうと試みました。その秘書は私の友人を気の毒に思って、ついにこう言いました。「私がこのことを言うのは不適当かもしれませんが、ランチのお誘いのメモを渡すと、彼女はそのメモを取って、丸めて、『これは絶対実現しない』と言ってごみ箱に投げ捨てたのです。あなたはすてきな人で、このような扱いをされているのを見るのは耐えられません」

誰でもそうだと思いますが、私の友人はこの話で傷ついたと話してくれました。けれども、彼女は神の国に深く根ざして生きているので、祈りのなかでこの問題を神に託しました。一週間後に彼女があるレストランに行くと、偶然その女性が友だちと一緒に現れました。彼女はウェイターに言いました。「あの二人の食事が終わったら、お勘定を支払わせてください」。そして彼女は持って来た書類の作業に没頭していましたが、目を上げると、その女性が自分の前に立っていました。「お昼の食事代を支払ってくださったお礼を伝えたかったのです。本当にありがたく思っています」とその女性は言いました。「あなたが私と会おうとしてとても忍耐強くしておられたことは分かっています。ごめんなさい。そのことを知っていただきたいと思いました」

私の友人は、自分の行動を次のように説明してくれました。「すぐにあの人と一緒の時間が過ごせるとは思っていませんけど、私がお昼代を支払ったのはそのためじゃありません。お昼代を支払ったのは、あの人のために祈っていたからで、あの人に何かすべきことをするチャンスを待っていたからです。神様がそのチャンスを与えてくださったのだと思います。友だちになれるか、神様が私を用いて伝道させてくださるかは分かりません。知っているのは、ほかの誰かによいことをする機会が与えられたということだけで、それをすることができて嬉しく思っているということです」。彼女は新しい、力強い、真実な物語によって生きています。つまり、「あなたの必要こそが最も大切です」という物語です。彼女は本当に変わっています。

さて、以上のことについて一つ注意事項があります。それは、私も含めて多くの人は、過度に奉仕したり、他者の必要に関心を向けすぎて自分自身の必要を無視したりする危険を冒さないとしても、そのような危険性のある人は少なくない、ということです。そして、そのような人たちもこういう本を読むことでしょう。他者に仕えることと自分自身のケアをするという問題については、バランスを取ることが大切です。

私には、他者に仕えることに熱心になるあまり、自分の必要を無視し、ときには家族の必要も無視してしまうクリスチャンの友人がたくさんいます。ある女性は他者に仕えることはキリストに従う者の義務だと教えられてきたために、若いときに燃え尽きて教会を去ったと打ち明けてくれました。教えられた通りに実行して、疲れ果ててやる気をなくしてしまったそうです。別の男性は、長年にわたって彼の家族は「ぼくの残り物しか受け取れなかった」と話してくれました。「すべてのエネルギーを困っている人の面倒を見ることに使って、家族の必要を無視していた」からですと。

他者に仕えることに関しては、バランスを取ることをお勧めします。私たちはまず自分の魂と身体の状態に気をつけて、罪の意識を感じずに、魂と身体のケアを第一にすることが必要です。足元が安定していて休養をとっているときにこそ、私たちは与えることができます。そしてまた、私たちを一番必要としている人のなかには私たちがほとんど時間を与えていない人がいて、それはしばしば私たちの家族や友人であるということを念頭に置かなければなりません。彼らは大きなニーズを持っていないかもしれませんが、私たちの時間とエネルギーと愛情を必要としています。

繰り返しますが、バランスを取る必要があります。自分の必要のために多くの時間をかけることもできますし、他者の必要のために多くの時間を費やしている人々もよく見かけます。けれども、聖霊の導きに耳を傾けて、私たちには見えないことを見ることができる人たちの識別力に心を開くなら、正しいバランスを取ることができると私は信じています。

一番重要な仕事

私はあるときカリフォルニアの会議で、ダラス・ウィラードと一緒に講演をしました。夜のセッションの最初に、私は人間を造り変えられる神の恵みについて話をしました。休憩の後、ダラスが講壇に上って講演をし、次のような注目を引く言葉で話を始めました。「これからクリスチャンにとって、特に教会のリーダーの皆さんにとって、一番重要な仕事についてお話しします」

ダラスがクリスチャンの一番重要な仕事だと信じていることを皆が聞きたかったので、しばらくの間、沈黙がありました。私の頭も一瞬すばやく回転して、それはいったい何だろうと考えました。それまでダラスの講義を何百時間と聞いてきたので、彼は「聖句暗記」と言うのだろうかと思いました。それが人を造り変えるのにとても重要なことだと彼が信じていることを知っていたからです。

彼はマイクに近づいて、こう言いました。「私たちにとって、特に教会のリーダーたちにとって一番重要な仕事は、隣の教会の成功のために祈ることです」

私はぼう然としました。一番重要な仕事がそれですか？　私なら、クリスチャンにとって、特に牧師たちにとって、それよりはるかに重要だと思える仕事をたくさん思いつきます。貧しい人々のお世話をすることはどうでしょう。一人になって祈り、神と上質な時間を過ごすことはどうでしょうか。私たちの信仰を未信者に伝えることはどうでしょうか。ダラスによれば、そうではなく、私たちにできる一番重要なことは、私たちの地域にあるほかの教会の成功と繁栄のために祈ることなのです。

あとでダラスに、どういう意味で言ったのかぜひ説明してほしいと頼みました。彼はこう言いました。自分たちの教会の近くにある教会の成功のために、純粋に祈るとき、自己中心の物語の殻を破って神の心に入っていくことができ、神がそれらの教会の成功のためにすでに祈っておられることを知るようになるのです。この訓練は私たちが神の国と同調するように促すのだと。

ダラスは牧師だけでなく、教会全体にこれを行うよう勧めました。最近、私はワイオミング州キャスパーにあるハイランド・パーク・コミュニティー教会で説教をしましたが、そこの牧師がまさにそれを実行していました。その地域にある二、三の教会をあげ、彼らの働きを祝福してくださるように神に求めました。教会の名前を言い、それらの教会のいくつかの働きの名前もあげて祈っていました。それは本当に素晴らしいことでした。それは礼拝の雰囲気を変えました。つまり、私たちを自分より大きな何かに結びつけました。そして、神の国のうるわしさと力を見せてくれました。

牧師たちの一人にこの実践について聞くと、毎週日曜日にそうしていると教えてくれました。私はダラスが教えてくれたことを話しました。「あなたたちは全員それを実行しています！　どうぞやり続けてください」と言いました。彼は少し顔を赤らめましたが、私は彼がしていることと、それが人々に語っていることとを承認したかったのです。

恵みのスペース

あの建築家が委員会でひと息ついて、自分の答えについて考えたとき、彼はイエスの教えと聖書の書簡に見出すことのできる真実な物語に生きることを選択しようとしていました。その物語は、神の国では誰とも競争しないと教えています。私たちが他者と、特に他の教会と競争していると教える物語は、私たちを神と真の自分から遠ざける、偽りで、見せかけだけの、もろい物語なのです。この建築家は賢明にも、私が恵みのスペースと呼ぶものを探して、偽りの物語から距離を置き、イエスの物語で出会った真理を見極めようとしたのでした。

彼は恵みのスペースを持っており、キリスト中心の場所から話せるように一息つくことができました。ここでの鍵は、どのようにして恵みのスペースを見出し、そこで私たちが採用しようとしている物語に立ち返るかを学ぶことです。それはゆっくりとしたプロセスです。けれども、私たちの思いを再起動し続け、イエスの重要な物語にとどまり続けるなら、神と真の自分に近づくことになり、聖霊の実が私たちからあふれ出るようになります。

それでは、その建築家は「道路の向こう側の教会と競争できる建物を建てることはできるのですか」という質問にどのように答えたのでしょうか。彼は次のようなことを言いました。

第一に、次のことをはっきりさせたいと思います。私たちは道路の向こう側の教会と競争していません。みんな同じチームにいるのです。彼らの成長は私たちの成長です。なぜなら私たちはみな神の国に一緒にいるからです。第二に、私たちの仕事は単純です。つまり、神から与えられたお金で最高の仕事をする必要があります。それは、神をたたえ、そこに集う人々にとって祝福となる美しい空間を造るために精一杯のことをすることです。そしてそれが、私に与えられた技術と、受けた訓練で、私がしようとしていることです。

私はその集まりの議長をしていた牧師に言いました。「それで、グループのほかのメンバーは彼の答えにどのように反応したのですか」

「それが素晴らしかったのです」と牧師は説明しました。

彼の答えは委員会全体の方向を変えました。私たちは誤った基準を用いて、誤ったことに焦点を合わせていました。人々の頭のなかには教会の成功について支配的で偽りの物語が入っていて、それは教会は出席者数（attendance）・建物（building）・現金（cash）というＡＢＣで評価されるというものでした。これが私たちの関心事になると、すべては悪循環になります。それは神の国の価値観ではないからです。私もこの建築家が言ったようなことを言おうとしますが、しばしば、「それは説教者が説教者の言い分を言っているだけだ」と思われます。けれども、建築家の彼がそれを言ったとき、それは本当に彼らに影響を与えました。残された話し合いの時間は新しい方向へと向かいました。私たちは、神が与えてくださったものでどうしたら最高の仕事ができるかを問うことから始めました。委員会の終わりのほうでは、神が私たちのただ中でしておられることの一部になれることに、皆が興奮していました。

その牧師はこうまとめました。「教会の委員会のスピリットを、この世的な焦点から神の国の焦点に変えることは決して簡単なことではありません。それはほとんど奇跡でした」。私も教会のたくさんの集会を経験している者として、彼が意味していることがよく分かりました。

魂を鍛えるエクササイズ――キリストの心をもって宝物のように他者を大切にする

イエスの弟子たちの素晴らしく美しい共同体は、自分自身の必要よりも他者の必要を先にすることを学んでいる人々で成り立っています。これは私たちの世の中ではちょっと変わった行動です。それは、「一番になるようがんばれ」と命じ、「優勝することがすべてではないが、それを求めるだけの価値がある」と言うこの世の物語に私たちが不適応であることを示します。それは私たちが自分の利益追求や人種差別、攻撃性に不適応であることを示しています。

どのようにしてこのように生きることができるのでしょうか。どこでこのように生きるのでしょうか。それは、ほかの人を見る見方を変えることから始まると私は思います。ほかの人を見るときに、家族の誰かであろうと高速道路にいる誰かであろうと、ただの人間として見るなら、その人を障害物あるいは自分の幸せを広げるチャンスと見ることはとても簡単になるのです。

ここでの鍵はキリストの心をもって、キリストがご覧になるように、宝物として他者を見ることです。そうすれば、自然と彼らを大切にするようになり、自分の必要よりも彼らの必要を先にすることもきっと可能になるでしょう。私たちはそれぞれ異なった仲間のなかで生きて活動し、それぞれ違う人々と違う人間関係を持っています。家族や友人、同僚、クリスチャンの仲間、見知らぬ人や知り合いなどです。たとえば、自分の家族を大事にすることは簡単かもしれませんが、それは私が実際に家族を大事にできているという意味ではありません。金物店で失礼な態度を取った人を大切にするのは難しいかもしれませんが、それは不可能なことではありません。今週は皆さんに、私たちの周りにいる宝物をかけがえのない存在として大切にしていただきたいと思います。

家庭で利他的に生活する

1　どこで何を食べるかを決めるときに、家族のメンバーにどこへ行きたいかを尋ねましょう。家族が選んだ食事がアレルギー反応を起こさせるものでないかぎり、彼らが望む場所に行って、彼らが望むものを食べましょう。

2　もしあなたが結婚しているか、ルームメイトがいるなら、相手の人の状態を聞いて、よくその人の話に耳を傾けてください。しなければならないことがあるとしても、その人の必要を、たとえそれが情緒的な必要だとしても、あなたの必要よりも先にする練習をしてください。

3　家にもし子どもがいるなら、今週のどこかの一晩その子がしたいことをどのようにでも選ぶ権利を与えてください。それは映画を観ることかもしれないし、ボードゲームをすることかもしれませんが、重要なポイントは子どもに選ばせるということです。

職場で利他的に生活する

1　時間をとって同僚のところに行き、「あなたの重荷を軽くするために、私が助けられることはないですか」と言ってみましょう。通常これは興味深いリクエストを導き出します！

2　ほかの人のためにコーヒーか紅茶をいれるか、お菓子を持って行くか、みんながコーヒーやスナックを食べる場所をきれいに掃除するかしてみましょう。

教会で利他的に生活する

1　礼拝堂から遠い位置に車を駐車して、ほかの人に近い場所を譲りましょう。

2　礼拝堂の前列のほうに座るか、人があまり座らない場所に座って、みんなが座りたい席を空けておきましょう。

3　週報を折るとか、駐車場を掃除するといった、必要な奉仕をするようにしましょう。

日常生活で利他的に生きる

1　車を運転しているときに、あなたの車線にほかの人の車を入れるよう、その機会に注意していましょう。

2　買い物のとき、店のなかを移動するときもほかの人に気を配り、並んでいるときはあなたの列に入れてあげるようにしましょう。

第4章　キリスト中心の共同体

ある日私は、ある教団のリーダーの一人だという人から電話をもらいました。その教団について、私は名前は聞いたことがありましたが、正直に言うとほとんど知りませんでした。そのリーダーは、「クリスチャンの霊的形成」というテーマについて、その教団のリーダー研修会に講師として来てほしいと言ってきました。私はすぐに興味を示しました。

どのようにして私の名前を知ったのかを尋ねると、その教団の本部が数百人の信者に、どんなテーマや主題についてもっと知りたいと思っているのか調査をしたということでした。そして一番だった答えが「霊的形成」だったそうです。その教団では、その分野の専門的知識を持っている人がいなかったので、インターネットで「霊的形成」を検索したところ、私の名前が出たそうです（私は最近、『霊的形成のワークブック』という本を出版していました）。

そのリーダーは、彼らがこのテーマについてもっと知る必要があること、私が彼らと時間を共有すれば、彼らの教会によい影響を与えることができると言いました。私は招待を受け入れました。次の六か月間、私は一生懸命準備をし、たくさん祈り、彼らの霊的形成への情熱に火をつけることができるように、そしてまた彼らの教会でも霊的形成に取り組むことができるように神に求めました。

その研修会のために飛行機で移動しながら、私の興奮はさらに増していきました。私は連絡をくれた人に手荷物受取所で会い、一日をかけて研修が行われるホテルまで車で連れて行ってもらいました。私はかばんを手に、教えることを楽しみにしながら会場に入りました。その会場はアメリカ中から集まった六十名のリーダーでいっぱいでした。もし、この人々がこのテーマについて情熱を持てたら、彼らの教団全体に新しい火をつけることができると私は思いました。

教団のリーダーの一人が私の紹介をしてくれたので、私は元気よく講壇に上りました。最初に面白い話をして、会場全体がリラックスしたように思いました。それから、本題に入り始めて、次のように述べました。「神様は私たちにたくさんの異なる恵みの手段を与えてくださいました。それは、祈り、独りになること、沈黙、聖書、断食、そのほか多くのことです。これは神様との関係を深め、キリストの性質を身に帯びるためです。こうして私たちは、神とともに生き生きとした生活を送り、この世界を変えることができるようになるのです」

それはよく準備された講演の始まりでした。けれども、それはまたこの聴衆と私との信頼関係を終わらせるものでもありました。後になって分かったのですが、彼らは、神は恵みの手段をたった二つだけ——すなわち洗礼と聖餐式だけ——を教会に与えたと、熱心に熱烈に信じている教団だったのです。私が述べたすべての行動（祈り、聖書朗読、独りになること）は、恵みの手段ではなかったのです。

私の伝統（メソジスト）や私が講演したことのあるほかの教団では、これらの活動を説明するのに恵みの手段という言葉をよく使います。けれども、私はこの問題についての彼らの立場をまったく知りませんでした。私に分かったことは、聴衆の態度が興味から急速に敵意に変わっていったことでした。

私はその最初のくだりから一分くらいで、誰とも目が合わなくなりました。十五分たったころには、意見が違うといって首を横に振る姿が見えました。話し始めて三十分後には、一人の男性が立ち上がって自分の椅子を後ろに向け、背中を私に向けて座り始めました。その男性は部屋を出ていくこと（四十五分たったときには三人の男性がそうしました）もできましたが、嫌悪感を表すためにわざわざそこにいました。

私は聖なる原則を汚してしまいました。つまり、それとは知らずに、彼らと反対の神学的な立場をとっていたのです。彼らの目には、私の言葉の使い方が間違っていたので、私を公に辱めなければなりませんでした。私は五十五分話したところで中断し、「そろそろ休憩にしましょう」と言いました。

その休憩時間に、私を飛行場から連れてきてくれた男性がとても悲しそうな顔をしてこう言いました。「理事長はとても申し訳ないと申しておりますが、この講演は最悪な状態になっているので、あなたの講演はもう終わりにしなければならないと思っています」。私はあと四時間講演する予定でしたが、正直に言って私はスズメバチの巣に入っていくのが嫌なのと同じくらい、あの会場に戻りたくないと思っていました。この時の苦痛を、私は何年も忘れないだろうと思いました。私はその男性に言いました。「そうですね。飛行場まで送ってくれますか。そうしたら、早い便で家に帰ることができますから」と。彼はそうすると言ってくれました。

孤独感を抱いて寂しく廊下を歩いていると、こういう声が聞こえました。「すみませんが、質問してもいいですか」と一人の男性がささやいてきました。私は「もちろん」と答えました。彼は言いました。「あなたがあんな目に遭うのを、たいへん気の毒に思っています。私はこの教団に最近入り、按手を受けたのですが、仲間の牧師たちと同じ考え方ではありません。私に分かることは、教会員を弟子として育てることは私にはできないのですが、あなたには私を助けてくれることができるということです」

彼は本当に率直だったので、私は立ち止まって彼を助けたいと思い、こう言いました。「次のことをやってみてください、リチャード・フォスターの『スピリチュアリティ成長への道（*Celebration of Discipline*）』〈中島修平 訳、日本キリスト教団出版局、二〇〇六年〉を読んでください。何年もそれに取り組むことになると思います。あなた自身のためにそれを読んで、あなたの人生でまず実践してみてください。徐々にあなたが変わってきたら、それを教会員の人に自然に伝えることができるでしょう」

彼は私に感謝しました。私は足を引きずりながら、完全に打ちのめされたまま、玄関を出て駐車場に向かいました。家に向かう飛行機のなかで、窓に頭をつけると、私の目から涙がとめどなく溢れてきました。

偽りの物語――もし一致できなければ、別れなければならない

多くの読者が今、これはどの教団だったのだろうかと想像していることでしょう。それはどうでもいいことです。それはどの教団でもありうることで、似たような物語は教会のなかでもいつでも起こっているからです。私がこの経験から学んだことは、ほんの小さなこと――ここでは、「恵みの、手段（means of grace）」というたった二つの単語――がそのような分裂の原因だったということです。

私は自分が適切に備えていなかったことの責任は取るつもりです。もし適切に備えていれば、このような事態は避けることができたでしょう。けれども、彼らも同様に、私に情報を提供するという思いやりを示さなかった責任を負うべきだと思います。誰かが講演を中断させて、「ジム、すみませんが、今あなたは私たちを少し傷つけるような言葉を使いました。その点についての私たちの立場はこうです……」というようなことを言って、私に応答する機会を与えるべきでした。

明らかで最悪な真実を言わせてください。イエス・キリストの教会は、互いに交わりを持つことを拒絶する人々によって、多くの派閥に分裂してきました。一人の主、一つの信仰、一つの洗礼を主張しているのに、私たちは一つの教会とならずに、分離して、裁き合い、疑り合い、厳しく非難

し合っています。これは父と子と聖霊を間違いなく悲しませる、嘆かわしいひどい状況です。人種・階級・教派・教義が、神の民を分裂させます。日曜日の朝が一週間で最も差別(分離)が行われている時間です。プロテスタントの教派で認識されている教派数は三万以上あり、その多くは自分以外の教派を拒絶しています。

なぜでしょうか。それは、私たちが外見や地位や信仰が異なる者からは分離してもよいとする偽りの物語を採用してきたからです。そして、それは次のようなことを意味しています。「外見や行動や礼拝形式や考え方が私たちと同じでなければ、私たちはあなたがたと交わりを持つ義務はありません」

白人は白人と礼拝し、ヒスパニックはヒスパニックと礼拝し、裕福な人は裕福な人がいる教会に出席し、貧しい人は貧しい人が出席する教会に出席します。聖書に誤りはないと信じる人々は、同じように信じる人々とだけ交わりを持ちます。また、同性愛を容認するライフスタイルを送る人は、同じような性的理解を持つ人々だけと交流を持ちます。

あるとき私が講演を聴きにいったときのことです。講師が金属製の薄板に塩と胡椒をふりかけました。それから講師がその板を揺らすと、胡椒と塩が分離し始めました。それを根拠に、講師は人種も塩と胡椒のように、いつも自然に分かれるものだと言いました。黒人は黒人と一緒にいたがり、白人は白人と一緒にいたがるもので、それは講師が見せた例証からも分かるように、自然で神が定めたことだと言うのです。

なんとこの話は教会でされたのです。これは偽りの物語の明らかな例で、人種隔離を支える理論的根拠となっていました。もちろん、塩と胡椒の分離は人種隔離と何の関係もありません。塩と胡椒は色のせいではなく、重さの違いで分離するのです。とはいえ、そのとき私は周りの人々が同意してうなずいているのを見ましたし、それはまるでこう言っているようでした。「そうです、同じ人種の人同士が一緒に礼拝するべきです」と。それはぞっとするような出来事でした。

あなたは異言で語りますか。あなたは賛美歌を歌いますか、それともゴスペルを歌いますか。あなたは女性が牧師になれると思いますか。あなたの礼拝堂では、さまざまな楽器を使うことが許されていますか。これらの質問は人々が何を信じ実践しているかを知るためのもので、その答えから私たちは一緒に礼拝できるかどうかを決定します。ある人は異なる答えをする人の救いさえも疑います。悲しい事実はこうです。つまり、私たちが分裂することを、イエスは願われなかったはずだということです。

この章の偽りの物語である、もし私たちの意見が合わなければ、私たちは分離しなければならないということが、このことを生じさせ、今も生じさせ続けているのです。思い出してください。私たちは自分の行動の理論的根拠が必要なだけなのです。私たちの行動は私たちの考えと物語に基づいてなされます。ですから、この問題を克服するために、私たちは偽りの物語を、新約聖書に見られる真実な物語と置き換える必要があります。

偽りの物語の背後にある恐れ

私を拒絶した教会のリーダーのなかに、恐れと同じように私に対する悪意があったとは思いません。彼らは私の立場を受け入れるなら、何か危険なものを自分たちのなかに取り入れることになるのではないかと恐れていました。恵みには二つの手段しかないという彼らの立場には長い歴史があり、ずっと昔に、ほかの恵みの手段を受け入れるならば洗礼と聖餐式の神聖さを傷つけることになり、祈りや聖書朗読を過度に高めることになると結論づけていました。彼らは真実を守るために防衛的になり、だからこそリーダーの立場にまで昇進したのでしょう。私たちは羊飼いに群れを守ってもらいたがるものです。

たとえ動機がよいものだとしても、私たちは恐怖心から行動を決めてしまってはなりません。完全な愛は恐れを締め出します。なぜなら、神の国は決して困難に陥ることがないからです。正しい教義によって地獄の門に対抗するのではなく、恐れから解放され、キリストを主と告白する情熱的な心を持つ人々によって地獄の門に対抗することができるのです。そして、すべてのひざはかがんでひれ伏し、すべての舌はそれは真実だと告白しているのです。

私たちの恐怖心の核心には、コントロールしたいという欲求があります。人を排除することは私たちに安心感を与えます。つまり、私たちは偽教師を近づけず、羊の衣を着た狼を追い出し、これで万事うまくいくと考えます。

教義上の正しさを主張することが、しばしばもっと深い問題を隠す煙幕であることがあります。それは、もし私たちがあらゆることを適切に行うことができなければ、すべてが崩れてしまうという不安感です。同じことが人種の違いや性別の違いについても言えます。もし、人々が私たちと異なる外見をしていたり異なる行動をとったりすると、私たちは不安になります。なぜならその人たちを完全には理解できないし、その人たちの行動をコントロールできないからです。

それではキリストのからだのなかにあって、どのようにしてこうした問題を克服できるでしょうか。スタンリー・ハワーワスは次のように説明します。「神の国の特徴であるこの愛は、赦された人々にだけ与えられているもので、それは他の人を恐れないことを学んだ人々にだけ与えられます。……私自身と私の性格が神の愛で形作られたときにのみ、私は他者を恐れる必要がないことを知るのです(1)」

ハワーワスは問題を特定しています。つまり、私たちはお互いを恐れているということです。こうした恐れの多くは、異なる人種や文化に対する理解を増やすことで克服することができます。けれども、私たちが最終的にその恐れを克服できるのは、私たちが赦されていることを知り、神の愛で形作られていることを知ることによってです。

ところが真実は、私たちがすべてを適切にできることは決してないということです。ほかの人に「私の教義、信条、定義は完璧です」と言う私はいったい何者でしょうか（もちろん、私は教会内での人間関係について言っているのであって、教会外の関係については言っていません）。これらの小さな問題については、私はガラス越しにぼんやりと見ています。私たちは、完全には理解できないことをめぐって、決して分離してはならないのです。特に私たちが理解できることによって照らし出し、はっきりしない不思議ではなく、目が覚めるような真実によって照らしてみるときに、私たちみんなが同意できることが出てきます。それは「イエスが主だ」ということです。

もしあなたの心がイエスに対する愛で高鳴るなら、互いに手を取り合って、私たちは交わりを持ちながら一緒に歩めるからです。

真実な物語——キリストの弟子は一致すべきです

私たちクリスチャンはいつでもすべての問題で意見を一致させなければならない、と考えるのは見当違いです。私たちの文化に基づく行動や礼拝の仕方が異なることも、また事実です。私たちの違いを受け入れることは絶対に必要なことですが、そのことが分離するための理由とはなりません。真実な物語は、次のようなものだと私は思います。あなたが私と同じような外見ではなく、行動も礼拝も大切にしていることも同じでなくても、イエスに対する愛であなたの心が高鳴るなら、私たちの違いに関係なく、私たちは互いに交わりを持てるし、持つべきなのです。

多くのクリスチャンにとって、不一致が分裂を許しているという偽りの物語が、今日驚くほど一般的になっている分裂を支持する根拠となっています。真実な物語は、不一致は認めますが、分裂は認めないと私は信じています。私たちは礼拝の形式やある些細な教義のポイントで同意する必要はありませんが、イエスに対する中心的な信仰で一致するなら、私たちは交わりを持つことができるし、持つべきなのです。だからこそ、私は大胆に宣言することができます。「イエスは主です」と。

もし、あなたの心がイエスへの愛で高鳴るなら、互いに手を取り合って、私たちは交わりを持って一緒に歩めるのです。イエスは女性教職を認めないと主張している人々の主でもあれば、女性教職を認めると主張している人々の主でもあります。イエスはバプテスト派の主でもあり、聖公会の主でもあり、異言で語る人々の主でもあり、異言で語らない人々の主でもあります。

礼拝の形式やドレスコード（服装規定）、洗礼の授け方や教会の政治形態についての意見の相違は、神が結び合わせた者たちをばらばらにすることができません。教会は一つのからだであり、イエスによって結び合わされました。私たちは分裂していると思うかもしれませんが、そうではありません。私は信条（たとえば、使徒信条とニカイア信条[2]）に見られる基本的な教義を認めるすべての教派は、好むと好まざるとにかかわらず、さまざまな形態を採りながらも、教会を構成していると信じています。私がこのように信じているのは、私が一致が好きで、分裂が嫌いだからではありません。私がこの立場をとるのは、これがイエスとパウロの教えだと思うからです。

イエスの物語――彼らが一つになるように祈ります

イエスはご自身の弟子たちがあらゆる国々と人種から出てくることをご存じでした。事実、イエスはユダヤ人以外の人々にも伝道するようにとさえ、弟子たちに命じておられます。大宣教命令で、イエスはこのように指導されました。「ですから、あなたがたは行って、あらゆる国の人々を弟子としなさい。父、子、聖霊の名において彼らにバプテスマを授け〔なさい〕」（マタイ28・19）

ギリシア語で「人々」という言葉はエスノスで、この言葉から「エスニック」という言葉が派生しました。イエスは弟子たちに、すべての民族的《エスニック》背景から来た人々のところに行って、人々を弟子にしなさいと命じておられます。イエスはすべての人々を、人種や文化や信条に関わりなく、一つの交わりへと結びつけられます。彼らの一致は父と子と聖霊の名による洗礼によって築かれます。多くの者が三位一体なる神の名のもとに一つになるのです。

イエスはユダヤ人だけが招かれているのではなく、イスラエル以外の人々も招かれていることを知っておられました。イエスはそのことをはっきりとおっしゃいました。「わたしにはまた、この囲いに属さないほかの羊たちがいます。それらも、わたしは導かなければなりません。その羊たちはわたしの声に聞き従います。そして、一つの群れ……となるのです」（ヨハネ10・16）

異邦人がイエスの声を聞き分けて、一人の大牧者に導かれて一つの群れとなります。ここでのキーワードは一つです。神の聖なるご計画は、神の気前のいい備えをいただきながら生きて、すべての人を受け入れる愛すべき人々の共同体に、あらゆる国々の人々を招き入れて、一つにすることです。

これが神のご計画であって、ここには分裂はありません。三位一体なる神が一つであるように、キリストのからだも一つなのです。ヨハネの福音書17章のイエスの有名な祈りはこの願いを表しています。「わたしは、ただこの人々のためだけでなく、彼らのことばによってわたしを信じる人々のためにも、お願いします。父よ。あなたがわたしのうちにおられ、わたしがあなたのうちにいるように、すべての人を一つにしてください。彼らもわたしたちのうちにいるようにしてください。あなたがわたしを遣わされたことを、世が信じるようになるためです」（ヨハネ17・20―21）

イエスはここで、弟子たちの宣教によって、イエスに従う人々が将来起こされることを予想しておられます。イエスは「エクレシア（教会）」のなかに、父なる神と子なる神が相互に内住しておられるのと同じような一致があるように祈られました。種類の一致です。つまり、「あなたがわたしのうちにおられ、わたしがあなたのうちにいるように」です。イエスは私たちの違いが私たちを分裂させるとは思っておられませんでした。交わりにおける一致は一つの源から来ます。その源がイエスなのです。

パウロの物語――キリストにあって私たちは一つ

イエスが復活なさり昇天なさった後の最初の二十年間、クリスチャンとなったのはおもに、イエスをメシアとして受け入れたユダヤ人でした。けれども、「異邦人のための使徒」（ローマ11・13）として働くように召されたパウロの伝道活動のおかげで、福音はユダヤ教を超えて広がりました。紀元五〇年代の中ごろには、エルサレムからローマまで、教会はあらゆる異なった人種とあらゆる異なった背景を持つ人々で成り立っていました。こうした違いにもかかわらず、クリスチャンは一つでした。パウロはクリスチャンの一致の根拠を次のように説明しました。

そこには、ギリシア人もユダヤ人もなく、割礼のある者もない者も、未開の人も、スキタイ人も、奴隷も自由人もありません。キリストがすべてであり、すべてのうちにおられるのです。（コロサイ3・11）

ユダヤ人もギリシア人もなく、奴隷も自由人もなく、男と女もありません。あなたがたはみな、キリスト・イエスにあって一つだからです。（ガラテヤ3・28）

パウロはイエスの「エクレシア（教会）」の多様性と統一性を説明しています。ユダヤ人とギリシア人、男性と女性、奴隷と主人がキリストにあって一つになります。未開人とスキタイ人でさえ、その交わりに迎え入れられました。未開人はギリシア語を話さず、野蛮だと思われていました。スキタイ人は冷酷で粗野で暴力を好むと思われていました。けれども、パウロは彼らをこのリストのなかに含めて、交わりに入る可能性がないように見える人でさえ、キリストにおいて一致できることを示しました。

コロサイ人への手紙3章11節に注目してください。「キリストがすべてであり、すべてのうちにおられるのです」。これは私たちが一致するうえで、中心となる根拠です。キリストは男性のなかにおられるように、女性のなかにもおられますし、ギリシア人のなかにおられるのと同様に、ユダヤ人のなかにもおられますし、未開人とスキタイ人のなかにさえおられます。私たちのなかにおられるキリストが、私たちを一致させるきずなです。外見は異なっていても、私たちはキリストが内住してくださっている者たちです。ですから外側は異なっていても、内側におられるキリストゆえに、私たちは一つになれるのです。

　このことをコロサイの教会の人々はどのように感じていたのでしょうか。あなたがユダヤ人で、生まれたときから自分は神に選ばれた民で、異邦人は汚れていると教えられてきたのに、祈るためにギリシア人と手をつながなければならなくなったと想像してみてください。あるいは、あなたが奴隷の主人で、エリート階級のメンバーで、聖餐式のパンを奴隷から受け取ることを想像してみてください。または、あなたが女性は劣った存在だという考え方で育った一世紀に生きている男性だとして、あなたが集まっている部屋の向こう側にいる女性が、寛大にもその集まりのための会場費を支払っているのを見たと想像してください。十字架中心の共同体は、一世紀には一般的ではなかった平等を見出していました。

　　一つの杯、一つのパン、一つのからだ

主の晩餐とかユーカリストとも呼ばれる聖餐式の儀式が、何世紀にもわたって分裂の原因となってきました。ルターやカルヴァンやツヴィングリのような宗教改革者でさえ、聖餐式の意味について大いに議論してきました。現代では、聖餐式の性格と執行の仕方について、教派の違いの数と同じぐらい多くの意見の対立があります。

　これは皮肉なことです。なぜなら、主の晩餐こそ、クリスチャンの交わりが一致していることを表すために、パウロが好んで用いた隠喩だったからです。「私たちが神をほめたたえる賛美の杯は、キリストの血にあずかることではありませんか。私たちが裂くパンは、キリストのからだにあずかることではありませんか。パンは一つですから、私たちは大勢いても、一つのからだです。皆がともに一つのパンを食べるのですから」（Ⅰコリント10・16―17。傍点著者）

　私たちは大勢でも、イエスのからだと血において一つになるということを見える形で示すのが聖餐式です。私の家族が礼拝している教会で、私はしばしば聖餐式の手伝いをするように頼まれます。数年前のある日曜日、私はそれまで気づかなかったことに心を打たれました。それは、人々の手でした。

　私は毎回パン（あるいはウエハース）を人々に手渡しながら分配し、人々はそれを受け取ろうと手を差し出します。特にこの日曜日は、みんなの手がいかに異なっているかということに、私は心を打たれました。つまり、ある人の手は小さく、別の人の手は大きく、ある人の皮膚は硬く、別の人のは柔らかく、ある人の手はしわだらけで、別の人の手はなめらかで、ある人の手は変形していて、別の人の手は強くて健康的でした。これらの異なった手が一つの同じパンを受け取っていました。

彼らはみなユニークで多様ですけれども、キリストのからだにおいて自分たちが一つであり一致していることを見出していました。それどころか、彼らは単にキリストのからだに参与しているだけでなく、彼らこそがキリストのからだでした。

私たちはお互いに帰属し合っています。私たちのなかにある違いは、からだのじゃまな部分ではなく、歓迎されるべき部分なのです。パウロはこう書きました。「大勢いる私たちも、キリストにあって一つのからだであり、一人ひとりは互いに器官なのです」（ローマ12・5）

その日、私は今まで経験したことのない仕方で、人々に結ばれている感覚を経験したのを覚えています。彼らの手、天のパンを受け取るために差し出された手は、キリストにあって一つになりました。数か所で、パウロはからだの隠喩を用いて大勢が一つになることを表現しています。手と足、目と耳、ひざとひじはみんな異なりますが、同じからだの一部分であることで一つとされているのです。

そして一つの思い

イエスに従う者たちは一つにされます。なぜなら、彼らは一つの杯、一つのパン、一つのからだを分け合うからです。けれどもパウロは、キリストに従う者たちに一つの思いを持つように励まして、さらにもう一歩先に進むように促します。

最後に兄弟たち、喜びなさい。完全になりなさい。慰めを受けなさい。思いを一つにしなさい。平和を保ちなさい。そうすれば、愛と平和の神はあなたがたとともにいてくださいます。

（Ⅱコリント13・11）

さて、兄弟たち、私たちの主イエス・キリストの名によって、あなたがたにお願いします。どうか皆が語ることを一つにして、仲間割れせず、同じ心、同じ考えで一致してください。

（Ⅰコリント1・10）

この両方の聖句で、パウロは人々に思いを一つにするように訴えています。それは、人々がいかに簡単に人種や階級、または教えやイデオロギーや教義に基づいて分裂するかをパウロが知っていたからではないかと思います。

パウロは彼らに「語ることを一つにして、仲間割れせず」と懇願しています。けれども、ここからある疑問が出てきます。すなわち、「私たちに賛同することを拒否する人と、どうやって一致することができるのか」ということです。私たちが明らかにすべての点で同意できない人と、どうしたら「同じ心、同じ考えで一致」することができるのでしょうか。私たちはただ自分の考えや意見や教義を手放せばいいのでしょうか。

私たちは決してすべてのことで同意することはできませんが、ただ一つのことで同意できますし、同意するべきなのです。それは、イエスは主だということです。パウロがコリントの人々に訓戒したように、「語ることを一つ」にするための唯一の方法は、本質的なことと本質的でないこととの間をしっかりと区別することで、本質的でないことが異なっているときには、お互いに愛し合う方法を見出すことです。その例として、十八世紀に生きたジョンという人、意見が合わなくても一致するために助けとなる方法を教えてくれた人に注目したいと思います。

本質的なことには一致を、本質的でないことには寛容を

アウグスティヌスは次のように言ったと言われています。「本質的なことでは一致を、はっきりしないことでは自由を、すべてのことで寛容を示しなさい[3]」と。もし、本当にこの言葉がアウグスティヌスのものなら、それは教会のなかの不一致という難しい問題にアウグスティヌスが対処するときの方法だったのでしょう。これは、私たちの意見が合わないとき、一致するための対処法を考えるときに助けとなる原則です。ジョン・ウェスレーはこの格言が好きで、初期のメソジストに説教する際に、この格言を少し修正して用いました。

初期のメソジストの団体は、異なる階級と背景の人々で成り立っていました。ウェスレーは階級による分裂の問題をすばやく見抜き、裕福な人には貧しい人と差が出るような服装はしないように要求し、問題を（若干）解決しました。教義による分裂の問題の解決法については、ウェスレーは有名な説教「カトリックの精神」（ここでいうカトリックという言葉はローマ・カトリック教会ではなく、む

しろ「普遍的な」という意味を表しています）のなかで説明しています。

ウェスレーは一致するための唯一の方法は、本質的なことと本質的でないこととを識別する方法を習得して、本質的でないところでは違いを受け入れる方法を見出すとともに、違いが私たちの共通の信仰を曇らせてはならないと決めることだ、と確信していました。ウェスレーはイエスに対する愛と献身が欠くことのできない本質的事柄だと信じていました。それ以外はすべて本質的ではありませんでした。それらが重要でないと思っていたわけではありません。ただ、それらのことが私たちを分裂させてはならないと思っていたのです。

ウェスレーは意見の違いは認めていましたが、パウロのように、その違いがお互いに愛し合うことを妨げてはならないとメソジストに訴えました。「カトリックの精神」の二つの箇所で、ウェスレーはこの問題をはっきりと述べています。「意見の違いや礼拝形式の違いが全体の外側の一致を妨げたとしても、愛情における一致を妨げる必要があるでしょうか。同じように私たちが考えられないとしても、同じように私たちが愛することはできないでしょうか。一つの意見にならないとしても、一つの思いになることができないでしょうか。間違いなく私たちは一つになれるのです」

その説教の後半部分で、ウェスレーはもっと具体的に語ります。

ですから私は、愛することで一致したいと思う人に次のようには聞きません。「あなたは私の教会の人ですか。私の教会のメンバーですか」と。……「あなたは私と同じ姿勢と仕方で主の晩餐にあずかりますか」とも聞きません。……そもそも、洗礼と主の晩餐を認めますかとも聞きません。これらのことはすべて、そのままにしておけばいいのです。必要ならば、もっと都合のよいときに話すことになるでしょう。現在の私の唯一の質問は、「私の心があなたの心とともにあるように、あなたの心も私の心とともにありますか」です。（三九・一・一二）

私たちはどのように考えるか、どういう礼拝形式を好むか、どの洗礼の方法を支持するかなどで異なりますが、それは本質的なことではありません。問題となる唯一のことは、イエスに対する愛で私たちの心は高鳴るかどうかです。もしそれがあるなら、私たちは一つになることができます。そうしたら、再びこう言うことができます。「イエスは主です！」と。もし、あなたの心がイエスに対する愛で高鳴るなら、互いの手を取り合って交わりを持ちながら一緒に歩めるのです。

重要でないのではなく、ただそれほど重要ではないのです

あるとき、私はアメリカ北東部の活発な教会で説教し、彼らが一緒に信仰に生きている姿に感銘を受けました。彼らはお互いを愛し、熱心に礼拝していました。子どもも、若者も、大人も、年配の者も一つのからだとして教会に集まっていました。私は彼らと一緒にいて、とても元気づけられました。その集まりの後に、私は牧師の執務室に行って自分の荷物をまとめると、牧師が飛行場ま

で送ってくれるというので待っていました。

すぐに、私は重要な会議が行われているのを感じ取ったので、牧師室の外に出て廊下で待つことにしました。盗み聞きするつもりはありませんでしたが、ドアが開いていたので、話していることが聞こえてきました。ひそひそ声で話していたので、それが深刻な問題であることも分かりました。

「教団を去らなければならないと思います」と牧師は言いました。「根本的な問題で意見が合わないからです。教会も教団から離れることを支持していて、九二パーセントの教会員が離れて新しい教団に入るほうに投票しました。唯一の問題は誰がこの建物を所有しているかです」

「そうです。そこが問題です。法律的に言えば、現在の教団が私たちの不動産を所有しています。もし、この教団から離れるなら、私たちはここから出ていかなければなりません」と一人の男性が言いました。「私たちの弁護士は法廷で争えると言っていますが、裁判のために多額のお金を費やすことになるでしょう。それでも、全体の意見はそのために戦う必要があるということです。教会員はここを自分たちの教会だと思っています。彼らがお金を出して教会堂を建て、ここで洗礼を受け、ここで結婚式を挙げ、ここで愛する者たちを葬りましたから」

その会議は十五分くらい続き、それから彼らはその話し合いを別の機会に行うことにしました。牧師が執務室から出てきてこう言いました。「ジム、すみません。緊急を要する会議だったので。飛行場に行く準備はできていますか」。私はできていると答えました。高速道路を運転しながらも、牧師が先ほどの会議のことを考えているのが分かりました。牧師はこう尋ねてきました。「私たちの話し合いが聞こえましたか」

「ええ。聞こうとしたわけではなかったのですが……」

「いや、あなたが聞いてくれてよかったです。あなたならどう考えるか聞きたかったのです。教会堂を手に入れるために法廷で争うべきだと思いますか」と牧師は聞きました。

「私の考えを本当に知りたいですか。気に入らないかもしれませんよ」と私は言いました。

「どうぞ教えてください。怒ったりしませんから」

「まあ、私は法廷で争わないほうがいいと思います。それどころか、今の教団から離れるべきだとも思いません」と私は言いました。

「ジム、本気で言っているんですか。どうしてとどまることができるでしょう。私たちの教団はあまりにもリベラルになりすぎました。私たちは、あのようなことを信じている教団と一緒にいることはできません」。牧師は多少怒りを込めて言いました。

「教団はイエスの神性や復活の真実や三位一体の神を否定したのですか」と私は聞きました。

「いいえ。ですが、聖書に基づいていない原則を支持しています。それどころか、聖書の権威を否定しています」

「教団は『私たちは聖書の権威を否定します』という声明を出しましたか」と私は聞きました。

「いいえ。けれども、聖書の教えに反する立場に立っていて、実際に聖書を拒否しています」

「聖書を否定しているのですか。それともあなたが理解している聖書の教えを否定しているのですか」と私は再び聞きました。

「ジム、私はあなたが保守的なクリスチャンだと思っていました。イエスについて説教するし、聖書から説教しておられるから」

「私は保守でもリベラルでもありません。私はイエスの弟子です。ただ何が本質的で、何がそうではないかを見極めようとしているだけです。私にとっては、いろいろな信条に見られる基本的な教えが本質的なことです。それ以外のことはすべて本質的なことではありません。重要でないと言っているのではなくて、本質的なところで同じ信仰を共有している人々と分裂するほど重要ではないと言っているだけです。私は実際、この問題に関するあなたの教会の立場に同意しますが、それが原因で分裂しようとは思いません。なぜなら、それは私にとって本質的なことではないからです」

「まあ、それは妥当なご意見でしょう。けれども、私と教会の大多数はその問題が本質的なことだと考えています。ですから、私たちは分離するのです」と牧師は言いました。

私は牧師に、神に対して真実であろうとする彼の思いと情熱は尊重すると伝えました。私は心の底からこの牧師とその教会員を愛しています。彼らは離れる決断をして、私はその決断を支持しませんでしたが、彼らの立場を理解して受け入れました。私は彼らとキリストにあって一致していま す。彼らの分離する決断に私は同意しませんが、彼らは私のキリストにある兄弟姉妹であり、私の目には私たちは一つです。彼らは私と同じ本質的なことを信じていますので、それが私たちの統一性です。私が本質的ではないと思うことでは彼らと一致できませんでしたが、本質的なことではなかったので私は彼らに寛容を示しました。

教会のなかで一致するというチャレンジ

ここまで、私はおもに教会の教派に焦点を当ててきました。こうした教派は、教義について一致できないために生じます。ここでパウロがコロサイ人への手紙3章でしている忠告に戻り、教会のなかで見られる分裂の三つの原因である、人種と性別と階級について詳しく見たいと思います。パウロはこれらの違いについて以下の聖句で具体的に言及しています。

そこには、ギリシア人もユダヤ人もなく、割礼のある者もない者も、未開の人も、スキタイ人も、奴隷も自由人もありません。キリストがすべてであり、すべてのうちにおられるのです。（コロサイ3・11）

ユダヤ人もギリシア人もなく、奴隷も自由人もなく、男と女もありません。あなたがたはみな、キリスト・イエスにあって一つだからです。（ガラテヤ3・28）

コロサイ人への手紙3章11節のそこにはという言葉に注目してください。「そこ」とはどこでしょうか。それは教会のなかです。「エクレシア（教会）」は別の世界である天の国に根ざしているちょっと変わった共同体です。イエスの名のもとに共同体が集まるとき、彼らはこの世界とそこにある自然な区別から飛び出して、一つの群れとなるのです。

私たちはどのように一致するのでしょうか。両方の聖句がそれを明らかにしています。つまり、キリストにおいて一致するのです。キリストがすべての人のうちにいてくださって、私たちの基本的なアイデンティティーを変えておられるからです。私たちは、キリストが内住してくださっている者たちです。この事実は、私たちの違いを消し去りません。男性は男性であり続けますし、女性も女性であり続けます。つまり、キリストのからだは男性でも女性でもない中性的な人々で構成されるわけではありません。民族的には、ギリシア人はギリシア人のままで、ユダヤ人はユダヤ人のままであり続けます。そして、奴隷は教会の共同体の外に出たら、奴隷のままであり続けます。パウロがここで言っているのは、この集められた共同体のなかで、私たちはキリストにあって一つなのだということです。

性別や人種や社会的階級による分裂の解決は、私たちの違いを消し去ることによってではなく、イエスの視点からその違いを見ることによってもたらされます。二十世紀初期のアメリカでは、ペンテコステ派の運動は驚くほど多様でした。黒人と白人とラテン系の人が一緒に礼拝し、女性が教会の働きの重要な役割を担っていました。彼らは「人種を肌の色で差別する線（カラー・ライン）はイエスの血で洗い流されました」という言葉を好んで用いました。それは聖霊による一致を見ていたからです。男性と女性、白人と黒人、金持ちと貧乏人はすべて、同じ聖霊を流すパイプとなりました。違いを無視するのではなく、多様性のなかに一致の源を見出すことで、平等が発見されていきました。

私たちが「多様性のなかで一致できる」本当の源は三位一体なる神です。三位一体の神は黒人でも白人でも、男性でも女性でもありません。つまり、神の位格は異なっていますが一つなのです。セリーヌ・ジョーンズはこう書いています。「神の現実は完全に多様で、完全に相互に関係を持っていて、限りなく行動的です[4]」と。

父なる神は、子なる神と聖霊なる神とはまったく異なっていますが、ご自分のアイデンティティーをその違いのなかに見出しておられます。しかも、父と子と聖霊は一つであって、互いに内住され、互いに相互依存しておられます。教会が違いがありながら一つであるのは、このことに由来します。素晴らしく美しい共同体は三位一体の神を映し出している鏡なのです。

性別や人種の違いは過小評価されるべきではなく、神の美しい創造の一部として肯定されるべきです。教会の外では、これらの違いは不信感と分裂を生じさせ、共同体の障壁となりますが、教会の内側では、こうした違いは祝福となり肯定されます。N・T・ライトはこう書いています。

これらの違いは、キリストにあってどうでもいいものになりました。……これらの障壁や習慣は、……自然なことでも、普通のことでもありません。こうした違いを強調することは究極的に神のイメージに造られている人間の創造を否定することになります。……生い立ちや国籍や

肌の色や言語や社会的立場などの違いに関係なく、個人やグループに愛や敬意や尊敬は、示されるべきものだからです。(5)

関係なくという言葉には私は多少異議があります。なぜなら私たちの違いはキリストのからだの美しさの一部として存在しているからです。関係がないのではなく、ウェスレーの言葉を使えば、人種や性別や階級の違いは一致するために本質的なことではないのです。本質的なこととは、私たちにキリストが内住してくださっているというアイデンティティーを私たちが持っているかです。けれども、ライトはこの問題を正しい場所に移します。つまり、こうした違いは決して、愛することを脅かさないからです。忍耐することも平等であることも私たちの第一の目的ではありません。私たちの最高の目的は愛することだからです。私たちの第一の焦点は、主であるキリストにあります。ですから、私たちはこう言います。イエスは主です！と。
もし、あなたの心がイエスに対する愛で高鳴るなら、互いの手を取って交わりを持ちながら一緒に歩めるからです。

リチャードの夢

リチャード・J・フォスターはここ百年の中で、霊的形成について最も重要な本の一冊『スピリチュアリティ　成長への道』を書きました。この本の成功からしばらくして、リチャードはあることで困ってしまいました。それは、グループではなく個人が、自分の霊的成長のためにひとりで、その本を用いるようになったからです。

リチャードは、古代教会に起源があるこの鍛錬は、分離ではなく一致をもたらすものと思っていました。聖霊の導きに従って、リチャードは執筆や講演から退いて十八か月の休暇を取ることにしました。その期間に、彼は神に耳を傾けて、はっきりとしたメッセージが与えられました。それは、私たちの教会を分裂させている壁を取り去らなければならないということでした。

マーティン・ルーサー・キング・ジュニアの夢のようなビジョンが与えられて、フォスターは教会に対する新しい希望で満たされました。それをフォスターは次のような言葉で表現しています。


現在、私たちクリスチャンはほとんど散らされた者たちのままでとどまっています。イエス・キリストの教会はかなり長い年月、このような状態でした。けれども、新しいことが起きつつあります。神はご自分の民を再び集めておられます。その共同体のこの上ない支え手であり、最も素晴らしい居住者であるイエス・キリストとともに、すべてを包み込む、愛し合う人々の共同体を造っておられるのです。……私にはその人々が見えます……それはたとえ暗いガラス越しに、目を凝らして見ているように感じるとしてもです。

私には、インディアナ州の田舎の牧師がニュージャージー州の都会の司祭と一緒に、世界の平和のために祈っている姿が見えます。そういう人が見えます。

私には、ケンタッキーの丘陵地帯から来たカトリックの修道士が、ロサンゼルスの街から来たバプテストの福音派の人と一緒に、賛美のいけにえを捧げている姿が見えます。そういう人が見えます。

私には、香港の都会から来た社会活動家が、サンパウロの貧困街から来たペンテコステ派の説教者と一緒に、霊的に失われた人々と貧困の悲惨な状況のために泣いている姿が見えます。そういう人が見えます。

私には、南アフリカのソウェトから来た労働者が、首都プレトリアから来た土地所有者と、キリストに対する尊敬の思いから互いに仕え合っている姿が見えます。そういう人が見えます。

私には、フツ族とツチ族、セルビア人とクロアチア人、モンゴル系民族と漢民族、アフリカ系アメリカ人とイギリス系アメリカ人、ラテン系アメリカ人と北米先住民がみんな、お互いに分かち合い、お世話し合い、愛し合っている姿が見えます。そういう人が見えます。

私には、洗練された人が無知な人と、エリートが財産を奪われた人と、お金持ちが貧乏な人と一緒にいる姿が見えます。そういう人が見えます。(6)

このビジョンが「レノバレ（Renovaré）」を誕生させました。これは教会を霊的に刷新する働きで、リチャードとほかの人たちが一九八八年に設立しました。このような働きを通して、大きな前進が起こされました。そのビジョンは力強く、それは神がご自分の民に対して抱いておられるビジョンだからだと私は思います。

私に寛大さを示してくれますか

私は、この第4章が多くの読者にチャレンジを与えたか、もしくは読者の感情を害したかもしれないとすら思っています。私は大胆な立場を取りました。つまり、私たちは教義や人種やその実践に関わりなく、イエスを求める人はすべて兄弟姉妹であると見なすべきだという立場を取りました。私が本質的ではないと言ったあることは、ほかの人にとっては戦う価値があるほど本質的なことだということも分かっています。私はあなたの立場を尊重すると同時に、皆さんにも私の立場を尊重してほしいと祈ります。

私は今も研究を続けていて、今も聖霊の導きに従おうとしています。私が皆さんに示すのと同じ寛大さを、皆さんも私に示してほしいと祈ります。私の寛大さとは、たとえ意見の一致を見なくても、私はあなたを大切な人として、キリストのからだを成すメンバーとして愛し受け入れているということです。私は一つのことで同意できることを知っていて、そのことが私たち全員を一緒につなぐほど充分に強いことを望みます。そのこととは、イエスは主です、、、！　ということです。

あなたの心がイエスに対する愛で高鳴るなら、互いの手を取って、交わりを持ちながら一緒に歩めるからです。

魂を鍛えるエクササイズ――意見が合わない人を愛する

ジョン・ウェスレーは、意見が合わない人と一致するのを助ける方法を教えてくれただけでなく、その同じ説教で、本質的でないことで意見が合わない人に愛を示すことができる五つの方法を教えてくれました。

1　彼らを仲間として扱う
2　彼らのことを悪く考えたり、悪口を言ったりしない
3　彼らのために祈る
4　彼らがよいことをするように励ます
5　教会の働きで協力する

これらの素晴らしい勧めは、意見を異にする仲間のクリスチャンとうまくやっていくのを大いに助けてくれるだけでなく、彼らを愛することも大いに助けてくれます。

今週は、教会か友人か、他教会に属している仲間のクリスチャンのことを考えてください。あなたとは教義や実践が異なる人や地域教会をあなたは知っているかもしれません。ウェスレーのアイディアのいくつか、あるいは全部を実行できるかどうか試してください。それはどのようになるでしょうか。

彼らを仲間として扱う。その人をランチに誘ってください。もし、あなたが関わりたいと感じる教会なら、その教会で礼拝してください。

彼らのことを悪く考えたり、悪口を言ったりしない。特定の人に対してであれ、ほかの人に対してであれ、違いを指摘するのは控えるように気をつけてください。お互いに共通に持っているものに焦点を当ててください。

彼らのために祈る。今週、その人かその教会をあなたの特別祈禱課題にしてください。

彼らがよいことをするように励ます。一緒にランチをしたり礼拝しているときなど、関わりを持っているときはいつでも、その人がすでにしている善い業を励ますようにしてください。その人やその教会がどんな働きをしているかを尋ねて、それを肯定するようにしましょう。

教会の働きで協力する。もし可能であれば、その人（あるいはその教会）と一緒に、すでにその人がしている活動をすることができるかどうか、あるいはあなたが関わっている働きを一緒にできるかどうか検討してみてください。誰かと一緒に奉仕すると、一致しようというきずなが造り出され、違いを克服することができるようになります。

その他のエクササイズ

それに加えて、今週あなたと違う人々のために祈るだけでなく、キリストのからだとそのリーダーたちのために祈る時間を作ってください。以下にそれをする二つの方法をご紹介します。

1　教会の一致のために祈りましょう。教会の一致のために祈り始めると、私たちの考えや実践がどのように違うのかということから、私たちを一つにしておられる唯一なる神に焦点が移っていくことに気づくでしょう。

2　牧師とリーダーのために祈りましょう。もし、教会が新しい方法で一致する必要があるなら、それはおそらくリーダーから始めなければならないでしょう。牧師や教会のリーダーたちが、リチャード・フォスターが抱いたのと同じビジョンを持つことができるように祈りましょう。もし必要ならば、リチャードのビジョンをあなたの祈りの手引きとして用いてください。

第5章　赦し合う共同体

スタンは私の教え子で、赦しと和解について彼から多くのことを学ばせてもらいました[1]。背の高い、ハンサムでたくましく、しかもシャイな若者でした。クラスの後ろの席に座り、決してしゃべらず、ほとんど誰とも目を合わせることのない青年でした。

ある日、彼は私のオフィスに予告なしに来ましたが、座ったときに彼が震えているのが分かりました。彼は顔を手で覆って、五分間黙っていました。むせび泣いていたのです。私は待っていました。ようやく彼は、助けてほしいと言いました。その前の晩に自殺を試みたそうです。それから、「でも、いつもそうなのですが、失敗しました」と言いました。私は、失敗してよかった、と彼に言いました。彼は私をじっと見つめましたが、それが彼と私がした最初のアイコンタクトでした。自分が安全かどうか見極めようとしていたのです。「何でも話していいよ、スタン」と私は優しく言いました。

「十三歳のときから始まって五年間、性的虐待を受けていました。ぼくにそれをしたのは、家族の古くからの友人でした。ぼくにとって叔父のような人で、キャンプに連れて行ってくれたり、スポーツを教えてくれたりしました。ぼくは彼を信頼していました。そのうちに性的虐待が始まりました。彼は、もし誰かに話したら、ぼくにとって悪いことが起きて、周りの人もぼくを悪い人間だと思うようになると言いました。だから、このことを話すのはあなたが初めてなのです」。彼は再び私を見て、私が彼を裁いているかどうか確かめていました。

「それで八方ふさがりだったんだね。だから自殺しようとしたのかい？」と私は聞きました。

「そうです。それしか出口はないと思ったのです。昨晩遅く、あなたが授業で神と希望について話されたことを思い出しました。それで、お話ししたいと思ったのです」とスタンは言いました。

私たちはそれから一時間あまり話をしました。スタンには専門的なカウンセリングが必要だと私は感じ、幸運なことに私たちの大学はそれを無料で提供していました。私は彼のために予約を取り、翌月から彼は週に二回カウンセリングに通い始めました。その後、彼を大学のキャンパスで見かけ、彼も手を振ってくれました。あまり元気そうではありませんでしたが、何とかやっているようでした。次に彼を見かけたのはチャペルの中で、私が神の受容と赦しについて説教していた日でした。スタンは私のオフィスに一緒に来て、話したいと言ってきました。私たちは座ってコーヒーを飲みました。

「あれは本当ですか」彼は聞きました。

「何が本当だって？」

「チャペルでおっしゃったことです。神の無条件の愛と赦しについておっしゃったことです」

「私は自分が言ったことをすべて本当だと信じているよ、スタン」

「どうやってそれをするのですか」と彼は聞きました。

「どうやってそれを経験するのかという意味かい」

「そうです」と彼は言いました。「子どものころ教会に行きましたが、今日のようなメッセージは聞いたことがありません。覚えているのは、地獄に行かないようにもっとがんばらなければならないというものだけです」

「神様はもっとがんばってほしいなんて思っていないよ、スタン。ただ君を愛したい、君にも同じように愛してほしいと思っておられるだけだ。神を心を込めて愛していれば、そのほかのことは放っておいてもなんとかなるものだよ」

「その愛を本当に知りたいです」と彼は言い、魂が飢え渇いているように見えました。

「祈ろう」と私は言いました。

私は神がご自身をスタンに表してくださるように、彼の心に入って来てくださるようにと祈りました。スタンは「そうです、神様、どうぞ心に入って来てください」とささやきました。祈りはたった五分間続いただけでしたが、顔をあげて目が合うと、彼の顔つきが変わったことに気づきました。喜びで輝いていたのです。

「これからどうしたらいいですか」と彼は聞きました。

「聖書を持っているかい」

「いいえ」

「クリスチャンの友人のグループを知っているかい」

「いいえ」

「では私がその両方とも用意しよう。木曜日の晩はあけておいてね」

彼はそうすると言いました。私は信仰的にしっかりしている二人の学生をよんで、スタンと友だちになってくれるように頼みました。スタンに聖書を贈りたいと思っていると私が言うと、彼らは自分たちで贈ってもいいかと言ってきました。もちろん、と私はそれを了承しました。彼らはお金を出し合って、スタンにとって初めての聖書をプレゼントしてくれました。

その木曜日の晩、彼は早めに来て、新しい聖書とノートを持って前の席に座りました。彼は私が話したことをすべて書き留め、聖書をパラパラめくって私が引用した箇所をすべて読もうとしていました。私は、私たちがキリストにあって新しく造られた者であることについて教えているところでしたが、芋虫が蝶に変容することをたとえに用いました。スタンはほほ笑んでいて、そのイメージがとても気に入ったようでした。その後、新しい友人二人が彼をコーヒーに誘い、夜遅くまで語り合ったようでした。

彼は自分の物語を話しましたが、二人の学生はそれで彼を裁くことなく、彼を愛していると伝えました。彼は友と出会ったのです。木曜の夜の会を彼は一度も休みませんでした。

神に心のなかに入ってくださいと願った一か月後に、スタンは私のオフィスを訪れました。彼は言いました。「あなたが了解してくれれば、ぼくは自分の証しをキャンパスの交わりで分かち合いたいのですけど」。彼は私たちの交わりに一か月いただけでしたが、「証しを分かち合う」という私たちの業界用語をすでに理解していました！　私は「もちろん」と言いました。

次の週、私は集会で彼を紹介して言いました。「スタンは神の愛を発見した自分の物語を証ししたいそうです」と。彼は立ち上がり、しばらく口ごもっていましたが、やがて自分自身の話を始めました。彼は隠し事は一切しませんでした。率直に語り、自分が受けた性的虐待、自己嫌悪と自殺未遂のことを話しました。

すると、ちょうどオフィスでそうだったように彼の顔つきが変わり、神がどのように手を差し伸べて心に入ってくださったか、受容と赦しの温かい思いを感じてどのように人生が変えられたかを話し始めました。「最後に一言、言いたいと思います」と言い、ちょっと黙りました。「ぼくはかつて芋虫でした。でもキリスト・イエスがぼくのなかに入ってくださり、住んでくださいました。だから今では蝶になりました！」

部屋中の人が涙ぐんでいました。スタンは自分の席に座り、今度は私が部屋の中央に歩いて行きました。彼の証しの後で、何も付け加える必要は感じませんでした。そして、実際その必要がないことが分かりました。一人の若い女性が手をあげ、立ち上がって言いました。「私も小さいころ、性的虐待を受けていました。それは一年間続きました。その重荷を私は長いこと抱えてきましたが、スタンの勇気に励まされました。今晩、その苦痛から自由になりたいと思います」。私たちは彼女のために祈り、神がその苦痛を和らげ、苦痛から解放してくださるよう神に願いました。

スタンはもう一つのことを私に教えてくれました。数か月後にオフィスに来て、彼はこう言ったのです。「質問があります。神様がぼくのすべての罪を赦してくださったので、ぼくに性的虐待をした人のことも神様は赦されるのだと思いました。ですから、その人にイエス様のことを話して、ぼくにしたことを赦すと言いたいのですけれども、これはよい考えだと思いますか」

私はぼう然としました。彼は今、自分を自殺未遂に追い込んだ人を、五年間自分の魂を引き裂いた人を赦そうとしていたのです。私は内心「ダメだ、赦しちゃだめだよ！」と思っていました。私の心が、一度も会ったことのないこの人を赦すことからほど遠い状態であることに気づきました。私は少し間をおいて祈り、そしてこう言いました。「赦すように導かれていると感じるなら、それを禁じることはしないよ。でも、どうか気をつけてほしい。彼は君の言葉に耳を傾けないと思うから。誰かを赦すということは、その人の罪をほのめかすことになるので、彼はそれを認めないだろうから」

「ぼくは心の準備ができています。自分が知ったことを彼にも知ってほしいのです。神の愛と赦しについて知ったら、彼も悔い改めてくれるかもしれませんから」とスタンは言いました。しかし、私の予想が当たってしまい、その人は事実を認めませんでした。彼は何もなかったかのように振舞い、神のことは聞きたくないと言ったそうです。けれども、スタンは私を驚かすことをしました。その男性と別れるときにこう言ったそうです。「ぼくはあなたを赦します。ただし、知ってほしいことが一つあります。それは、二度とぼくにつけ込むことはできないということです。もうあなたを恐れません。ぼくは蝶になったのですから」と。

偽りの物語――赦すときだけ、私たちは赦され、癒やされる

私は多くのキリスト教ラジオ番組のゲストとして呼ばれる特権にあずかってきました。たいてい、番組の司会者が私の著作の内容やアイディアについて質問をしてきます。そして番組の多くはリスナーからの電話による質問を受け付けています。私は最初、電話をかけてくる人が議論に参加して、私に賛成か反対かを述べたり、あるいはその話題について質問してくれることを期待していました。ところがすぐに、そういうことはめったに起きないことを学びました。その代わり、リスナーがしばしば自分の物語を話してくれて、それは同じ訴えで終わるのです。「ある人に傷つけられました。どうぞその人を赦せるように助けてください」という訴えです。

それはしばしば誰かの裏切り行為であって、たいていは夫婦間のものでした。つまり、夫が妻を置いて別の女性のもとへ行ったか、その逆パターンです。ときどき人は、あまりにもたくさんの間違いを犯すために、自分自身を赦す勇気を失ってしまいます。一人の女性は、ほとんど涙をこらえられずに、何年にもわたって悪い選択をし麻薬を乱用してきたことを話し、自分の人生を破壊した自分自身を赦すことができないと言いました。「あまりにも多くの間違いを犯したので、自分を赦すことができません」と。またあるときは、震える声で男性が言いました。「妻は突然、私と子ど

もたちを置いて出ていきました。今どこにいるかも分からないのですが、今でも私は妻を愛していて、もし彼女が願うなら受け入れるつもりです。それは正しいことでしょうか。もし、妻がたった今、家のドアを開けて入って来たら、赦そうと思います。そうするべきだと思いますか」

番組の話題が何であろうと、電話のうち少なくとも二つは赦しについてであると予想できました。赦すことができるでしょうか？　赦すべきでしょうか？　どのようにして赦すのでしょうか？　といったことです。これらの実際の経験に基づく話と質問は、いつも私に二つの重要なポイントについて考えさせました。第一に、人はみな誰かに傷つけられた苦痛から自由になりたいということです（人々は赦すことでその苦痛は癒やされると思っています）。第二に、私たちを傷つけた人を赦すことはとても難しいことだということです。

ある日私は、車の中で心理療法士の電話相談のラジオ番組を聞いていました。やはり、絶望的な人からの電話を受けていました。「私を傷つけた人をどうしたら赦すことができますか」。私はしっかり答えを聞こうとして、ボリュームを上げました。

「そうですね、次の点をはっきりさせましょう。赦しとはあなたが自分のためにすることです。癒やされるために、その人を赦す必要があります。その人を赦さないかぎり、苦痛はなくなりません」。その心理療法士は権威をもってそう言いました。

すると、突然分かりました。意志の力で赦すことなどできないのだと。この心理療法士は間違っていました。あまりにも多くの人を傷つけている偽りの物語はこうです。「赦すときだけ、私たちは赦され、癒やされる」。この偽りの物語は、神が命じたことだから、あるいは赦さないことによる苦痛に耐えられなくなるから私たちは赦さなければならないと告げています。赦さなければならないという偽りの物語は、私たちがすべてをコントロールしようとする物語のもう一つのバージョンです。その物語は、理にかなっているように思え、また私たちにはすべてをコントロールできるという幻想を抱かせてくれるため、私たちはあまりにもたやすく受け入れてしまいます。もし赦すことが自分自身の力で行うことだとしたら、成功すればそれは自分の手柄であり、失敗すれば自分の責任となります。ですから私たちは歯を食いしばって、自分を傷つけた人を自分は赦していると感じようとしますが、失敗します。

私たちが失敗するのは、私たちのうちに赦しの源がないからです。私たち自身には、弱い肉のうちにあって、どんなに必死に努力しても、私たちに対して罪を犯した人の罪を赦す力や能力はありません。私たちが赦すことのできる唯一の方法は、敵を赦し、敵のために死なれたイエスの大きな物語（メタナラティヴ）の文脈のなかで、私たちの人生を神に物語り直していただくことによってしかできません。これが癒やしへとつながります。この癒やしは私たち自身を癒やし、私たちを傷つけた人を赦そうとするときに必要なものなのです。

真実な物語――神から赦されていると知ることが、癒やしと赦しにつながる

新約聖書が教えていることなのに私に理解できていなかったことを、スタンは分からせてくれま

した。スタンの人生つまりスタンの物語は、イエスの大きな物語（メタナラティヴ）の一部となり、十字架の物語の光のなかで、スタンは自分自身の物語を物語り直すことができたのです。十字架の物語とは、神がキリストにおいてこの世をご自身と和解させられたという揺るぎない事実のことです。この世の価値観からカウンセリングをしている（そして人のためによいことをたくさん行っている）人々には申し訳ないのですが、スタンの場合、彼が会ったカウンセラーは彼を安定させる手助けをしただけで、癒やされ、苦痛が喜びに変わる手助けはしませんでした。苦痛が喜びに変わるには、スタンに起こったことを新しい光で見る手助けをする物語に彼の人生が移植される必要がありました。

虐待を受けてきた人に共通することですが、スタンは自分自身を責めました。自分を赦すことができないと、私に話してくれました。たとえ共謀したのではないとしても、自分のしたことは非常に悪いことだからだと言うのです。自分の人生、自分の物語を神の物語の一部として見たときに初めて、スタンは自身の記憶と自分を虐待した人とに向き合うことができ、それらを赦すことができたのです。イエスは彼のすべての罪を十字架で負ってくださり、「完了した」と宣言してくださいました。キリストがスタンを赦してくださったので、スタンは赦す力をいただいたのです。赦すために、彼の側に意志の力はそれほど必要ではありませんでした。それは恵みの自然なかたちでの表れでした。ですから真実な物語はこうです。「赦されていることを知るときにのみ、私たちは癒やされ、人を赦すことが可能になる」

スタンは回心した朝に、私が説教したことは本当かと聞きました。私が説教したことは、もっと具体的に言うと、コリント人への手紙第二の次の箇所に基づいていました。「これらのことはすべて、神から出ています。神は、キリストによって私たちをご自分と和解させ、また、和解の務めを私たちに与えてくださいました。すなわち、神はキリストにあって、この世をご自分と和解させ、背きの責任を人々に負わせず、和解のことばを私たちに委ねられました」（Ⅱコリント５・18－19）

これは十字架の最終性(2)の明白な説明です。神はキリストのゆえに、私たちの罪の責任を問うておられないのです。神は私たちの罪を数えて責任を問うことをやめられたばかりか、罪の記録も残されていません。もはや私たちの罪に基づいて私たちを扱われるのではなく、私たちの信仰に基づいて扱っておられるのです。イエスはすべての時代のすべての人のすべての罪のために死なれました。それはあなたのことも含んでいます。それを知っていますか。あなたはこれらすべてを理解して平安を得ていますか。神があなたの罪の責任を問うておられないことを知って、喜んでいますか。スタンはチャペルに入って来た日、これらの質問に「いいえ」と答えたことでしょう。けれども、彼が私のオフィスを出たときは、聖霊の力強い働きのおかげで、「はい」と答えることができるようになっていました。

何年もの間、スタンのなかに見た変容は私にとって聖なる奇跡で、私はそれを目撃する特権を得ていましたが、完全には理解していませんでした。何年かたって、物語と霊的エクササイズと共同体とが造り変える力を持っていることを理解して初めて、彼に起きたことを理解することができました。スタンは彼の物語を、神の物語というより大きな文脈のなかで物語り直し、それを共同体という文脈のなかで行ったのでした。それから、彼は身につけてきた破壊的なパターンを消し去り始め、代わりに赦しと和解を実践し始めたのでした。けれども、ここに注目してほしいのですが、彼はそれを努力してする必要がなかったのです。癒やしは彼のなかにすでに生じていました。イエスが彼を赦してくださったことを知ったとき、彼は自分を赦し始めることができました。自分が赦されたことを知って、癒やしのプロセスが始まったのです。

スタンは苦しみのあまり万策尽きていましたが、気持ちを楽にするために赦したのではありませんでした。その男性を赦す前に、彼はすでに平安を得ていました。彼に平安があったのは、彼自身の罪さえ赦されたというよい知らせによって、彼の心が元気づけられていたからです。スタンが自分を虐待した人に向き合おうと思ったのは、自身の治療のためではなく、彼が見出した、あるいは彼を見出してくださった神の恵みの自然な結果だったのです。私たちは自分自身が赦されていることを知るときにしか赦すことができませんし、神の国という強くて安全な場所に生きていると確信しているときにしか赦すことができません。

イエスの物語

赦しと和解に関するイエスの物語とは何でしょうか。

イエスは弟子たちに、すでに赦されているのだからほかの人を赦すという概念を説明するために、ある物語を話されました。けれども、その話を逆のかたちで話されました。イエスが話されたのは、多く赦してもらったのに小さなことさえ赦せなかった人のことです。この物語でイエスは、お金、あるいは負債を一般的な赦しの比喩として用いておられます。

　ですから、天の御国は、王である一人の人にたとえることができます。その人は自分の家来たちと清算をしたいと思った。清算が始まると、まず一万タラントの負債のある者が、王のところに連れて来られた。彼は返済することができなかったので、その主君は彼に、自分自身も妻子も、持っている物もすべて売って返済するように命じた。それで、家来はひれ伏して主君を拝し、「もう少し待ってください。そうすればすべてお返しします」と言った。家来の主君はかわいそうに思って彼を赦し、負債を免除してやった。（マタイ18・23―27）

　このたとえ話で、王は貸したお金の清算をしていて、一万タラントというとんでもない額を自分から借金している人をたまたま見つけます。借金をしていた人はこの巨額な負債を支払うことができずに、王に憐れみを請います。驚くべきことに、この王はその人の負債を帳消しにしてくれて、この人は自由の身となって出て行きます。彼と家族全員は残された人生を、遠く離れた土地で奴隷として過ごすか、牢獄で過ごすことになっていたかもしれないのにです。王の憐れみのおかげで、彼は自由の身で生きることになりました。

こんなに巨額の負債を赦してもらった人なら、地上で最も恵み深く、憐れみ深く、寛大な人になるだろうと思うことでしょう。ところが、そうではなかったのです。

ところが、その家来が出て行くと、自分に百デナリの借りがある仲間の一人に出会った。彼はその人を捕まえて首を絞め、「借金を返せ」と言った。彼の仲間はひれ伏して、「もう少し待ってください。そうすればお返しします」と嘆願した。しかし彼は承知せず、その人を引いて行って、負債を返すまで牢に放り込んだ。（マタイ18・28―30）

巨額な借金を赦された男は、それと比べれば非常に少額の百デナリ（約二か月分の給料）を貸している人にばったり出会います。この物語の衝撃的なところは、負債の額の違いです。一万タラントは百デナリの約六十万倍以上です[3]。莫大な借金から解放されたのに、赦しを行うべきこの男は、金を貸した仲間を牢に放り込んでしまったのです！

そのことを聞いた王は、仲間を赦さなかった男を自分の前に呼び戻し、彼のした不公平を突きつけて言いました。「『悪い家来だ。おまえが私に懇願したから、私はおまえの負債をすべて免除してやったのだ。私がおまえをあわれんでやったように、おまえも自分の仲間をあわれんでやるべきではなかったのか。』こうして、主君は怒って、負債をすべて返すまで彼を獄吏たちに引き渡した」（マタイ18・32―34）。王は仲間を赦さなかった男を牢に入れ、働いて負債を返させますが、負債は決して返済できない金額でした。

このたとえ話のポイントは何でしょうか。この話が「兄弟が私に対して罪を犯した場合、何回赦すべきでしょうか」という質問への答えとして話されたことを覚えていてください。

ここでの王とは神のことで、私たちは王に返済できないほどの借金を負っている男のようなものです。私たちは神の赦しを得ることなど決して望めないのです。私たちの罪はあまりにも大きくて、それを返済するために神に捧げることのできるものなど何も持っていません。しかしながら王は、憐れみから、返済不可能な負債を赦してくれます。神がキリストによって、私たちの返済不可能な負債を赦してくださったようにです。あの男は借金を赦してもらうために何もできませんでしたが、私たちも同じように何もできません。ここでのポイントは明らかです。それは、私たちは赦すように求められるよりはるかにたくさんのことを、すでに赦されているということです。

誤解のないようにはっきりさせましょう。私が偽りの物語を勧めていて、自分の力や意志で赦さなければならない、と遠回しに言っていると思われたくないからです。イエスがこの物語を語られたのは、私たちの物語を正しく理解できるよう助けるためです。自分がどれだけ多く赦されてきたかを充分に思い巡らすなら、他の人を赦すことができるようになるでしょう。スタンはこの聖書箇所を読む前にこのことを理解しました。彼は言いました。「神がぼくのすべての罪を赦してくださったので、ぼくに性的虐待をした人をも、神は赦されるのだと思えました。ですから、その人にイエスのことを話したいと思ったし、ぼくにしたことを赦そうと思ったんです」

スタンは自分自身の物語を物語り直したので、彼の物語は比較的短い期間に劇的に変わりました。神は私のすべての罪を赦してくださった、だから私は自分に罪を犯した人たちを赦すことができる、という物語になったのです。

けれども、注意してください。スタンがそうすることができたのは、より大きな物語が正しい位置に収まったときだけです。彼が性的虐待のことを打ち明けてくれたときに、もし私が「スタン、君はその人と自分自身を赦さなければならない」と言っていたとしたら、彼をもっと傷つけていたことでしょう。彼は自分の力に頼らざるをえなくなり（それは偽りの物語です）、その人も自分自身も赦すことができなかったことでしょう。

赦すときだけ赦される？

イエスのたとえ話は、仲間を赦さなかった男が牢に投げ込まれて残りの人生を苦しんで過ごすというところで終わっています。そのあとで、イエスは弟子たちに言われました。「あなたがたもそれぞれ自分の兄弟を心から赦さないなら、わたしの天の父もあなたがたに、このようになさるのです」（マタイ18・35）

ここで間違いやすいのは、私たちの赦しは私たちが赦せるかどうかによって左右される、あるいは赦しとは取引のようなものだと考えてしまうことです。つまり、私たちが赦せば神も私たちを赦してくださると理解してしまうのです。多くの人は主の祈り（「私たちの負い目をお赦しください。私たちも、私たちに負い目のある人たちを赦します」）から、私たちが赦されるのは私たちが赦せるかどうかにかかっていると結論づけます。

しかし、これはもう一つ別の偽りの物語であり、人々のなかに深く刻み込まれているものなので、少しこのことを取り上げましょう。数え切れない罪を神に赦していただきながら、私たちに対して犯された一つか二つの（あるいは百の）罪を赦すことを拒むことがいかにばかげているかを、イエスはここで示そうとしておられるのです。神が与えてくださった赦しをほめたたえながら、私たちを傷つけた誰かを赦すことを渋り続けることはばかげています。

赦しを経験した共同体は、赦す共同体になっていくものです。私たちに対する神の赦しには制限がありません。それなら、どうして私たちが赦し合うときに制限を加えることができるでしょうか。これがイエスがおっしゃりたいことのポイントです。イエスの物語を取引に置き換えてしまうところに、律法主義へ向かう私たちの傾向が現れています。人を赦すことができない私の性質は、たいてい、正義に対する自分の感覚に基づいています。私たちは、自分を傷つけた人を赦すことは不公平、不公正だと考えるのです。なぜでしょうか。彼らが私たちの赦しを受けるにふさわしい努力をしていないからです。その通りです。では、私たち自身もそのように取り扱われたいと思っているでしょうか。イエスは次のようにおっしゃっています。「よろしい、もし当然の報いがあなたの追い求めているものなら、それを受けることができる。もし正義があなたの求めているものなら、正義を得ることになるだろう」。新約聖書学者のヨアヒム・エレミアスがこのことを次のように言い換えています。「自分の権利を主張しようとするなら、あなたはわざわいだ。それなら神もご自分の権利を主張して、ご自身の判決が厳密に実施されるようになさる」(4)

それでは、どちらの仕方で私たちは取り扱われたいでしょうか。憐れみによってですか、正義によってですか。私たちに罪を犯した者たちに対しては、図々しくも神に頼って私たちの権利を主張しながら、自分自身の罪に対しては神の憐れみを求めるというのでしょうか。しかし、二つのやり方を使い分けることはできません。

主の祈りでのイエスの言葉は、繰り返し聞く必要のある言葉です。あなたは多く赦された者なのだから他者を赦すべきなのです、とイエスはおっしゃっています。それは簡単なことではありませんが、不可能なことでもありません。ひとたび、私たち自身が赦されているというより大きな物語にしっかりと根づくことができたなら、私たちは他者を赦すことができるようになるのです。そして、そのプロセスにはたいてい時間がかかります。驚くまでもなく、このことはまさにパウロが書簡で教えていることなのです。

パウロの見解

パウロは二か所で、互いに忍耐し合い、互いに赦し合いなさいと「エクレシア(教会)」に勧めていますが、どちらの箇所でも私たちが神によって赦されたことに基づいてそう勧めています。

> 互いに忍耐し合い、だれかがほかの人に不満を抱いたとしても、互いに赦し合いなさい。主があなたがたを赦してくださったように、あなたがたもそうしなさい。（コロサイ3・13）

> 互いに親切にし、優しい心で赦し合いなさい。神も、キリストにおいてあなたがたを赦してくださったのです。（エペソ4・32）

この二つの箇所から、私は赦しのパターンと赦しの力の両方を見ます。パウロは赦したらどうですかと勧めているのではありません。「互いに忍耐し合い」、「互いに親切にし」なさいと命じているのです。それはどうしたらできるのでしょうか。赦すことによってです。キリストが私たちを赦してくださったように、私たちも赦すのです。それは私たちがすることではなく、私たちが参与することなのです。これが赦しのパターンです。L・グレゴリー・ジョーンズの次の言葉が理解を助けてくれるでしょう。「赦されている私たちのパターン、つまり赦された者また赦す者として生きる弟子の姿は、キリストにこそ見出される赦しのパターンです[5]」

ですから、私たちを傷つけた人々を私たちが意固地になって赦さないというのは考えられないことです。なぜなら私たちは赦されている者だからです。N・T・ライトはこう説明します。「パウロはここで二つのポイントを述べています。……第一に、赦されることの喜びと解放を知った者が、その祝福を他者と分かち合うことを拒絶するというのは全くふさわしくないことです。第二に、キリストご自身がすでに赦された者を、私たちが赦すことを拒むというのは、非常に僭越なことだからです[6]」

しかし、このことを肉の企てにしてしまわないように、これは自分自身の力ではできないことだと認識する必要があります。私たちは、キリストに倣うことによってだけでなく、キリストによって力づけられて初めて赦すことができるようになるのです。ミロスラフ・ヴォルフがそれをうまく表現しています。「キリストが私たちを通して赦してくださるので、私たちは赦すことができる[7]」と。ですからイエスは、赦しと和解のパターンと力の両方なのです。

みんなに赦しが必要

神学校を卒業し、地域教会に最初に仕えていたとき、私は自分のかつての教授でありメンターのリチャード・J・フォスターに定期的に会う特権にあずかっていました。このときリチャードは、クリスチャン生活についての講演や著作で、とても尊敬されている有名な人物でした。リチャードは私に、一週間に一度会って、お互いのことを分かち合って祈ろうと提案してくれました。私はいつも大いに興奮しながら会いに行き、毎週彼から新しいことを教えてもらいました。

彼が教えてくれた一つのことが、何年にもわたって私の心から離れないでいます。私は自分が愛している神から心がほかのことに向かう傾向があるため、数週間のあいだ、信仰生活に葛藤を覚えていました。重荷をおろしたい、このパターンを打ち破りたいと切に願い、そのことを誰かに打ち明けて光のもとに持ち出す必要があると心のなかでは分かっていました。けれども、リチャードによく思われたいとも思っていたので、打ち明ける人のリストから彼を除外していました。

ところが、次のミーティングのときに彼はこう言いました。「ジム、何か打ち明けたいことがありますか」。私はどうして分かったのだろうと驚きました。私は口ごもりながら言いました。「まあ、はい、あります。打ち明けたいことは……」。けれども、彼は私の言葉をさえぎって言いました。「君の告白を聞いて、喜んで神の赦しを宣言させてもらいたいのだが、まず最初に私の告白を聞いてほしい」と。私はぼう然としました。偉大で霊的な教師であるリチャード・フォスターが罪を犯すことがあるのでしょうか。そして、さらに驚くべきことに、それを私に告白するというのです。私はそれに値するような者ではないのに。しばらくの間、私は混乱していました。それから、多少おどおどしながら「いいですよ」と言いました。

すると、リチャードは、その週に犯した罪を告白してくれました。何年もたって分かったのですが、彼が告白してくれたのは、それが彼にとって必要だったからというよりは、私に幾つかのことを教えるためでした。

第一に、私たちはみな罪人であるということです。リチャードは、私が彼を崇拝していることを知っていて、私たちはみんな同じ人間であることを知ってほしかったのだと思います。第二に、彼は私の恐れを取り除きたかったのだと思います。私が告白するのをためらっていることが分かったので、キリストに似たやり方で、その方法を示してくれたのです。第三に、彼はお互いをもっと近い存在にしたかったのです。お互いの心をこのような仕方で見せることで、私たちの信頼関係は新たなレベルに進みました。あの日の朝、私たちの罪を告白し合うことで、お互いを新たな形で信頼できるようになったと信じています。

赦しに境界線を設ける

今まで論じてきたことは、赦しと和解について二つの注意を伝えなければ完結しません。

一つ目は赦しに適切な境界線を設けることです。現実の世界では、たくさんの苦悩と暴力と悲劇があり、人々が私たちの親切にいつも丁重にそして誠実に応答してくれるとは限りません。私たちは赦すことで愛するように求められていますが、いつどのようにそうするかに気をつける必要があります。私たちは和解するように求められていますが、誰かに虐待されたり繰り返し傷つけられたりすることは求められてはいません。互いに重荷を負い合うことを求められていますが、私たちを利用したり、傷つける可能性のある人や状況からは離れなければなりません。赦すことと虐待を受けることは同じではありません。

私が指導したことのあるユースグループに、三歳のときに実の母親に捨てられた青年がいました。母親が薬物乱用と失業を繰り返している間、彼は祖父母のもとで育てられました。一年に一回、タイミングを見計らったかのように、母親はこの青年のところに現れて、関係を回復しようとしました。二、三週間は彼の近くにいて、彼にしてきたこと（二日間地下室に閉じ込めたことなど）や、してこなかったこと（親らしいこと）を謝るのです。彼は自分が引き裂かれるように感じました。母親を赦したいとは思いますが、彼女が自分を失望させることも分かっていたからです。

私は彼にこう説明しました。「君がほんとうに欲しているのはお母さんに愛されることだが、彼女には今それができないし、おそらくその愛も長く続かないし、永久にできないことかもしれない。お母さんがしたことを赦すことはできるが、君はもう充分大人だから、このことが続くのを止めることはできる。奇妙に聞こえるかもしれないが、彼女とのあいだに境界線を設ける必要がある。愛していると伝え、赦すと伝えることはできるが、自分を傷つけ続けることは許さないということも伝えなければならない」と。

このアドバイスは彼に大きな示唆を与え、彼は母親とのあいだに適切な境界線を設けることができました。そのときから多くの年数がたちました。最後に彼と話をしたとき、彼は、母親は決して生き方を変えなかったけれど、彼も自分を二度と利用させなかったことを話してくれました。今では大人になり、結婚して父親になった彼は、虐待されることなしに赦す方法を学んだと話してくれました。

不意打ちの赦し

赦しと和解について二つ目の注意は、赦されたいと欲するあまり、赦そうとしている相手または赦しを求めている相手を傷つける可能性を無視することです。

あるとき、私の同僚の一人が、チャプレン・プログラムに参加し、十数人の牧師と親しく関わっていました。ミーティングのなかで仲間の牧師が、重要なことを告白したいとみんなに言ったそうです。彼女は立ち上がり、私の同僚のところに歩いて行って、彼の前でひざまずき、彼に対して怒りやその他の悪い感情を抱いていたことへの赦しを求め始めました。そして、その悪感情を一つ一つみんなの前で述べたのです。私の同僚はその間ずっと、非常に困惑し恥ずかしい思いをしたと話してくれました。彼は彼女が抱いていた強い否定的な感情にまったく気づかなかったのですが、もうそれを決して忘れないでしょう。同じように、グループのみんなも忘れないでしょう。

このようにして赦しを求めることは、共同体を建て上げることにはなりません。これは自己陶酔です。そして、ときには意地の悪いもので、和解を装って誰かを攻撃することにもなります。そのグループの牧師は彼女の告白を内密に行わせるべきでした。そして、たとえそうしたとしても、その告白では、人間関係を強めることになるよりも、彼女の感情的重荷を降ろしたいという彼女の必要に応えるものになる危険性があります。

友人のアンドリューはこれを「不意打ちの赦し」と呼びます。ある人があなたをコーヒーに誘って、あなたがラテを飲んでいる途中で、何か話し合う必要があると伝えてきます。そしてこれも、あなたが知らずにその人に与えた傷や痛みについてなのです。「けれども、私があなたを赦していることを知ってほしい」と多くの場合人は言います。しかし、これは純粋な和解ではありません。これはただの見せかけの赦しで、真実な和解の行為を軽く受け止めているにすぎません。

もし本当に誰かを赦したなら、そのことを相手に知らせる必要はありません。もし相手が変わる必要があることを知ってもらいたい場合なら、それはまったく違うことです。それは和解ではなく、訓戒です（第６章参照）。もしある人が誰かを本当に赦したのなら、そのことを示すために相手をコーヒーに誘って、健全な会話や一緒に祈る時間をとって友情を深めるほうがずっとよいでしょう。もしあなたが誰かを赦すという祝された場所にたどり着いたなら、それを神とあなたの間の秘密にしてください。愛は多くの罪を覆うと言われているからです（Ⅰペテロ４・８）。

弱さのなかに完全に現れる力

スタンは卒業して数年間、私とほとんど接点がありませんでした。けれども、私と再びつながりを持つために最善の努力をして、一年に一回ほど電話をしてきてくれました。大学卒業後、彼は海軍に入り、海軍特殊部隊のエリートの一員になりました。数年後に結婚したと彼から知らせがあり、その次の年に最初の子どもが生まれたと教えてくれました。

彼はまた、神が性的虐待を受けた若い人々を助ける働きに彼を用いておられることを話してくれました。混乱した人生を一つにまとめようとしている若い人々に、定期的に自分の証しを分かち合っているそうです。何を話しているのかと尋ねると、彼は言いました。「まあ、自分の物語を話しているだけです。私がどのようにして蝶になったか、そして彼らも同じことができると言っています」。私の理解がより深まるにつれて、イエスがどのようにしてたったの数か月で一人の人生に入り込んで造り変えられるかを、もっとはっきりと見ることができるようになりました。イエスがスタンをご自身の物語に書き換えられたので、スタンはまったく前と同じではなくなりました。

神は私たちみんなに和解のメッセージを与えておられます。神はキリストによってこの世をご自身と和解させてくださいました（Ⅱコリント5・18―19）。この和解を実践するように招かれている最初の場所はお互いに対してです。赦しとは私たちが受け取る贈り物であると同時に、私たちが他者に与えることのできる贈り物です。それを実現するとき、私たちの共同体は私たちの神のように、素晴らしく美しいものとなるのです。

魂を鍛えるエクササイズ――和解を経験する

和解と赦しは、私たちの人生をイエスの物語に書き換える訓練を通して実現します。今週、やってみていただきたい魂を鍛えるエクササイズが三つあります。少なくとも一つ、今の自分に最もフィットするものを選んでください。けれども、可能ならば三つすべてを試してください。

三つのエクササイズ

1　ほかの人に自分の代わりに赦してもらう。

もしあなたが誰かからひどく傷つけられたなら、その人を赦すことは不可能に思えるかもしれません。たとえそうしなければならないと感じても、その人を赦そうと思う状態にさえならないかもしれません。こういうときこそ、共同体が大きな助けとなることができます。十字架の下であなたと交わりを持つ人々が、その人のための赦しの祈りを捧げ始めることができるからです。

やり方は次の通りです。

- 赦したいと思っているけれども、赦す準備ができていない人とは誰かをはっきりさせましょう。
- キリストに従う親しい友人を選んで、赦せないというあなたの重荷をあなたのために引き受けてくれるかどうか尋ねます。あなたのために、この重荷を忍耐して負う（コロサイ3・13）という経験を引き受けてほしいと友人に頼みます。

● その友人が同意してくれたら、毎日十分間を確保して、相手の人のために祈るとともに、あなたのためにも祈り、あなた自身が赦されていることに深く気づくように神に求めることを約束してもらいます。

私たちが赦せないでいるときに、キリストにある兄弟姉妹に、私たちに代わって赦してもらうことは、どのようにして赦すかを習得する道を開くことになるでしょう。ほかの誰かが重荷を負ってくれていると知ること自体が解放なのです。私たちのところの弟子グループの一人が、グループの別の人に、自分のためにこの重荷を負ってもらうことにしました。彼は言いました「ローラが相手と私のために祈ってくれていることを知るだけで、プレッシャーは軽くなりました。赦さないという強い思いが少し緩んできているように感じます」

このグループの別の人は、霊的指導者とそれを行うことを選びました。土曜日の午前中にこの状況について話をする時間を設け、霊的指導者もそのエクササイズを彼女と一緒に行うことに同意しました。彼女はその取り決めをしただけで、癒やされ始めていると話してくれました。

2　あなたを傷つけた人を赦すためのステップ。

あなたはひとりで誰かを赦す準備ができていると感じているかもしれません。もしそうなら、そのプロセスの助けとなるステップがあります。

● **アイデンティティー。**私は、自分自身が赦されていることに気づくことが、赦すことの鍵だと言い続けてきました。そのためにはあなたの赦しを宣言する聖書箇所を深く振り返ることが必要となります。以下の箇所を暗記するか黙想してください。これは私たちの新しいアイデンティティーと私たちがいただだいた和解と、そしてほかの人々に和解を伝える動機づけを宣言しています。

ですから、だれでもキリストのうちにあるなら、その人は新しく造られた者です。古いものは過ぎ去って、見よ、すべてが新しくなりました。これらのことはすべて、神から出ています。神は、キリストによって私たちをご自分と和解させ、また、和解の務めを私たちに与えてくださいました。すなわち、神はキリストにあって、この世をご自分と和解させ、背きの責任を人々に負わせず、和解のことばを私たちに委ねられました。（Ⅱコリント５・17―19）

●**考え方。**自分が赦そうとしている人のために祈ることはとても助けになることを、私は発見しました。これはたいてい、その人の状況について私が新しい気づきを得る助けとなります。多くの場合、聖霊の導きによって、私はその人の人生の状況について新しい理解を与えられます。じっくり考えるべき、非常によい表現は「傷ついている人は傷つける」というものです。これは普遍的な真理です。他者を傷つける人は、自分自身が傷つけられて、傷を負っている人です。私は、自分が欠席した会議で私のことを悪く言った人のことで、頭にきて気分を悪くしたことを思い出します。次の二か月間、私はその人にどう仕返しするか――もちろんクリスチャンらしくですが――を考えました。私の舌の力でその人を泣かせる会話の練習もしました。

しかし、そのあとで、もっとよい方法があるのではないかと私はキリストの弟子として思いました！　私はその人のために祈り始め、彼の人生に対する洞察力を与えてくださるよう神に求めました。しばらくして、私がその相手をよく知る人と出かけた際に、その人は私の促しなしに、その相手の人生のひどい葛藤と苦痛について説明してくれました。この人が私を傷つけたのは、彼自身の苦痛から出ているると分かってくるにつれて、仕返しして傷つけたいという思いは小さくなっていきました。

3　あなたの教会が主の晩餐を行っているなら、そこに新しいものを見出しましょう。

多くの教会が聖餐式または主の晩餐を定期的に行っています。あなたの教会がそれを行っているなら、新しい目でこの恵みの手段にアプローチすることをお勧めします。主の晩餐の中心は、キリストがこの世をご自身と和解させられたことを覚えることです。L・グレゴリー・ジョーンズはそれを次のように言います。「キリストの犠牲は、破れたけれども回復された聖餐の共同体のなかで私たちの命を、赦された裏切り者、和解させられた罪人として配置し直してくれます」(8)

聖餐式にあずかるときに、次の素晴らしい真理をじっくり味わってみてください。つまり、イエスがあなたの人生を配置し直し、物語り直しておられること、また聖餐式はそのことの触れることのできる経験であることをです。

この本の最初のエクササイズで、「二かける四」を用いて神と時間を過ごすこと、つまり神と二時間過ごし、四つの親切な行為をしてほしいと言いました。このエクササイズはその考え方と完全にフィットします。たぶん、あなたは三十分くらい早く教会に着けるでしょうから、ただ静かにして礼拝の行為についてじっくり考えてください。また、礼拝堂のなかで静かに座っているときに、コリント人への手紙第二5章17－19節を数回読むとよいでしょう。

第6章　励ます共同体

トム・スミスという人を最も的確に表現する言葉は、「とても変わっている人で、変わった牧師さん」です。トムの物語もとても変わっています。十年前には、彼は南アフリカのヨハネスブルクで牧師の〝出世コース〟を歩んでいました。若いころから才能豊かな牧師で、あっという間に昇進し、いずれ成功した大きな教会を牧会するように訓練されました。そして、すぐにメガチャーチの権威ある地位に就きました。

けれども残念なことに、トムはそこで燃え尽きてしまいました。教会の働きが義務となり、任務になり、充実したものではなくなってしまいました。トムと妻はどうしたらよいかを見極めるために、祈る時間をとることにしました。二人は出世コースから降りる決心をして、キリストの弟子になることの意味を学び、その共同体の一部になることを学ぶために時間をとることに決めました。

二人は持ち物を全部売り、アメリカで研究休暇（サバティカル）をとりました。トムは教会とその働きのために、まだやるべきことが残っているかを探し求めました。すると、休養して今までのことを振り返っているうちに、トムのなかに新しい情熱が湧き上がってきました。彼は共同体に対する新しいビジョンが与えられて南アフリカに戻り、新しい冒険的な方法で神に導いていただくことにしました。次の文章はトムたちが作った共同体――クレイポット（陶器の壺）教会――の説明です。

二〇〇三年十一月に、数人の巡礼者が共に祈り、自分たちの共同体をどうしたらいいのか神の導きを求めていました。私たちは自分たちのグループに躍動感を与えてくれるような聖書の比喩を求めていました。数週間、共に学びながら神の声を聴き分けようとした結果、私たちはコリント人への手紙第二４章にたどり着きました。ここでパウロは私たちのことを土の器だと言い、宝はキリストであると言っています。「私たちは、この宝を土の器の中に入れています。それは、この測り知れない力が神のものであって、私たちから出たものではないことが明らかになるためです」

この比喩が私たちを捕らえたので、これを私たちは聖書的根拠として選びました。それから、視覚教材にするために陶器の壺を探しました。私たちは精力的に陶器の壺を探して、それがいかにばかばかしいほど法外な値段であるかを知った後、ついに完璧な陶器を見つけました。それは保育園にあった捨てられた陶器の壺で、泥でいっぱいになっていて、しかも少し欠けていました。

ある日の礼拝の最後に、私たちはその陶器の壺を大きな袋に入れて、コンクリートの床にたたきつけて割りました。それは私たちの壊れた状態を象徴していました。それから、教会の全員が割れた破片を家に持ち帰りました。そして、持ち帰った破片にそれぞれの祈りを書き、再び持ち寄ってその陶器の壺を組み立て直しました。その陶器の壺はつなぎ合わされましたが、完全な姿にはなりませんでした。けれども、その中にろうそくを灯すと、美しい光を放ったのです。[1]

トムと教会員は大きな教会を建てたいとは思いませんでした。彼らはお互いのためと共同体のために、教会になりたいと思ったのでした。トムは共同体のみんなに、この光を輝かせ続けるために、以下の約束（コミットメント）をするように求めました。トムは、これを「六つの招きに答えること」と呼んでいます。

1　祈りや聖書朗読やその他の霊的訓練を通して、神に毎日「プラグを差し込みます」。
2　一週間に三回「パンを割く」ときを、仲間の人々とまたキリストを知らない人々と持ちます。
3　「私の霊的賜物は何ですか」とは聞かずに、「私はこの共同体にとってどんな贈り物ですか」と問うことを通して、自分の賜物を共同体に捧げます。
4　自分と（人種・宗教・階級などが）異なる人と友情を育みます。
5　仕える精神――社会的地位を低くすること――を育み、自分の人生の資源（時間・財産・才能）を必要のある人に分け与えるようにします。
6　自分の時間を健全なリズムで使います（余白、安息日、一週間に五十時間以上仕事をしない）。

これに付け加えて、各教会員はこの約束を守れるように、一つのとても大切な約束をしました。トムはこう説明します。

すべての教会員は互いに説明責任（アカウンタビリティー）を持つために、ほかの家族に属する少なくとも一人の教会員とチームを組みます。私たちの教会生活のルールとしてあるこの説明責任は、お互いの励ましとなり、共鳴板として機能しています。この説明責任のパートナー同士が少なくとも一か月に一回は会って、愛と善行に励むためにお互いを刺激し合うように勧めています（ヘブル10・24－25）。

この共同体には、もう一つ変わった訓練があります。毎年、十二月の最後に、トムは人々に一月の一か月間を識別の時として使うようにと言います。トムは冗談めかしてこう言います。「一月の一か月間、私は誰もいない教会の牧師になります」と。教会員は、神が彼らをどこに遣わそうとしておられるのかを探し求め、見極めるようにと言われます。もう一年間クレイポット教会に戻るように導かれたら、一月の最後の日曜日に来るようにと言われます。そのときにみんなで新しい壺を割って、その破片を持ち帰り、自分の祈りをその破片に書き、それを次の日曜日に持ち寄って壺を組み立て直します。

このクレイポット教会の物語は、約束（コミットメント）と説明責任（アカウンタビリティー）の重要性を表しています。そして、この二つは現代のクリスチャン生活のなかでますます乏しくなっています。この教会は大きな教会ではなく、百人以下の教会ですが、彼らはキリストに似た者に造り変えられています。一般的な教会が、教会員に対する期待と教会員が教会に対してする約束（コミットメント）の要求度を下げているのに対して、クレイポット教会は思い切ってそれを上げています。彼らは、多くの会衆が支持し多くの説教者が太鼓判を押している偽りの物語と正反対の立場をとっています。

偽りの物語——共同体は私のニーズに応えてくれる

私たちは「生活のルール」とか「契約」という言葉を聞くと、しばしば不必要で律法的だと決めつけてしまいがちです。それは広く行き渡っている偽りの物語のせいです。つまり、共同体は私と私のニーズに応えるために存在するというのです。私が何をすべきかは、共同体が言うべきことではない。それは私が決めることだというのです。

私たちは消費者優先の文化のなかで生きています。私たちは毎日お客様として扱われているので、次第に自分にはニーズを満たしてもらえる権利があると思い込んでしまいます。私たちは甘やかされてきました。現代の自己陶酔の精神は私たちの文化に浸透していて、教会のなかでも一般的です。自分のニーズを満たしてくれる教会を探しながら、毎週のように違う教会を訪ねる「教会ショッピング」という現象は、私たちが消費者優先の物語に慣れ親しんでいることを明らかにしています。

このことは、私たちが消費者ではないように扱われるときにも明らかになります。数年前に私は牧師仲間とこの偽りの物語について話していたのですが、そのなかの一人がそれをよく表すエピソードを紹介してくれました。「私は一年前に、教会員にもっと聖書を読むように励ますよう神様から言われているように感じました」とその牧師は言いました。「私は講壇から会衆に向かって、毎週一時間聖書を読むように励ましました。一度に一時間読むのではなく、何回かに分けて十分から二十分ずつ読むように勧めました。数回の日曜日にわたってこのように励ました後で、長年教会員だった一人の女性が私のところに来て言いました。『先生、私はこの教会に来るのを辞めます』と。どうしてですかと尋ねると、彼女は言いました。『私がこの教会に来始めたとき、聖書を読むことは契約のなかに入っていませんでしたから』」

習慣的に教会の礼拝に集う人を消費者と見なして、彼らが表明するニーズに応えようとすることは、彼らを居心地よく感じさせるでしょうが、活動会員としての彼らにあまり期待しないことによって、彼らの純粋な霊的変容の可能性をせばめていることになるでしょう。最終的に、私たちは広大な教会の敷地を手に入れるかもしれませんが、キリストに似た者に変えられた人々で満たされることはないでしょう。そのような人になるためには、平均的な消費者がしそうにもない約束の履行（コミットメント）が必要だからです。

真実な物語――共同体が私の人生を形作る

素晴らしく美しい共同体は、快適な教会生活を送っているクリスチャンによって作られるのではなく、神と人々との関係のなかで成長しキリストに似た者となった人々で形成されるのです。そのような共同体を形成するためには、私たちの行動を完全に造り変える新しい物語、聖書に基づく物語が必要です。以下に共同体の権利と責任についての真実な物語を定義します。「共同体は私の魂を形作り導くために存在します。共同体は私にある特定の行為を期待する権利があり、私が必要とする励ましや説明責任（アカウンタビリティー）を与えてくれます」

イエスの「エクレシア（教会）」は、最初から多くの手段を通して魂を形成する訓練をしてきました。つまり、信仰深い人生を送るために、共同の礼拝、パンを裂くこと、使徒の教え、共同の断食、互いに説明責任を負うことをしてきました。キリストに似た者に変えられることは、最初から教会の目的と責任となっていました（ヘブル10・24―25）。

もし教会にそのような責任があるなら、教会には教会員にある行動をするよう励ます権利もあるはずです。私たちは、赦しと和解を求めているすべての人に赦しと和解を提供することができるし、また提供すべきです。また打ちひしがれて機能不全に陥っている人をみな受け入れるべきです。けれども、受け入れるということは、私たちの共同体に参加する人から何も求めない、という意味ではありません。

このようなやり方に不安を感じることは分かっています。私たちは教会員に罪に抵抗することを求めることを渋り、祈りの生活を発展させるように励ますことをためらい、どのように行動すべきかを教えたいとはふつう思っていません。いくらか不安感を抱くことは当然だと思います。なぜなら、人を支配したり操作したり、権力を悪用したりすることについては、健全な恐れを抱く必要があるからです。

こうした心配があるのは事実ですが、それだからといって共同体のメンバーに何らかの行動をするように励ます私たちの責任が軽減されるわけではありません。素晴らしく美しい共同体には、人々を信仰の深み、つまり完全さに導く責任があり、またそうする権利があります。

人の魂を形成するという教会の役割は、私たち自身の霊的成長のためだけにあるのではなく、私たちを使命へと駆り立てるためでもあります。私たちは一緒に集まって礼拝し、そうすることによって私たちの昔の家族のことばを身につけ、私たちの家族の物語を伝えて、聖なる時間を経験します。私たちはまた説教と賛美を通して語られる聖霊の言葉を聞きます。そのようにすることで、唯一の素晴らしいお方である神によって素晴らしい人々、素晴らしい共同体へと造り変えられていきます。しかし、そこから私たちは派遣されていきます。

私たちは、お互い同士のつながりや古い古い物語とのつながりによって励まされ、完全に新しくされた者となって礼拝の場から派遣されます。私たちは出ていくために派遣され、実にシンプルに世界を造り変えます。私たちは自分の存在そのものを通して世界を変えるのです。私たちは復活されたキリストの香りとして、死しか知らないこの世を変えずにはいられません。

また私たちは、この世とは違った行動をし、自己中心ではない行動をとり、寛大な行動をとることによって、一言も発することなく福音を説いています。そして、もちろん必要なときには福音を語りますし、ふさわしいときにはふさわしい言葉で、私たちの希望の物語を飢え渇いている人々に伝えます。私たちは形作られてから派遣されます。この形作られることと派遣とは、切り離すことができません。

私は自分の健全な状態に関心を持ってくれる共同体が欲しいのです。それは、自分の霊的成長と他者に仕えることについて約束することを恐れずに求める共同体です。また霊的に成長するための信頼できる方法を臆せずに提示し、私がした約束を支えるために、ある種の説明責任を負うようにチャレンジして私の霊的形成を助けてくれる共同体です。

私は、私がすでにそうなっている自分になるようにと励ましてくれる共同体が欲しいのです。その自分とは、キリストが内住してくださって喜んでいてくださる者であり、世の光であり、地の塩であり、死にかけているこの世界に対してキリストの香りを放つ者です。私は、自分が何者であるかを思い起こさせ、愛をもって見守ってくれる共同体が欲しいのです。それは慰めと訓戒の両方を提供してくれる共同体を意味していて、それによって私が自分の召命に値する人生を生きられるようにしてくれます。

けれども、どうしたら私たちは批判的になったり律法主義的になったりせずに、そうできるでしょうか。どのようにしたら私たちを無条件に愛し、私たちがどんなことをしても赦しと和解を提供してくださる唯一なるお方の霊によって、そうすることができるのでしょうか。どうしたら慰めと励ましの両方を、同時に提供することができるのでしょうか。それには三つのことが含まれると思います。①私たちが何者であるかを互いに思い出させること、②お互いにどのような者になれるかを示すこと、③お互いに説明責任を負う勇気を持つことです。

私たちが誰であるかを思い出させる共同体

ある特別に忙しかった週に、私は礼拝を休むことにしました。私は出張と試験の採点で疲れてしまったので、その週に神のためにした素晴らしい働きをすべて数え上げて、自分が休むことを正当化しました。その週の前半には大学のチャペルで礼拝をしたので、それを最終的な理論的根拠として、私には寝る必要があるし、教会を休むことに後ろめたい思いを感じませんでした。すると妻が、その日曜日は息子が堅信礼のクラスを終えて、聖書をプレゼントされる日だと言ってきました。眠っている場合ではありませんでした。そこで私は準備をして、ほとんど毎週日曜日にしているように、車に家族でどっと乗り込みました。

私たちは礼拝堂のいつもの場所に座り、礼拝が始まりました。礼拝の初めのほうで、私の大好きな賛美歌「祝された平安」〔『教会福音讃美歌』三〇七番と同じ歌〕を歌いました。その歌詞は次のように始まります。

祝された平安、イエスは私とともにおられる。
これこそ、なんと素晴らしい神の栄光の前触れ。
神の救いを受け継ぎ、神に買い戻され、
神の霊から生まれ、イエスの血で洗われたのです。

続いて繰り返しのコーラス部分が来ます。

これこそ私の物語、私の歌、
私は救い主を一日中称えます。
これこそ私の物語、私の歌、
私は救い主を一日中称えます。(2)

とても穏やかに、私は自分のアイデンティティーを思い出すことができました。これこそ私の物語です。イエスが私の救い主なので、私には祝された平安があります。私は救いを受け継ぎ、神によって贖われ、聖霊によって生まれ変わり、イエスの血によって洗われました。

それは私の物語となった大きな物語（メタナラティヴ）であり、イエスはこの物語のなかに私のことを書き込んでくださり、また私のなかにこの物語を書き込んでくださいました。この物語は私のアイデンティティーを形作ります。私は自分がどういう者であるか知っています。私は愛され、赦され、洗われ、生き返らされ、永遠の喜びに運命づけられた者です。このときの私のように、私たちが賛美するときに、共同体は私がどういう者であるかを思い起こさせてくれます。共同体にはそのような力があります。

私たちは共通の物語で結び合わされていて、その物語を語るときに私たちは自分の本当のアイデンティティーを思い出すことができます。ヘブル人への手紙の著者は読者に彼らが何者であるか伝えています。「イエス・キリストのからだが、ただ一度だけ献げられたことにより、私たちは聖なるものとされています」（ヘブル10・10）

イエスの死と復活は、イエスを信じる者たちへの贖いの犠牲なのです。雄牛や山羊の犠牲が個人や集団の罪を取り除いたように、イエスという神の子羊の犠牲がこの世界の罪を取り除きました。イエスの名のもとに集まる人々はきよめられた共同体であり、イエスの犠牲を通して聖なる者とされたのです。私たちは、この世の人々の歩み方から分かたれています。私たちは「エクレシア」（教会。ギリシア語で「呼び出された者たち」という意味）であり、この世から呼び出された者たちです。私たちはこの世の光であり、地の塩であり、丘の上に立てられた町なのです。

だからこそパウロは、大胆にも手紙の宛名に「聖なる者たち」や「聖徒たち」（ギリシア語で「聖なる」を意味する語源ハギオスから）と書いています。それどころか、パウロはほぼすべての手紙で、同じように書いています。

コロサイにいる聖徒たち、キリストにある忠実な兄弟たちへ。（コロサイ1・2）

キリスト・イエスのしもべである、パウロとテモテから、ピリピにいる、キリスト・イエスにあるすべての聖徒たち、ならびに監督たちと執事たちへ。（ピリピ1・1）

パウロは彼らを「聖徒たち」と呼びました。なぜなら、イエスを信頼して、イエスを主とし救い主として従う者は、みな聖なる者だからです。たとえ、彼らの行動がそのアイデンティティーと一致していないことを、自分で分かっていてもです。ある意味で、私たちはすでに聖なる者であるのですが、同時にどのようにして聖なる者になるかを学んでいる者たちでもあります。

イエスの働きによって私たちはすでに聖なる者とされていますが、私たちの行動は本当のアイデンティティーをしばしば裏切ります。私たちは堕落し、壊れていて、放浪しやすく、私たちが愛している神から離れ去ります。パウロは大胆にこう宣言しました。「すべての人は罪を犯して、神の栄光を受けることができず」（ローマ3・23）。聖なる者ですが壊れているのです。それは私たちのアイデンティティーの一部です。

そして、それこそ私がクレイポット教会の訓練が好きなもう一つの理由です。クレイポット教会では陶器の壺を割って、その破片を一人ひとりに手渡します。そして、その壺が再び組み立て直されると、それは完全ではありませんが――どの教会や共同体も完全ではありません――、その土の器はキリストという宝を中に入れていて、キリストの光が私たちの破れを通して輝き出します。私たちが神によって癒やされ回復されることを受け入れるときに、キリストは私たちの破れを通して最高に輝くのです。

私たちは聖なる者ですが壊れています。そして、壊れていますが聖なる者です。壊れていますが、キリストの臨在と力とを携えていくことができます。このバランスが重要です。ある種の行動について、清くあることを強調する教会があります。イエスから目を離してルールにのみ焦点を合わせるようになると、その教会は批判的で偽善的になったりします。一方、聖であることが全然求められない共同体もあります。

イエスの弟子たちによる素晴らしく美しい共同体は、この両面を共にしっかり認識すべきです。つまり、私たちは聖なる者であると同時に、壊れている者であり、それでいて聖なる信仰深い人生を送るように召されている者たちです。共同体は私たちがどういう者であるかを思い出させてくれます。聞く必要のある物語を繰り返し聞かせてくれます。私たちの記憶力はそんなによくはなく、私たちが住んでいるこの世界は違う物語を伝えているからです。けれどもキリストに従う者たちの共同体だけが、私たちが聞く必要のある真理を持っているのです。

共同体は私たちがどのような者になれるかを示す

私たちは、自分がどういう者であるかを思い出させてもらうだけでなく、そのアイデンティティーを日々の生活に反映させるように促してもらう必要もあります。そこには励ますことと、諭すことと、お互いに愛をもって見守ることが含まれています。素晴らしく美しい共同体では、人々が定期的に具体的な活動（ある者は毎日、ある者は毎週、ある者は継続的）に取り組むように励ます気風を作り出します。それは私たちが、本来のあるべき姿になるためです。

これは、高度なことを期待することを意味しています。教会のメンバーはみんな、霊的に成長する活動に取り組むように求められます。それは、一人静まって神とともに時間を過ごすことから、自分が安心できる場所から一歩外に出て友だちを作ることや、毎月「励まし合う」パートナーと会うことも含みます。

要するに、教会はすでにメンバーのものとなっている栄光を反映するようにと、メンバーに求めるのです。私たちは神にプラグを差し込むとき、力づけられます。私たちのうちに内住しておられるキリストは、エマオの途上でされたように、パンを裂くときにご自身を表してくださいます。聖霊は私たちそれぞれに与えられている独自な能力を、ほかの弟子たちへの賜物として用いてくださいます。神の国の力によって立っている人は、必要のある人に自分が持っているものを自然に提供します。

これらは律法ではなく、私たちが本来あるべき自分になるためのチャンスです。それは私たちが自然に行っていることでもあります。クリスチャンは新しい能力を与えられた、新しく造られた者です。私たちは今や宇宙を支配しておられる方と交流ができます。私たちは相手がクリスチャンであってもそうでなくても、人々と深いつながりが持てる喜びがあります。神の本性にあずかる者として（Ⅱペテロ1・4）、私たちの人生はほかの人への贈り物となります。私たちは新しい経済の仕組み、つまり神の国の経済の仕組みのもとで生きます。私たちが分かち合うものは、決してなくなりません。これらのことは義務ではなく、召しに従って生きなさいという招きです。

私たちはこれらのエクササイズをチャンスとして扱い、したがって興奮と喜びをもって取り組むべきです。私の犬は散歩に連れていってもらえると思うと興奮します。私がテニスシューズを履いて部屋に入って来ると、犬は興奮して体を揺らし始めます。リードを取ったら、犬は大興奮します。言葉にできない喜びで飛び跳ねるので、リードをつけるのも難しいくらいです。私たちは自分が本来どういう者であるのかを思い出させてもらい、これらがどのように働くかを教えられたときだけ、このようになります。

私は、パウロがローマのクリスチャンを励ましたときの励まし方が好きです。「私の兄弟たちよ。あなたがた自身、善意にあふれ、あらゆる知識に満たされ、互いに訓戒し合うことができると、この私も確信しています」（ローマ15・14）。パウロは兄弟たちを信じて、そのように生きるようにと励ましました。共同体は私たちがどういう者であるかを伝え、私たちがどのようになれるかについて励ます権限が与えられています。

私の大好きな聖句がヘブル人への手紙にあります。それは、イエスの弟子として生きるように互いに励まし合いましょう、とはっきり呼びかけています。「また、愛と善行を促すために、互いに注意を払おうではありませんか。ある人たちの習慣に倣って自分たちの集まりをやめたりせず、むしろ励まし合いましょう」（ヘブル10・24―25）

「励まし合いましょう」という言葉に注目してください。私たちは、仲間のクリスチャンが愛し合いよい行いをするために、どのように励ます――文字どおりには「互いを刺激し合う」――ことができるか考える必要があります。キリストが召してくださった本来の自分になるためには、そうなれるように励ましてくれる人々が周りに必要なのです。

共同体は説明責任を負わせることを恐れない

今まで述べてきたことはすべて、文章で読むといいことばかりのように思えますが、実際の生活においては、このような取り組みには多くの浮き沈みがあり、成功と失敗があり、嬉しい驚きもあれば大きな失望もあります。説明責任には、励ますことと諭すこととが含まれます。私たちが霊的な闘いをよい形で続けるためには、先が見えなくなったり、力を失いそうなときには励ましが必要です。私たちの味方として、私たちを力づけ、励ましてくれる人が必要です。

それはちょうどパウロと仲間たちが、パウロの建てた教会を訪問したときにしたことと同じです。

「二人はこの町で福音を宣べ伝え、多くの人々を弟子としてから、リステラ、イコニオン、アンティオキアへと引き返して、弟子たちの心を強め、信仰にしっかりとどまるように勧めて、『私たちは、神の国に入るために、多くの苦しみを経なければならない』と語った」（使徒14・21―22）。使徒の働きの次の章では、ユダとシラスも同じことをしています。「ユダもシラスも預言者であったので、多くのことばをもって兄弟たちを励まし、力づけた」（使徒15・32）

励ましは説明責任に不可欠な部分です。私たちはしばしば説明責任を否定的なものと考え、愛の鞭の応酬のように考えてしまいます。けれども、実際には説明責任とは、高い期待を持ち続ける技術であるのと同様に、励ます技術でもあります。人生にはあまりにもたくさん、私たちを打ちのめし、落胆させることがあるので、私たちは絶え間なく励ましを必要としています。私たちはみんな、私たちが素晴らしい存在で、大いなることができると、完全に確信しているキリストの弟子の仲間が必要です。私たちはみんな、成功したときには称賛し、失敗したときには引き上げてくれる仲間の弟子が必要です。

励ますことはまた諭すことも含みます。諭すとは、ほかの人を注意したり、見守ったり、助言したりすることとです。パウロはコロサイ人の教会にこう言っています。「キリストのことばが、あなたがたのうちに豊かに住むようにしなさい。知恵を尽くして互いに教え、忠告し合い、詩と賛美と霊の歌により、感謝をもって心から神に向かって歌いなさい」（コロサイ３・16）

私たちが自分の人生をほかの人に開いて見せるとき、必要な場合には、その人が自由に注意の言葉を言ってくれることを期待します。私はあるとき四人の男性と説明責任のグループを作り、毎週会って、それぞれの生活に何が起きているのかを分かち合いました。必要なときには、誰かがその人にチャレンジすることがよくありました。そこには、悪意や意地悪のかけらはまったくなく、逆にそれは注意深く、そして愛をもってなされました。

たとえば、あるとき私はいくつもの講演依頼を引き受けてしまい、その働き自体はよかったのですが、私の生活の他の領域にしわ寄せがいってしまいました。仲間の男性たちは私が疲労しているのが分かり、私の声のトーンから、子どもたちがまだ小さいのに家族から離れて働かなければならないことへの負い目を感じ取りました。

仲間の一人が優しく言いました。「ジム、あなたがすべての講演依頼を引き受ける必要があるとは思わないんですけど。あなたが素晴らしい働きをしているのは明らかだとしても、それはあなたの魂とご家族を傷つけているのではないでしょうか」。ほかの人たちも同じ意見だと言いました。それから、私たちはどの講演依頼を受けるかを決める作業を一緒にしました。私たちは一つのプランを立て、私がどのように応えるかを決断するのを、彼らは祈りをもって助けようと言ってくれました。仲間たちは一歩踏み込み、勇気をもって私を諭し、この重荷を私とともに負うことを約束してくれました。これは最高の形の共同体でした。

誰かに説明責任を負わせることは簡単なことではありません。そのためには識別力が必要になります。パウロはテサロニケ教会の人々に、それぞれの状況に応じて、それぞれの人にふさわしい方法で接しなさいと教えています。「兄弟たち、あなたがたに勧めます。怠惰な者を諭し、小心な者を励まし、弱い者の世話をし、すべての人に対して寛容でありなさい」（Ｉテサロニケ５・14）

私はこの聖句に入っている動詞が好きです。つまり「諭す」、「励ます」、「世話をする」、「寛容である」です。これこそが共同体の骨組みです。確かに、ほかの人をお世話したり寛容であるのと同様に、励ますことは必要です。これらはイエスの弟子の特徴であって、孤独のなかからではなく共同体のなかからだけ生まれてくることです。けれども、最初の動詞である「諭す（注意する）」は、私たちの多くにとって心地よいものではありません。それにもかかわらず、これは愛の側面の一つです。

もし私の説明責任のグループが私を諭すことを選択しなかったら、どうだったでしょう。もし彼らが私の感情を害することを恐れて、それを見ないふりをしていたらどうだったでしょうか。彼らは私を愛していたことにはならなかったでしょう。愛するとは、私たちの定義では「他の人の最善を願う」ことだからです。

懸念は分かります。つまり、もし私たちがある人を諭したら、その人は怒ってしまわないだろうか。その人は私たちの交わりから離れてしまわないか。もし私の判断が間違っていたらどうしようか。これらはよい質問ですが、諭すという難しいけれども必要な働きを妨げてはなりません。もしお互いを愛をもって見守ろうとするなら、仲間の弟子に真実を話すことに対する恐れを乗り越えなければなりません。そして、私たちはいつも愛をもって真実を語るべきです。

十八世紀の初期のメソジストは、共同体において説明責任が力を発揮することを示す純粋な例の一つです。リーダーのジョン・ウェスレーは数え切れないほどの人々に説教をし、何千人もの人々が回心しました。ジョンは長年の友人であるジョージ・ホイットフィールドによって、一般大衆に向けて外で説教するように励まされたことでした。

ホイットフィールドは多くの人々の評価によると、ウェスレーよりもはるかに優れた説教者でした。彼はウェスレーよりも多くの聴衆に説教し、より多くの回心者を得ました。けれども二人には、回心した後、どのような生き方をするかの教えに違いがありました。ホイットフィールドにはプランがありませんでした。ホイットフィールドは、キリストに自分の人生を捧げた人々は、自分で教会を探してクリスチャン生活を始めると思っていました。

一方ウェスレーは、回心者にソサエティと呼ばれる会に所属するよう求め、そのソサエティは教会のような機能を果たしていました（聖餐式はありませんでしたが、ウェスレーは英国国教会員でしたので、人々には英国国教会にも出席してほしいと思っていました）。こうしたメソジストのソサエティでは、週に何回も集ってウェスレーか仲間の牧師の説教を聞くように奨励されていました。

それに加えて、十二人のメンバーと一人のリーダーから成るクラスに参加することが求められました。毎週、自分自身の魂の状態を互いに率直に分かち合うために、クラスの集まりに参加することが求められました。ウェスレーはこのクラスを真剣に考えていて、もし誰かがクラスを休んだら、その人はウェスレーのもとへ来て欠席の理由を言わなければ、クラスに戻ることが許可されませんでした。

ウェスレーが始めた訓練は、現代の世界では機能しないでしょうが、当時は完全に機能しました。ウェスレーは、共同体という文脈のなかで人々がキリストに似た者に成長するために、手段（メソッド。ここからメソジストという名称が出ています）を提供しました。この運動は急速に広がり、びっくりするような数に成長し続けました。ウェスレーは人々に多くのことを求めましたが、それによって多くの魂が造り変えられました。メソジスト運動は、教会史のなかの偉大な運動の一つです。

ウェスレーの働きは何世代にもわたって継続されました。けれども、それとは対照的に、ジョージ・ホイットフィールドはそのような遺産を残しませんでした。偉大な説教者の一人と考えられていますが、ホイットフィールドはそのような運動の創始者にはなりませんでした。

ウェスレーの日記の一つに、自分が説教した地域でソサエティとクラスを設立するのに失敗したことがはっきりと書いてあります。ウェスレーはペンブロークシャーと呼ばれる地域で大きなリバイバルが起きてから二十年後に、その地域に戻りましたが、その宣教の成功の証拠が何も残っていないことを見て嘆き悲しみました。ウェスレーは次のように結論づけました。

使徒のように説教しても、覚醒した人々を集めて神の方法に従って訓練しなければ、せっかく子どもを産んでも人殺しに渡しているようなものだ、と今まで以上に強く確信した。ペンブロークシャーでこの二十年間どれくらい説教がされただろうか。けれども、そこには定期的なソサエティも訓練も、秩序もつながりもなかった。結果として、ひとたび目覚めた者のうち十人中九人は今まで以上に早く眠ってしまったのである。(3)

「子どもを産んでも人殺しに渡しているようなものだ」とはかなり厳しい表現ですが、これは「訓練」と「秩序」と「つながり」が、ウェスレーにとってどれほど大切だったかを示しています。そして、それは私たちにとってもそうであるべきです。

準備のできている人々を励ます

私は経験から三つのことが分かりました。第一に、人々は期待するレベルまで到達することができるということです。私たちが失敗するのは、説明責任（アカウンタビリティー）と約束履行（コミットメント）を求めないからです。第二に、物事が安易な方向に向かうと、そこから何かよいことが起きる可能性はほとんどないことを人々は直感的に知っているということです。大勢の人が参加できるようにとハードルを低くすると、現実には、人々に何の益も与えられないことになり、ほとんどの人はそれを感じ取っています。第三に、すべての教会のすべての人が霊的に変容するという約束（コミットメント）をする準備ができているとは限りませんが、多くの人が準備できているにもかかわらず、チャレンジされていません。教会に新来者を招くことにあまりにも多くの注意が向けられ、神との深い信仰生活に飢え渇いている人には、少ししか関心が向けられていないのです。

私が最初にこの「イエスの弟子シリーズ」の教材を使って教え始めたとき、私は教会の会衆の前に立って、強引な売り込みと正反対のことをしました。私は言いました。「私は、神様とともにある信仰生活を真剣に求めていて、ハードルの高い約束（コミットメント）をしたいと願っている人を募集しています。あなたの人生のうちの三十週間、毎週教材を数時間読み、魂のエクササイズに取り組み、そして毎週日曜日に集まって、取り組んできたことを小グループで分かち合ってもらいたいと思います。合計で三回までなら休むことができます。もしその約束ができなければ、申し込まないほうがいいと思います。もし真剣に取り組む思いになったなら、このプログラムに参加したい理由をレポートに書いてください。私はそのレポートを読んでから、受け入れるかどうかを決めます」

後になってから、多くの人がそのときショックを受けたと話してくれました。今まで教会員の前で、あのようなチャレンジをした人はいなかったからです。多くの人が怖気づいたそうです。けれども、四十人以上の人が二十五人の定員枠に入るために、レポートを書いてきました。そして選ばれた人たちがグループに入ってきたときには、まるで何か重要なことをするために選ばれたかのように、期待に胸をふくらませていました。

彼らの約束を履行しようという意識（コミットメント）はとても高く、教材を読み、魂のエクササイズに取り組み、それを分かち合うためにグループに集まってきました。グループのすべての人が、永続する変化を経験しました。私は次の三年間も同じやり方を続け、最終的には百人以上の人がこのプログラムに参加しました。このプログラムが一人ひとりの人生に与えたインパクトは、教会に与えたインパクトと同様に明らかでした。

ダラス・ウィラードは、どの教会でも約一〇パーセントの人は成長する備えができていて、そのための努力を惜しまないと考えています。教会は九〇パーセントの人々を燃え上がらせるのに力を入れすぎて、助けを必要としているのに放置されている一〇パーセントの人へのチャレンジをなおざりにしているとダラスは考えています。ダラスはもし私たちが一〇パーセントの人にチャレンジしたら、その人たちは成長して、結果的にほかの人々にも変化をもたらすようになる、と推論します。この方法は、キリスト教史上最も偉大なリーダーであるイエスご自身も含む、偉大なリーダーたちによって用いられたとダラスは考えています。イエスは弟子たちの小さな群れに大きな投資をされ、その後その弟子たちは世界を変えたのです。

ただ、ここで、私の教会での経験から一つの注意をしたいと思います。それは「80／20のルール」です。これは、教会の八〇パーセントの働きは、教会の二〇パーセントの人で行われているというものです。教会には自然に仕え、自然に行動する人がいて、そういう人たちはすべての召しに応えてくれます。

私たちは、頼まれれば何でも引き受けてくれる人々を、いいように利用する傾向があります。その結果、ほとんどいつもこうした人たちが燃え尽きてしまいます。私たちは共同体全体が巻き込まれるように、チャレンジする必要があります。多くの教会で、すべての人に充分に求めないために、なかなかノーと言えない少数の人々に、あまりにもたくさんのことを求めてしまう傾向があります。

多くの共同体で、奉仕が教会のために行うこと（たとえば、委員会の奉仕、活動やイベントをサポートする奉仕など）だけに減らされています。これは一つの奉仕のあり方ですが、このほかにもたくさん奉仕はあります。ときどき、私たちは病人や貧しい人への奉仕よりも、教会への奉仕のほうが重要であると感じてしまいます。

奉仕することは、弟子であることの一面ですが、奉仕すること自体がその人を弟子にするわけではありません。最近のやり方では、少数の人に多大なプレッシャーをかけて教会の特定の奉仕活動をさせていますが、これでは少数の人に無理をさせて、残りの人々は座って傍観するだけになってしまいます。80／20のルールの代わりに、共同体全体がすべての教会員が参与できるバランスのとれたトータルな弟子のあり方になるように、私たちは励ますべきです。

励ます一年

ある夏、私はダラス・ウィラードの「霊性と牧会」というクラスを手伝うために、ダラスと二週間一緒に働きました。霊的形成やイエスの弟子として成長するときに直面する困難について、二人で長い時間話し合いました。結論として、鍵となることは、私たちの傍にいて、私たちの魂の状態を聞いてくれる人がいること、また私たちがなりたい自分になれるように背中を押してくれて、最後に「調子はどうですか」と聞いてくれる人がいることだ、ということになりました。

一瞬沈黙の時間がありました。私はダラスにそうしてもらえるか聞きたいと思いました。そして、私もダラスに同じことをしなければと思いました。賢くて、キリストに似た恩師であるダラスに「ダラス、あなたが私に心のなかを打ち明けて、私と説明責任を負う関係になってもらえますか」と尋ねるのは、とんでもないことのように思いました。

けれども、それだからこそ、私はそうしました。そして驚くべきことに、ダラスはためらわずに承諾してくれました。私たちは飛行場に向かって車で移動していたので、車の中で約三十分間、それから飛行場で四十五分間、そのために時間をとりました。そのとき、ダラスは自分の生活のなかでつついてもらう必要のある領域を話してくれ、私も同じように話しました。私がつついてもらう必要のほうが、ダラスのよりもはるかに多かったのですが、それはご承知の通りです。

私たちは一年間お互いのために祈ることにし、二人で会うときには、お互いどのような状態かを分かち合うことにしました。その一年間、私たちは同じ場所で三回会う機会があり、お互いの計画がどうなっているかを必ず尋ね合いました。

私がしたいと思っていることをダラスに知ってもらい、またダラスも私が祈りと励ましをもって共にいることを当てにしてくれていることを知るのは、その一年間私を大いに励ましてくれました。私はいくつかの領域で本当に大きな進歩を遂げることができましたし、信じられないような話ですが、ダラスも同様にそうでした。それは、私たちがどのような者であっても、どれだけ信仰深く神の国に生きていても、キリストに似た者に成長するためには、励まされ、諭され、チャレンジされることが必要だということです。つまり、私たちは励ます共同体の一員として説明責任を負うことが必要だということです。

魂を鍛えるエクササイズ――説明責任を負う友人を見つける

今週はあなたを励ますことができ、愛をもってあなたを見守ってくれる人を探します。あなたの小グループか教会（もしあなたが教会に所属しているなら）のなかで誰かを探すことをお勧めします。もし教会に属していないなら、信頼できる友を探してください。それはあなたの配偶者かもしれませんが、それはあまりお勧めしません。おそらく、親しい友人で、以下のエクササイズを一緒にしようとお願いしても、ひどく驚かない人に聞くのがいいでしょう。

ここでの鍵は、あなたが安心できる人を探すことです。あなたの魂の状態についてその人と話しますので、その人と一緒にいて心地よいと思うことが絶対に必要です。もし、その人があなたを裁いたり、あなたが言ったことに対して愛情のない仕方で反応しているように感じたら、誰か別の人を選んだほうがいいでしょう。

誰かを選んだなら、その人に何をしてほしいのかをはっきりと伝えましょう。その人もあなたに対して同じようにすることを求める必要はありません。あなたはその人に、心のなかを打ち明けてくれるように求めるのではなく、あなたにいくつかの質問をし、その答えを聞き、必要なら励ましや諭しを与えてくれるようお願いするのです。

二人で会うときには、以下のような質問をしてください。パートナーが、あなたにその質問をするようにしてください。もしその質問がパートナーにとっても心地よいものであれば、あなたもパートナーに同じ質問をします。

1　あなたの魂の状態はどうですか。

2　今、どのような励ましが必要ですか。

3　何があなたを神との親しい生活から引き離していますか。

これらは優れた質問で、いい反応をたくさん引き出します。そして、あなたが率直に正直に答えるなら、とても実り多い話し合いへと導きます。

もしその人があなたに質問をするだけで、自分は質問に答えないことにしていたのに、その人も質問に答えようと決めたとしても、驚かないでください。特にあなたが透明性の手本を示していたならそうです。人々は相手を知るだけでなく、相手に知ってもらうことも望んでいますから、もし自分が安全だと感じたら、たいてい大いに話してくれるものです。私たちは、自分がしゃべってばかりで、相手にはほとんど耳を傾けない時代に生きています。もしあなたが聞きたいという態度を示すなら、どうぞそうする準備をしてください。人々は心の底から話せる安全な場所に飢え渇いているからです。

とは言え、何をどれくらい相手に話すかは、気をつけてください。その人と長年にわたる信頼関係があるわけではなく、その人とこの類いの取り組みをしたことがないなら、あなたは相手の人の反応を予測することができません。もし何かショッキングなことを話すなら、このエクササイズは悪い結果を招くかもしれません。

経験則から言うと、その人が対処できると思える範囲内のことだけを話すことです。もしもっと深刻で苦痛を伴うことを話す必要があるなら、牧師か精神医療の専門家を探すことをお勧めします。彼らは、ほかの人々が理解するのが難しい情報や問題について、対処できるように訓練されているからです。

何よりも、よい関係を保ってください。あなたにとって、このような取り組みをするのが初めてだとしても、心配しすぎないでください。このエクササイズは贈り物として企画されたのであって、重荷ではありません。喜びをもって期待しながら取り組んでください。もし気まずくなったら、もっと気楽な話題だけを話すようにしてください。その人と信頼関係を築くためには時間が必要なのかもしれません。もう一度言います。よい関係を保ってください。このような相互作用を必要とする取り組みはせかすことができません。けれども、今すぐであろうが後々であろうが、もしうまくできたなら、あなたは金よりも価値のある宝物を見出したことになるのです。

もう一つの注意です。すでにある小グループからあなたのパートナーを選ぶなら、これで傷つく人がいるかもしれないことを覚えていてください。ある人は誰からもパートナーとなるように求められないかもしれません。このことに敏感でいて、もし必要なら、あなたがその人にもあなたのパートナーになるように聞いてください。パートナーは二人以上いても大丈夫ですから。

第7章　気前のよい共同体

「ジム先生とぜひお話ししたいという男性からお電話です」という女性の言葉で、教会の会議は中断されました。

「会が終わるまで待ってもらえませんか。後からかけ直しますから」と私は言いました。

「かなり困っているようです」と彼女は言い、その顔はとても心配そうでした。

私はその電話に出ることにしました。

「何かお手伝いできることはありますか」と私は電話の相手に言いました。

「はい、お願いします。牧師先生、助けてください。もう三日間も食べていません。食べるためのお金をいただけないでしょうか」

「いや、お金はあげられないけど、どこかのレストランにお連れして、その支払いをすることはできます」と私は言いました。

彼はそれをとても喜びました。私はどこにいるのかを聞き、十分でそこに着くと伝えました。彼がいるのは町の安全な地域ではありませんでしたが、外はまだ明るく、夕方の六時をちょっと回ったところでした。正直に言うと、私はこの男性を助けに行くことを怖がっていました。ひとりでその地域に行って、見知らぬ人を車に乗せ、そして利用されるかもしれないことを恐れていました。その日は長い一日で、ただ家に帰って、靴を脱いでテレビを見たかったのです。けれども、私のなかの何かが私を引っ張り、彼がどのような人であろうと、彼の期待を裏切ることはしないと決めていました。

運転しながら、電話してきたり教会に来たりして、悲しく同情を誘う物語でお金の必要を訴える人々に、何回もだまし取られたことを思い起こしました。何度かそういう人に、必要だと言っていたことと違うことにお金を使われる経験をして、うんざりしていました。ですから、その若い男性に夕食をご馳走するが、お金だけ渡すことはしないと電話で言ったのです。

その男性を車に乗せたとき、その人はみすぼらしく痩せこけていて、少し病気のように見えました。また、臭いもよくありませんでした。私たちはブッフェ・レストランに行き、彼は小さな軍隊が養えるくらいたくさん食べました。彼はあまりしゃべりませんでしたが、少しドイツ語なまりがあることに私は気づきました。彼はほとんど食べ物を飲み込んでいました。車で送って行くときに彼は、二、三か月前にアメリカに来て、友人たちのところに泊まっていたが、長居して嫌がられたので、ヒッチハイクをしてウィチタまで来たと話してくれました。

夕食のあと、彼が泊まっていた安いホテルまで車で送って行きました。彼は車を出ると、夕食のお礼を言いました。そして、私の名前と教会の名前を聞き、それを書き留めて、握手をして満腹の様子で車を降りました。

私は複雑な気持ちで家まで運転して帰りました。一方では自分のしたことに満足していましたが、もう一方では果たして正しいことをしたのだろうかと考えていました。私は詐欺の一種にかかったのでしょうか。確かに、非常にお腹を空かせた人を夕食に連れて行くことはよいことです。けれども、もし彼の部屋にお金の入ったカバンがあって、私を利用しただけだとしたらどうでしょうか。あるいは、彼はお金を持っていてそれを麻薬に使っていたとしたらどうでしょうか。私はとても落ち着かない気持ちになりました。けれども、そのことは神に委ねて、神を信頼しようと決心しました。それでもなお、この状況での正しい対応と間違った対応のことで混乱しながら、その晩眠りにつきました。

三つの偽りの物語——自己責任、引き算、自己裁量

実を言うと、私は先入観から、その若い男性を助けたいとは思っていませんでした。外国から来た人だったし、汚れていて臭かったし、町の危ない地域に滞在していたし、これらをすべて固定観念から見れば、私が気前よくならないでいい明白な言い訳になりました。確かに、私はその男性を助けましたが、ほかの多くの場合に助けを求めてくる人を断ってきました。

その後、助けるのを拒んだのは心のなかに三つの物語があったからだと気づきました。それらが結びつくと罪悪感なしに困っている人から離れることができたのです。その三つとは、自己責任の

物語、自由裁量の物語、引き算の物語です。それらが三つそろうと（それはたいていそろいます）、これらの物語で生きている人は決して気前のいい人にはなりません。

天は自ら助くる者を助く。最初の物語はよく知られています。つまり、「天は自ら助くる者を助く」です。多くの人はこれを聖書の言葉だと信じていますが、そうではありません。これはベンジャミン・フランクリンが一七五七年に書いた『貧しいリチャードの暦』からの言葉です。フランクリンはクリスチャンではなく、理神論者（世界の創造者として神を認めるが、神が世界の出来事に関与することは信じない）でした。彼は実に素晴らしいことをたくさん述べていますが、この言葉はそうではありません。

この批判的な物語は気前のよさに対する防壁となり、助けを必要としている人を助ける必要性を防ぐ頑丈な防御物となります。それはまるで、神が自助努力をし、一生懸命働く人だけを助けると言っているかのようです。神が怠けている人々を助けないのなら、私も責任を免れることができます。罪悪感を感じることなく、私は助けを求めている人を見ることができ、彼らを自己責任だとして裁くことができます。裁くことで罪悪感はなくなります。

けれども、私たち自身の満足できる状態は、自分がそれに値するだけのことをしてきたからだと考えやすいのです。物事がうまくいっていると、自分がそれに値することをしたからだと仮定しやすいのです。これは正義についての偽りの物語の裏の側面で、何らかの形で私たちの状態は私たちのよい行いと結びついているにちがいない、というものです。罪を犯し続ければ魂の破滅を招くことは真実ですが、私たちの残りの人生ですぐに破滅を招くとは限りません。聖書は繰り返し、罪深いのに繁栄している人をうらやまないようにと勧めています。また、私たちは非常に困窮した状態にある人を自己責任だと裁くべきではありません。それは罪や怠惰や間違った決断のせいかもしれませんが、よくない状況にあることが、いつもその人に直接責任があるわけではないからです。

もし与えてしまったら、私の取り分が減ってしまう。　気前よさを抑えてしまう二つ目の物語があります。それは、もし与えてしまったら、少ししか残らない、というものです。この引き算の物語は、私が与えるものは何でも与えると失われ、私が分かち合うとなくなり、他者に提供するものは何でも私の欠乏の一因になるという概念に基づいています。ある意味でこれは真理です。たとえば、私のクッキーをあなたにあげれば、私のクッキーは減ります。単純な計算です。つまり、ある一定の量を取り去れば、もともとの量は減ります。この物語は次の、気前のよさに反する偽りの物語、自由裁量の物語と深く結びついています。

私が持っているものは私のもので、私の楽しみのためだけに使うことができる。　気前のよさを抑える最も重要な物語は、私が持っているものは私のもので、私の楽しみのためだけに使うことができるというものです。この自由裁量の物語は、私たちが所有しているものはお金であろうと時間や能力であろうと私たちのもので、私たちがふさわしいと思うことに使うべきである、と考えます。ふさわしいと思うことに使うとは、たいていは、他の人の益となるようにではなく自分自身の益のために使うということを意味します。私の持っているものは私のもので、それは私が獲得したものであり、私はそれを受けるに値しているという考えに立つと、どのようにでも自分の使いたいことに使う権利があるということになります。それは私の自由裁量に任されていて、自分の持ち物をいつ、どのように、どれくらい与えるかは私に選ぶ権利があることになるのです。

以上の三つの物語は、一緒になって、気前のよさを防ぐ強力な要塞を築きます。真理を知るためには、聖書の物語を吟味する必要があります。ここで私たちは、これらの物語がただ単に間違っているだけでなく、真理と正反対であり、私たちが求めているよい人生やよい共同体には導かないことに気づくのです。

真実な物語――無力さ、分け合うこと、管理者

神は自らを助けることのできない者を助ける。 すべての偽りの物語がそうであるように、「天は自ら助くる者を助く」という言葉にも、ある程度の真理が含まれています。つまり、神は確かに、自分自身を助けることのできる者を助けてくださるのです。ただし神はまた、自分自身を助けることのできない者をも助けてくださいます。

四福音書は無力な者、壊れた者、軽蔑された者たちの人名録のようなものですが、神はそのような人々を確かに助けてくださいます。たとえば、姦淫の現場で捕らえられた女性、死んだラザロ、約束を守れなかったペテロのようにです。実際、神は多く持っている者より貧しい者を助けてくださると主張するほうが簡単でしょう。それはたぶん、必要を感じている者の手は開いていて、開い

ている手だけが何かを受け取ることができるからです。私たちが気前よくなるためには、先入観の物語を乗り越えなければなりません。

聖書は繰り返し、私たちが罪深く、そして壊れていることを思い出させてくれます。詩篇は絶えず、人間は堕落し、壊れていて、強情だと教えています。私たちが正直なら、自分が全く無力であることを認めるでしょう。確かに、私たちは一生懸命働いて生計を立て、家を買い、食卓に食べ物をのせてきたかもしれません。けれども実は、私たちは不確かな存在で、一瞬一瞬を神の憐れみに頼っているのです。私が呼吸している空気も、生命を創り出す太陽も、もしなければ、私は一分たりとも存在することができません。実際、私たちは誰も自分自身を助けることができません。私たちはみな、困窮している者です。私たちは無力ですが、神は喜んで私たちを助けてくださいます。皮肉なことに、神はその業を他の人を用いて行われるのです。

みんなで分け合うなら、充分にある。イスラエルの民が約束の地に向かってさ迷ったとき、彼らには食料がありませんでした。そこで、神はマナという形で食べ物をくださいました。彼らは、最初それが何か分かりませんでしたし、私たちも知りません（マナという語は文字通りには「それは何か？」という意味です）。彼らはすぐに、それが自分たちを生かす食べ物であることを理解しました。けれども、それは蓄えてはいけないことになっていました。翌日のためにいくらか取っておこうとすると腐ってしまうので、日ごとに神の備えに頼ることを教えられたのです。

マナ集めに関して神が命じられたもう一つのことは、教えられることがめったにありませんが、気前のよさについて深い真理を含んでいます。神はイスラエルの民に、自分たちの生命を保つだけの量を取り、それ以上は取らないように命じられました。そのようにすれば、すべての人に充分に行きわたるからです。彼らはオメルと呼ばれる計量器具を用いて食べる量を量るよう命じられましたが、オメルには約二・三リットルのマナが入りました（出エジプト16・16―18〔新共同訳参照〕）。

人間には貯蔵する傾向があり、必要以上に取る傾向があります。不幸なことに、ある人々がたくさん取ってしまい、その結果他の人の分が減ってしまうことがあります。けれどもオメルを使うと、すべての人が必要なだけ取ることができ、足りないことはありませんでした。

私たちはどうして必要以上に消費しようとするのでしょうか。それは、すべての人に必要なだけ充分にはないので、取れる分だけ取らなければならない、と思ってしまうからです。これが引き算の物語です。けれども、引き算の物語は、神の国の経済をひとたび理解すれば、分け合う物語に置き換えることができるのです。

オメルの原則は、すべての人に充分なだけある、ただしそれは、私たちが公正な取り分を取るときだけだ、ということを示しています。飢餓の専門家は、地球上には世界の飢餓を終わらせるのに充分な食料があるが、一部の人々（おもに欧米の先進国）が必要以上に消費するので、他の人々に少ししか残らないのだと言います。ある晩、私は遅くまで起きて、テレビの減量プログラムのコマーシャルを見ていました。月にたったの百五十ドルで、一日に四、五百グラム減量でき、それは一日たった五ドルだと言っていました。チャンネルを変えると、お腹のふくれた子どもたちを映した救援組織のコマーシャルが流れていて、一日三ドルで一人の子どもが飢えで死ぬのを防ぐことができると伝えていました。この皮肉は私にも理解できました。

もちろん、オメルの原則は、命令したり強制したり（共産主義社会でそうであるように）すべきものではありません。そうなったら、よいものではなく悪いものになってしまいます。けれども、人々がオメルの原則のような決断（もしこれを買わなければ、その分を捧げることができるというような）に聖霊の導きによって到達することができれば、もっとよいことが起きるのです。神はこの世界を、自分に必要なものだけを取るかぎり、すべての人に充分なだけあるように設計されたのです。

私の持っているものは神のもので、神の栄光のために用いられる。「私のものは私のもの」という物語とは対照的に、真実な物語は「私のもののように見えるものは、本当は神のものだ」ということです。私が持っているもので私のものは何もなく、すべては神からの贈り物です。私たちは、自分が所有しているものは自分のもので、それをどう使うかは自分で選べると考えやすいものです。実は、神はこの幻想を簡単に信じやすいように人間を造られました。神は私たち一人ひとりに小さな王国を与えて、そこで起こることを私たちに委ねられました。これが神のご計画です。神は私たちによい管理者になってほしいのです。ですから、神は私たちに身体と才能とお金を与えて、よいものを創り出せるようにされたのです。

けれども、私たちの小さな王国は私たち自身のものではありません。私たちは神の賜物の管理者であって、すべては神に属しているのです。この事実はすべてを変えます。私はもはや、「私が所有しているものは私のもので、私が楽しむためのものだ」と言うことはできません。その代わりに、「私のものは、本当は私のものではなく、神のものです」と言わなければならず、「あなたが下さった賜物をどのように用いましょうか」と聞くべきなのです。この根本的な変化は、私たちの日々の決断すべてに影響を与えます。

気前のよさは、内側に向かう傾向の姿勢で、自己犠牲の行動を引き起こすものであり、自己犠牲は神が私たちに取られる行動の仕方でもあります。私の同僚のマット・ジョンソンがそれを次のようにうまく表現しています。

気前のよさが「他者中心」であるのに対して、貪欲が自己中心であるということは、明らかに三つ目の真実な物語を違った形で述べています。私が自分のことを第一に考え、自分のことだけを考えているとき、誰かに何かを差し出すことは困難です。けれども、神の国に焦点を当てて、神と神の備えと神の資源に思いを向けているときは、私に与えられている資源を必要のあるところに結びつけることが課題となり、私はこのプロセスのためのパイプになることができるのです。(1)

充分にあるという神学

お金と持ち物に関して、人は両極端になります。ある人は「繁栄の福音」を説きます。それはよい人生とは自分の幸福のためにお金と持ち物を消費することであるという考えに基づくもので、私たちが正しいこと（たとえば、ある働きに献金するとか、三十日間特別な祈りを捧げるなど）をするときに、神は繁栄を与えてくれるという考え方です。もう一方で、「貧困の福音」を説く人もいて、本当に霊的になるためには貧しくならなければならないと教えます。どちらの極端も危険です。「繁栄の福音」は宗教という薄板で覆われた貪欲にすぎません。また、「貧困の福音」も危険です。貧困のなかに霊的なものはなく、貧しくなったことで実際によくなる人は一人もいません。ダラス・ウィラードはこう記しています。

貧困の理想化は、現代世界においてクリスチャンが抱いている最も危険な幻想の一つです。管理すること（スチュワードシップ）は、物を持っていることを前提とし、与えることを含みますが、それこそが富との関連で真の霊的な訓練です……。

一般に、貧しくなることは貧しい人々を助けるには最悪の方法の一つです。[2]

繁栄と貧困だけが私たちの選択肢なのではありません。著作家で実践家のシェーン・クレイボーンは三つ目の選択肢を示しています。「私たちには第三の道が必要です。繁栄の福音でも貧困の福音でもなく、充分にあるという神学に根ざした豊富にあるという福音です[3]」

豊富にあるという福音は神の国でしか見出すことができず、そこでは私たちはなぜか必要なものを必要なときに持つことになります。神の国は、私たちがどれだけ消費してもよい資源が無限にあるATMのようなものではありません。むしろ、神の国の方法を理解した者たちに資源を提供する自動販売機のようなものなのです。必要があって、その必要を満たすことのできる別の人がいれば、供給が底をつくことは決してないのです。

けれども、アメリカで最も危険なことの一つは、現状に満足しきっていることです。私たちは価値観がゆがめられた裕福な社会に生きています。私たちにとって重要な問いは、聖霊は私を個人として、また私たちを共同体として、どこに導いておられるのか、です。それは個人と共同体の識別力を必要とします。欧米のクリスチャンの多くは、貧困の福音も繁栄の福音も追い求めていません。欧米のクリスチャンの大多数は、過剰にある文化のなかで「充分にあるという神学」が何を意味するかという問題と格闘しなければなりません。何が充分にあるものなのかをどのようにして見抜きますか。誰がその決断をしますか。私たちの文化にその決断をさせるなら、私たちはオメルではなくバケツを使う者のようになってしまうのではないかと思います。

たとえば、『フォーブス』誌のオンライン版は、一人の人が「幸せに暮らす」ためにどれくらいのお金が必要かということを数値化しました。[4] 幸せに暮らすということを彼らの基準によって推定すると、四〇〇平方メートルほどの家に住み、美しい場所（海岸や山）にセカンドハウスを持ち、高級車を三台持ち、週に一回高級なレストランで食事をし、一年に三回休暇を取り、子どもを私立学校に通わせ、卒業したら高所得層の大学に行かせて、収入の一パーセントを貯蓄できることです。

そのような生活に必要な最低限の金額は年間二十万ドルですが、都会の多くではこの数字はもっと上がるでしょう。もしこれがよい生活の基準だとしたら、それよりもはるかに少ない額で生活している私たちは、与えることを免除されていると感じてしまうかもしれません。自分は幸せな生活をしていないのだからと。

識別力とは神に問うことを意味します。神は私の経済的資源をどのように用いるように導いておられるのでしょうか。この世界の大きな必要を考慮すると、神は私と私の仲間のクリスチャンに生活の基準と財産について何を求めておられるのでしょうか。すべてのものを売って貧困層の人々と生きるようにとは必ずしも言っておられないでしょう。けれども、私たちの収入と財産を新しい角度から見ること、神の国の光に照らされて見ることが求められているのは確かです。

管理者であることの第一の領域

お金と持ち物は気前のよさを学ぶ方法の一つにすぎません。神は私たちにほかのいくつかの能力を与えてくださいました。管理者であることへの召しは、私たちが望むなら、分かち合うための次の五つの資源を用いることで表すことができます。

心。神は私たちに心を与えてくださいましたが、心には複数の能力があります。私たちは心で考え、判断し、想像し、感じて、覚えることができます。思考と感情は心の本質的な側面で、私たちに対する驚くべき贈り物です。私たちは心に感じるままに、詩や交響曲を書き、生活を改善する方法を工夫し、私たちを悩ます問題を解決し、よりよい明日を思い描き、他者の死を悲しみ、自らの罪を嘆き悲しみ、生活を形作り意味を与えてくれる記憶を作ります。私たちの心は、他者を祝福するために用いられる素晴らしい贈り物なのです。

身体。神は私たちに身体も与えてくださいましたが、この素晴らしい有機体は見ること、臭いを嗅ぐこと、聞くこと、触ること、味わうことなど驚くべき能力を持っています。私たちの身体には持ち、つかみ、ドンドンたたき、ものを書くための手があり、また素晴らしい場所に連れて行ってくれる足があります。もしあなたが一定の期間どこかの身体能力を失ったことがあるなら、それらの能力がどれほど大切なものかをよく知っているでしょう。私たちの身体は神によって与えられたもので、他者に希望と癒やしを与えるために用いるべきものなのです。

才能。心と身体があるだけで、神に感謝して生きるのに充分なのですが、神はさらに与えてくださっています。私たちはそれぞれに、ユニークな力と健康と身体的特性が与えられています。力と健康と美しさと影響力は神からの贈り物です。神は私たちをユニークな才能と能力を持つ者として創造してくださったので、それも神の働きを前進させるために用いるべきです。

時間。時間が足りないと私たちは不平を言っていますが、時間という贈り物も神から与えられています。実は、私たちのほとんどは自分のエネルギーと関心を投資できるだけのたくさんの時間を持っています。一般に、時は金なりと言います。それは真実かもしれませんが、お金を作り出すことだけが最高の時間の使い方とは限りません。生涯の終わりにもっとお金を儲けていればよかったと思う人はほとんどいません。むしろ私たちの多くは、もっと多くの時間を愛する人と一緒に過ごせばよかったと悔やむのです。

娘のホープが最近私に言いました。「お父さん、一緒にゲームしてくれる？」と。私はいくつかのプロジェクトの締め切りに追われていたので、一、二時間モノポリーをするというのはよい時間の使い方ではないように思えました。けれども聖霊が、その土曜日の午後のこれ以上によい過ごし方はないとささやきました。それで、私はしていたことをやめて、一緒に遊びました。娘はその時間きらきら輝いていました。私は悔い改めました。時間はよく用いるようにと神から与えられた贈り物で、一番重要なことに使われるべきです。

宝物。私たちは自分の経済的・物質的資源の管理者です。多く持っているか少なく持っているかにかかわらず、これらの財産は他者の益のために用いるように与えられているものです。確かに、自分が生活する上での基本的な費用は賄わなければなりませんが、その費用以上に持っているものは他者を祝福するために用いるべきなのです。お金は悪ではないし、悪の根でもありません。お金を愛することがすべての悪の根なのです（Ⅰテモテ６・10）。お金は祝福の大きな源となりえます。お金によって裸の人に衣服が着せられ、空腹の人に食事が与えられ、困窮している人が世話を受け、病人が癒やされます。私たちがもたらすお金は、私たちの共同体をよりよい場所にするために用いることができるのです。

使徒の働き２章に見られる初代教会では、並はずれた気前のよさで多くのことが行われました。

「信者となった人々はみな一つになって、一切の物を共有し、財産や所有物を売っては、それぞれの必要に応じて、皆に分配していた」（使徒2・44—45）

イエスの弟子である者たちは、この聖書箇所について注意深く考える必要があります。なぜなら、私たちが陥りやすい間違いがいくつかあるからです。

一つは、この要約されている箇所をすべてのクリスチャン共同体の模範と解釈して、生き方の基準であると主張することです。それは間違いだと私は思います。第一に、初代教会はこのやり方をいつまでも継続しませんでした。第二に、すべてのグループにそれを規則として強制すると、律法主義に陥ってしまうからです。第三に、その理想は魅力的ですが、実際の共同体での生活は多くの欲求不満をはらんでいて、それは使徒の働きのほんの数章後に見ることができます。「そのころ、弟子の数が増えるにつれて、ギリシア語を使うユダヤ人たちから、ヘブル語を使うユダヤ人たちに対して苦情が出た。彼らのうちのやもめたちが、毎日の配給においてなおざりにされていたからである」（使徒6・1）。不公平な分配という問題が起こったことで、弟子たちは立ち止まって人々が公平にお世話されるように新しい秩序を作らなければならなくなり、実際にそうしました（使徒6・2—7参照）。基金の運用を管理するために七名の人（「執事」と呼ばれる）を任命して、弟子たちが説教と教えに専念できるようにしたのです。

けれども、もう一方のよくある間違いは、使徒の働き2章の模範を完全に無視して、現代の私たちには機能しない時代遅れの実践だとして取り合わないことです。似たような方法は現代でも実際に機能しており、意図された共同体でこれをさまざまな形で実践して大いに成功している例があります。私は個人的にこの実践に召されていませんが、どうせ間違えるなら、自分の持ち物を他者に提供し、困窮している人々に私が与えられるすべてを与える間違いを犯したいと思っています。教会の歴史に残っている偉大な運動の多くは、使徒の働き2章の模範に似ているものを見ることができます。私にはこれらの聖書箇所がとてもチャレンジングに思えます。

私はとてもよく機能すると思っている次の実践をお勧めします。困窮している人々に食事や衣服やお金を分配するために設立された組織に、あなたが捧げられるすべてを捧げてください。私の住んでいる市では、そういう素晴らしい働きをしている組織がいくつかあります。彼らはまるで使徒の働き6章の執事たちのようです。彼らの戸は毎日開いていて、人々が必要なものを手に入れるのをどう助けたらよいかを知っています。それだけでなく、人々が仕事を見つけるのを助けているし、多くの地域教会にはできない他の助けも提供しています。

気前のよい共同体

与えることとは、単なる個人的な行為でも、特別な組織にだけ委ねられているものでもありません。地域教会の共同体は、与える喜びに参与する必要があります。私自身の教会は気前のよさについて多くのことを教えてくれました。ウィチタにあるチャペルヒル合同メソジスト教会は、神の国の経済を理解しているイエスの弟子たちのおかげで、発足当初から気前のいい共同体でした。発足当初から、収入の一〇パーセントを、どの教会に集っていようと貧困者に直接提供すると決断していました（「初穂基金」と呼ばれています）。

数年前に若者担当牧師の姉妹が亡くなり、遺族は葬儀の費用を払えず、四人の子どもは無一文になってしまいました。私たちの教会は、葬儀の費用を支払っただけでなく（彼女は教会に出席していませんでしたが）、子どもたちの衣服と学校の費用を支払うために基金を設けました。

また少し前には、私たちはサバティカル休暇で私たちの市に滞在しに来たある牧師を迎えました。彼と彼の妻がウィチタに到着したところ、予期せぬ事態のために、予約していた食事つきの部屋が予約できていなかったことが分かりました。私たちの教会のメンバーは彼らの状況を聞いて、初穂基金から借家のために支払うことを即座に決めました。それから、教会のメンバーは会合を開いて、どのような家具を提供できるかを検討しました。一日もたたないうちに、彼らは完全家具付きのアパートを手に入れることができました。それはすべて、与えることの祝福を学んでいる教会という共同体の人々の気前のよさがもたらしたことでした。もちろん、数え切れない教会が同じようなことをしていて、それは本当によい知らせです。キリストに従う人々の共同体は、神の国の経済を理解しているので、自然に与える人々なのです。

気前のよさを表す多くの方法

イエスは受けるより与えるほうが幸いであると言われました（使徒20・35）。私たちの多くの者にとっても、与えるほうが受けるよりもずっと快適です。リチャード・フォスターはあるとき、自分に仕えてくれることを許すことがどんなに難しいかを教えてくれました。それを彼は「仕えられる奉仕」(5)と呼んでいます。これは私たちの側に従順な行動を要求します。ほかの人が気前がいいと、私たちは彼らの気前のよい行為にお返ししなければならないと感じるのです。私は、他の人々に賜物を分かち合ってもらってきましたが、彼らの気前のよさを振り返ると、私はとても祝されていることが分かりました。いくつか例をあげさせてください。

私の妻メガンは、人生への喜びと情熱を持って、私を信じて絶えず私を祝福してくれます。息子のジェイコブはもの静かですが、彼がほほ笑むとき私は不思議な賜物を感じます。娘のホープは、その名前の通り希望《ホープ》の源です。あるとき娘に、私の書斎にいてパズルをしてくれているほうが文章がよく書けると伝えたことがあります。彼女は私のそばに屈託なく静かに座ってパズルをし、一時間ごとに手を止めてハグをしてくれます。私たちの娘のマデリンは肉体をもっては私たちと一緒に今はいませんが、霊において存在していて、神の誠実さと、弱さのなかに完全に現れる神の力を思い出させてくれます。

友人のパトリックは徹底した私の守護者で、私自身と私の時間とエネルギーを気にかけて見守り、私がキリストにあってどういう者かを絶えず思い出させてくれる人です。友人のＣ・Ｊは絶えず私を励まし、私たちが強い王国に生きていることを毎日思い出させてくれます。友人のマットは穏やかな知恵を提供して、キリストに似た者の模範を示し続けてくれています。友人のジミーは葛藤を経験して得た力強さを親切に分かち合ってくれて、しなかったことでなく、したことに目を向けるように優しく教えてくれます。友人のトレバーは、私を人間でいさせてくれる真実で信頼できる友人で、裁かない友情という贈り物をしてくれます。

友人のアンドリューは、ちょうど必要なときに深い知恵を提供してくれて、しかもいつも謙遜に提供してくれる人です。私の牧師のジェフ・ガノンは私に霊感を与えてくれるメッセージをします。彼は会衆全体に説教しているのですが、しばしば私のためだけに言葉を取り次いでくれているように感じます。友人のボブとアーローは私が関わっている働きを支えるために、惜しみなく献金してくれます。彼らの気前のよさは私をびっくりさせますが、私が感謝を表そうとすると、彼らは、神が与えてくださったから神にお返ししたいだけだと言います。これらのすべての人々、そして書くスペースはありませんがもっと多くの人々が、気前よく賜物を捧げています。私は、簡単なことではありませんが、その人々にお返しする必要を感じないで感謝することを今学んでいるところです。

匿名の人々の気前のよさが私たちにとって祝福となることもあります。私たちの娘マデリンの地上での短い生涯は、ほとんど病院のなかでした。あるとき、私は冷たいビニールの椅子に座って、何も飲み食いできずに非常に疲れ切っていたことを覚えています。一人の看護師が私に、ホールの向こうにロナルド・マクドナルド・ルームがあると教えてくれました。私は誰かの家の中にあるような部屋に入って行きました。そこには快適な椅子とソファ、テレビとコーヒーとお菓子がありました。そこは私と妻にとって休憩するための安息の場所となりました。私はこの場所を作るためにお金と時間を捧げた人々のことは何も知りませんが、私の家族と多くの人々を祝福するために自分たちの資源を用いてくれたことを心から感謝しています。

気前のよい共同体になるための計画

与える喜びを習得する。 あるとき私は、ある教会の年一回のスチュワードシップ礼拝に出席しました。一人の男性が礼拝の後で友人に言っている言葉を、私は偶然聞いてしまいました。「教会がお金のことをたくさん話すのは嫌だ。私から欲しいのは小切手だけのように見えるから」と。私はそれを聞いてとても悲しくなりました。牧師のメッセージは、会衆にそのように感じさせるものではありませんでした。事実、牧師はそのような印象を与えないように繰り返し説明していました。この男性は明らかに、与える喜びを理解していませんでした。与えることの祝福の物語は、どういうわけか理解の壁を打ち破れていませんでした。与えることの祝福について、もっと教え説教する必要があると私は信じています。

私が聞いたことのあるスチュワードシップについての最高の説教の一つは、私のメンターで友人のジェリー・ヴォクト牧師のものです。彼は講壇に立って、彼と妻が何年も与えることで受けた、たくさんの祝福について隠し立てすることなく話してくれました。それは自慢のようにはまったく聞こえませんでした。彼と妻は自分たちの持つ資源の忠実な管理者であったにすぎません。彼は決して会衆の罪意識に訴えませんでしたが、彼の話が終わるころには、私はできるかぎり多くを捧げたいという思いが増していました。これはお金のことだけではなく、私たちの持っている資源すべてについて言えることです。私たちは与える喜びのことを繰り返し繰り返し聞く必要があり、そしてそれは経験者が語るときに一番効果的になります。

余白を作る方法を習得する。気前よくなるためには余白を作らなければなりません。与えるためには、まず与える何かを持っていなければなりません。「余白」とは支出する金額よりも収入のほうが多いという意味で、そうすることで与えることが可能になります。多くのアメリカ人は、経済的にもその他の面でも余白を持っていません。このような状況にあるときに「困窮している人々にもっと時間とお金を与えなければならない」と彼らに言うのは公平ではありません。彼らはまず余白を作らなければなりません。余白を作る最高の方法は節約です。多くの人にとってこれが否定的な言葉であることは分かっていますが、それを回復する必要があります。それは適切な境界線を引いて責任ある生活をすることです。

節約するとは、時間と資源についてとても注意深くなることを含みます。節約するとはケチになることではありません。また安っぽくなるという意味でもありません。節約を実践している人は一番安いものを買わなければならないわけではありません。節約とは、必要なものを買うことを意味しますが、欲しいものを買うこととは限りません。ダラス・ウィラードが記しているように「節約を実践するとは、神が導いておられるような生活に必要だと示す領域内にとどまっていることです[5]」。

節約することは、借金を減らして経済的な余白へと向かわせます。時間を節約することは、あることにノーと言って別のことにイエスと言えるようになることを習得することを意味します。経済的な余白を持たないかぎり、気前よくなることは不可能です。

与える方法を習得する。多くの人は、どこでいつどのように与えたらよいのか知りません。与えることのできる多くの方法があることを人々に知らせるべきです。私の知っているある教会は、教会員が自分の時間を用いて奉仕する機会を一貫して伝えています。たとえば、一か月に二回、「親の休暇日」をハンディキャップの子を持つ親のために設けています。そして毎週土曜日にホームレスに食事を提供しています。また時間とお金を町の貧困地域に投資しています。礼拝の時間に会衆に必要とされていることを伝え、どのように参与できるかを伝えています。

金持ちとラザロ――たった一度のチャンス

私たちがこれらの素晴らしい能力の管理者になれるのは、地上での人生の間だけです。死んだら時間や才能や能力や持ち物という賜物を捧げる機会はなくなります。イエスのたとえ話のなかで最も忘れられないものの一つが、金持ち（伝説ではディーウェスという名前）とラザロという名の貧しい男（死者からよみがえったラザロでなく）の話です。このたとえ話は長いのですが、注意深く読む価値があります。

ある金持ちがいた。紫の衣や柔らかい亜麻布を着て、毎日ぜいたくに遊び暮らしていた。その金持ちの門前には、ラザロという、できものだらけの貧しい人が寝ていた。彼は金持ちの食卓から落ちる物で、腹を満たしたいと思っていた。犬たちもやって来ては、彼のできものをなめていた。しばらくして、この貧しい人は死に、御使いたちによってアブラハムの懐に連れて行かれた。金持ちもまた、死んで葬られた。金持ちが、よみで苦しみながら目を上げると、遠くにアブラハムと、その懐にいるラザロが見えた。金持ちは叫んで言った。「父アブラハムよ、私をあわれんでラザロをお送りください。ラザロが指先を水に浸して私の舌を冷やすようにしてください。私はこの炎の中で苦しくてたまりません。」するとアブラハムは言った。「子よ、思い出しなさい。おまえは生きている間、良いものを受け、ラザロは生きている間、悪いものを受けた。しかし今は、彼はここで慰められ、おまえは苦しみもだえている。そればかりか、私たちとおまえたちの間には大きな淵がある。ここからおまえたちのところへ渡ろうとしても渡れず、そこから私たちのところへ越えて来ることもできない」（ルカ16・19―26）

このたとえ話から学べる一つのことは、死んだ後は与えることはできないということです。金持ちは毎日ラザロをまたいでいましたが、明らかに彼に気づいていませんでした。次の世で自分が気前のよさに欠けていたことに気づきましたが、そのときはもう遅かったのです。

イエスは羊とやぎのたとえ（マタイ25・32―46）で同じことを教えておられます。イエスは栄光のうちに戻って来るとき、人々を二つのグループに分けます。一つは困窮状態の人のお世話をした人々から成るグループ、もう一つはそうしなかった人々から成るグループです。すると、お世話をする時間は終わって、私たちは自分の蒔いたものを刈り取ることになるのです。

これらのたとえ話は、行いによる義認を呼びかけているものとして読まれるべきではありません。よい行いは私たちを救うことはできません。けれども、私たちの信仰は行動として表されるべきですし、恵みは私たちを仕えるように刺激するのです。もし私たちが神の栄光をたたえつつ生き、与えられているものを感謝し賛美の思いを表しつつ生きるなら、自然に自分の時間や才能や宝物を困窮している人々に差し出すでしょう。おそらく、気前よくできる時間は限られているという現実を感じることが、先延ばしを防いでくれるでしょう。[7]

予想しなかった電話

この章の最初に述べた空腹の若い男性を助けた約一年後に、一本の電話を受けました。「スミス牧師ですか」とその声は言いました。それは私が助けた若い男性の声でした。続いて彼は、私が夕食をご馳走したその日以来、人生が好転し始めたと話してくれました。洗車の仕事を見つけて、アパートを借りるお金ができました。それから、もっとよい仕事を見つけました。長年付き合っていた女性もドイツからアメリカに来ることができ、二人は婚約しました。彼はあのときの夕食代をお返ししますと言ってくれましたが、私は断わりました。彼は言いました。「分かりました。でも、私が困っていたとき、あなたは私を助けてくれた、ということをどうか知っていてください。そして私はそのことをいつも感謝しています」

この物語はよい形で終わりましたが、気前のよさがいつもこのような結果を招くとは限りません。パウロは次のような有名な言葉を書いています。「一人ひとり、いやいやながらでなく、強いられてでもなく、心で決めたとおりにしなさい。神は、喜んで与える人を愛してくださるのです」(Ⅱコリント9・7)

はっきりさせたいと思います。私がこの男性に夕食をおごったとき、喜んで与えたのではないということを。神は喜んで与えることを愛されますが、しぶしぶ与えることさえも祝福してくださるのです。私はこの若い男性から、たとえしぶしぶ与えた小さな贈り物でも、状況を好転させることができることを学びました。結局のところ、その晩一番助けられたのは私のほうでした。

魂を鍛えるエクササイズ――資源を管理する

この章に書かれた原則の一つは、節約は気前のよさを可能にする余白を作り出すことです。これはスチュワードシップの五つの領域（心、身体、時間、才能、宝物）に当てはまります。ケチケチするのではなく賢く節約するとき、気前よくなるためにより多くの資源を解放することができます。心と身体（この二つは霊的生活では重要ですが）において節約したり気前よくなる方法を探すのは難しいので、今週は時間と才能と宝物で節約すること、それから気前よくなることを経験していただきたいと思います。三つのエクササイズ全部を行うように努力してください（さらに四つ目のエクササイズがあり、あなたがどの段階にいても助けとなるでしょう）。

いずれにしても、いつものように、今週どのエクササイズを何回行うべきかについて祈ってください。そして「今の状況で一番愛を示すことのできることは何でしょうか」と問うことが経験から言ってとてもよいことを覚えておいてください。

時間を節約し、気前よくなる

節約。今週、生活のなかでいくつかの活動を減らす方法を探ってください。これはチャレンジングなことかもしれません。あなたのスケジュールは仕事や家族との時間やほかの人のお世話でいっぱいかもしれません。けれども、いくつかの活動を減らしたりやめたりする方法を見つけることはできるでしょう。たとえば、平均的なアメリカ人は毎週二十八時間テレビを見て、一日数時間をインターネットに使っています。もしこれがあなたにも当てはまるなら、これらの活動を一日に一、二時間に制限すれば、残った時間を今まで無視していた活動に注ぎ込むことができます。

気前よくなる。時間の余白を作り出すことができたら、その時間を用いて他の人々を祝福する方法を考えてください。もっと一緒にいたいと思っていた友人か家族の一人と、もう少し時間を過ごすことができるかもしれません。一緒に散歩に行くかコーヒーを飲みに行くか、ただ家でのんびり過ごすかして、その人のそばにいてください。また、こういった時間の一部をシェルターやスープキッチンや、あなたの教会が主催している活動に捧げることができるでしょう。

才能を節約し、気前よくなる

節約。私たちの多くは、自分の才能のこととなると、無理をしてしまっていると思います。私はノーと言うことに困難を感じているために、消耗状態に近い人々を知っています。その結果、彼らは与えるものをほとんど持っておらず、余白がないのでうまく利用されたと感じています。

今週、「いいえ、今それをすることはできません」と言ってみてください。もし、あなたが「どんな依頼にも決してノーと言ってはならない」という物語に基づいて生きているなら、そう答えることに罪悪感を感じるでしょう。けれども実は、余白を見つけなければ気前よくなることはできないのです。すべての友人を助けることはできないし、すべての委員会のメンバーになることも、すべての賛美グループで歌うこともできません。自分の賜物に余白を作る方法を見つけて、聖霊に導かれたときに、いつでもどこでも自由に与えることができるようにしてください。このことはもちろん、識別に時間をかけることを前提としています。

気前よくなる。才能に余白を設けることができたなら、今度は神を待ち望んで、自分の賜物をもっとバランスの取れた方法で用いていただくようにしてください。聴き、そして見極める姿勢を取り、心を開いて、神にあなたの賜物を新しい仕方で活用していただくよう委ねてください。

宝物を節約し、気前よくなる

節約。経済的な資源を節約する方法はたくさんありますが、おそらく一番簡単な方法は、どうしても必要ではないかぎり物をあまり買わない、あるいはまったく買わないことでしょう。たとえば、私の友人の一人はある長い期間、腐らない品物（たとえば衣服、CD、電子機器など）を何も買わないと決めました。彼はもちろん食べなければなりませんが、新しい買い物をしばらく控えることで与えることのできるお金を増やすことができました。別の方法は、一週間に購入した物を評価して、それをもとに必要な物だけを買うようにすることです。節約への小さな一歩が、気前よくなるための経済的な余白を作り出します。

気前よくなる。腐らない品物を買うことをやめた同じ友人は、思いがけなく経済的窮乏を打ち明けた二人の人にお金を渡すことができました。この人たちはお金を求めませんでしたが、彼らの必要に気づかされた後この友人は祈り、それから彼らを助けるためにお金を渡しました。友人はもし節約していなかったら、気前よくすることはできませんでした。

自分の時間や才能や宝物を節約する方法は、他にもたくさん見つかるでしょう。その結果として、神は、あなたが以前はできなかったことに対して、気前よくなる機会を与えてくださるでしょう。

あなたの気前のよい共同体

この章では仕えられる奉仕について書き、私の人生で愛とサポート、保護と知恵と励ましを惜しみなく与えてくれた人々のことを書きました。私が書いたように一段落か二段落、あなたの人生で特別な人々の名を挙げて、彼らがどのようにあなたを祝福してくれたかを書くことは、役に立つエクササイズとなるでしょう。これは神への感謝を深めるためにもよいと思います。それはまた、その人々にあなたの人生で祝福となってくれたことを感謝して、メモかカードかメールを書きたいという欲求を生じさせるかもしれません。

第8章　礼拝する共同体

一年生副牧師がする仕事の一つは、誰もやりたがらないけれども、やる必要のあることをすることだと、私はすぐに悟りました。神学校を卒業して最初に赴任した教会で、私はその立場にいることが分かりました。主任牧師は、教会員名簿の人数が日曜日の出席者よりはるかに多いことを気にかけていました。それはつまり、多くの人が長いこと礼拝に来ていないのに、教会員と見なされているということでした。

私は三年以上礼拝に来ていない「教会員」に電話をかけることを任されました。私は教会員の名簿を持って自分のオフィスに行き、電話をかけ始めました。ある人は引っ越していて、またある人は亡くなっていました。まだこの町に住んでいる人には訪問してもいいかと伺いました。百人に電話をかけて、たったの四人だけが私の訪問に関心を示してくれました。その四人のうち二家族が教会に戻ってきてくれて、一家族はほかの教会に行く決心をしました。

四番目の電話が私の心を最も動かしました。それは成人した子どものいる、離婚した母親でした。彼女は短い会話のなかでほとんどしゃべりませんでしたが、一緒にお茶を飲むことはとても嬉しいと言って招いてくれました。彼女は私の個人的な霊的生活についてたくさん質問しながら、主導権を取って話してくれました。

その流れで、同じような質問を彼女にすると、彼女はとても生き生きとし始めました。「神様との関係は私にとってのすべてです。毎朝一時間、黙想と祈りの時間を持ち、夜寝る前にも一時間同じことをします。私がどこで祈っているか見たいですか」と彼女は聞きました。彼女は私を家の中の特別な部屋に連れていってくれました。その部屋の壁は、十字架やイコンや宗教的な肖像画など、宗教的なイメージで覆われていました。部屋の隅には、ひざまずける椅子が置いてある、祭壇か聖堂のようなものがありました。顔を輝かせながら彼女は言いました、「ここで私は神様とつながるのです」

私たちは応接間に戻って二杯目のお茶をいただきながら、会話を再び続けました。最後に私は聞きました、「近いうちに日曜日の礼拝でお会いすることはできるでしょうか」と。答えは即座に返ってきました。「いいえ、教会は私の居場所ではありません。私に必要なものはすべてこの祈りの部屋にあります。私は共同の礼拝にはとてもがっかりさせられてきました。私は今のままで大丈夫ですから。いずれにしても、誘ってくださって感謝します。私を教会員名簿から削除していただければと思います」

私はしばらく口ごもって、何かふさわしいことを言おうとしましたが、考えついたことは、「教会に戻ってきたくないというのは本当ですか」と言うことだけでした。彼女は再び礼儀正しく答えました。「そうです、先生。お伝えしたように、私に必要なものはすべてここにあります。けれども、我が家を訪問してくださり、お話ししてくださったことは感謝します。私もあなたの神様との信仰の旅路を聞かせてもらって楽しかったです」

教会まで運転して帰りながら、私は深くがっかりしていました。私は地域教会で何年も牧会してきて訓練も受けてきましたが、教会が必要ないと言い、教会なしで自分は大丈夫だと断る彼女に言うべき言葉を何も持っていなかったからです。私は考えました。彼女は正しいのだろうか。クリスチャンは礼拝する共同体なしで生きることができるのだろうか。そのとき私は、教会と共同の礼拝について偽りの物語を持っていたために、答えることができませんでした。

礼拝についての偽りの物語と真実な物語

自分の家で個人的に礼拝していた女性の存在に、私は強い印象を受けました。彼女はひたむきで、献身的で、神を礼拝することで、人生に積極的な影響を受けているように思えました。内向的で瞑想を好む人間として、私はあのような礼拝がどんなに意味があり、人を変える力があるかは完全に理解できます。私の個人的な経験がそれを裏づけてくれます。

何年にもわたって、私は毎朝一時間かそれ以上ひとりになり、祈り、沈黙し、聖書を読み、霊的日誌を書き、ろうそくを灯して終わるという時間を過ごしてきました。この時間は私にとって豊かな時間であり、私と神との関係を深めてくれました。私はまた、彼女が共同の礼拝に参加するのを嫌がるのも分かります。教会では気が散ることがよくあり、神に集中するのがしばしば難しくなります。今でも、私は彼女の個人的な日々の礼拝を肯定するつもりです。それでも私は、信者の共同体が捧げる共同の礼拝に参加するように彼女を励ましたいと思います。その理由を説明させてください。

私が長年そうであったように、その女性も不完全な物語によって生きていたからです。**偽りの物語――礼拝は個人を霊的に鼓舞するための個人的な事柄です。**その女性にとって、礼拝とはまったく個人的なもので、その目的は感情を高揚させることでした。彼女にとって必要なものはすべて、自分の孤独な祈りの部屋の中にありました。私たちは人のいないところで礼拝できますし（またそうすべきです）、そこで霊的な恵みを経験することもできます（またそうすべきです）。

しかしそうした霊的経験をすることが、共同で礼拝をする一番の理由ではありません。共同の礼拝は、個人的な霊的高揚のためではなく、むしろ共同体のなかで、共同体によって、共同体のために、人々が造り変えられることを目的としています。

人々はこう言います。「私は霊的に鼓舞されるために教会へ行きます」と。それはとても高潔で信仰深い欲求でさえあり**え**ます。私たちは神と深く結びついた人生に飢えていて、礼拝の時間は私たちが神につながっていると感じさせてくれる時間かもしれません。それを求めること自体は罪ではありません。

けれども、この個人的な要求が、個人よりももっと大きな何かに参与する要求を――それを気に入るか入らないかに関わりなく――遮るとしたら、私は心配します。教会は退屈な場所である必要はありませんが、だからといって、ただ私たちにいい思いをさせてくれるためだけに意図された場所でもありません。あまりにもしばしば、教会は世俗の娯楽と競い合おうとしてしまい、結局は魅力のないまがいものに終わってしまうのがほとんどです（たとえば、名説教トップ10など）。霊的な高揚感は礼拝の副産物ではありますが、礼拝の中心的な目的ではありません。

真実な物語――礼拝は人々を教えるための共同の行為です。私たちのルーツであるユダヤ教からキリストの「エクレシア（教会）」の初期まで、礼拝はいつも共同の行為でした。私たちは、ルーツが将来にあるという変わった者たちなので、礼拝するのです。私たちは、キリストに従うほかの仲間たちが共にいるところで、自分の物語を伝え、自分の言語を習得し、自分のいのちを見出します。私たちが教会に行くのは、楽しませてもらうためではなく、訓練を受けるためです。教会こそ、神がどういうお方であって、私たちがどういう者で、私たちの人生とはどうあるべきかの本当の物語を聞くことのできる唯一の場所だからです。

もう一つの偽りの物語は、最初のものとは正反対ですが、その破壊力は同じです。

偽りの物語――礼拝は神に対する私たちの義務です。私たちには神を礼拝する義務がある、というのはよく聞く物語です。この物語は人々を教会に行かせるための動機づけによく用いられます。ところが本当のところ、神は私たちの礼拝を必要とされていません。神は礼拝されなくてもまったく問題がないのですが、私たちには礼拝をする必要があります。私たちは礼拝するとき、真理に連なり、私たちの魂は真理に浸っているときによく機能するからです。

真実な物語――礼拝は神から与えられた招きです。礼拝は義務などではまったくなく、恵み深い神からの招きなのです。礼拝とは、神が私たちにしてくださったことと現在されていることに対する、私たちからの応答です。礼拝とは、私たちに神の素晴らしさを楽しむようにと命じられる、恵み深い神からの招待なのです。詩篇の詩人は書いています。

まことに　あなたの大庭にいる一日は
千日にまさります。
私は悪の天幕に住むよりは
私の神の家の門口に立ちたいのです。（詩篇84・10）

礼拝はその構成要素である儀式も含めて、神の民をそのユニークな言語と行為を通して形作っていくための力強い恵みの手段なのです。

礼拝は贈り物であり、祝福であり、私たちが一度礼拝を本当に経験したら、礼拝を待ち望むようになります。アルフレッド・ノース・ホワイトヘッド〔一八六一―一九四七年。イギリスの哲学者・数学者〕の言った言葉は有名です。「宗教とは人がひとりで行うものです」。私はこれが偽りの物語の最大の問題点だと思います。それは宗教ではなく宗教行為です。

キリスト教とは宗教ではなくて、神がキリストによってこの世界と和解されたというよい知らせの福音を通して人々が造り変えられていくことです。宗教とは人間が神を探し求めることですが、キリスト教とは神が人間を探し求めておられることです。私たちは礼拝しているというよりは、応答しているのです。「キリストを通して、聖霊において、私たちは父なる神の愛に応答します。それこそがキリスト教礼拝の基礎となる型です(1)」

美学を超えて

ひそかに一人で礼拝を守っていた女性を訪問した日は、どのように返答したらいいか分からなかったので、私にとって辛い日でした。Ｃ・Ｓ・ルイスの言葉が非常に素晴らしい答えを提供しているのに出会ったのは、それから何年もたってからでした。ルイスは友人にこう書いています。

約十四年前に私がクリスチャンになったばかりのとき、部屋にこもって神学書を読んでいれば、一人でやっていけると思っていました。そして教会やキリスト教の集会には行かないことにしました。……私は教会の賛美歌がとても嫌いで、二流の歌詞に三流の曲がついていると思っていました。

けれども、実際に行ってみたら、その偉大な価値に気づきました。自分とはまったく違う考え方をして、違う教育を受けてきた人々と遭遇し、それから次第に私の高慢な思いがはがされていくのを感じました。賛美歌が（曲は三流のままでしたが）反対側の会衆席でゴム製の長靴を履いている年寄りの聖徒によって、深い愛の心から歌われているのが分かりました。自分にはその人の長靴を拭く資格もないことに気づかされました。こうして独りよがりな思い上がりから解放されたのです。(2)

私たちはC・S・ルイスの洞察からたくさんのことを学ぶことができます。第一に、ルイスは書斎で一人で神学書を読んでいれば、クリスチャンとして成長できると思っていました。ルイスは後に、それでは充分ではないことを学びました。

第二に、偉大な作曲家の曲に比べて、教会の音楽は見劣りがすると思われました。けれども、後にルイスは礼拝者の表面を見抜いて、心を見ることができるようになり、その人が美しく歌おうという思いではなく、神に対する鼓動するような愛によって動かされていることが分かりました。ルイスが最初に「ゴム製の長靴を履いている年寄りの聖徒」を見たとき、あか抜けていないと思いましたが、次第に自分のほうがその人と一緒に立つに値しない者だと思うようになりました。なぜなら、この年寄りの聖徒の神に対する情熱と深い愛情とが、会衆を聖なるお方へと結びつけていたからでした。

ルイスは、孤独な思い上がりが、自分を神の集められた民から引き離していたと言いました。「孤独な」というのは、一人でやっていけると思ったからであり、「思い上がり」というのは、キリスト教の礼拝を鑑賞に値しないと思ったからです。

けれども、神が介入されてルイスに新しい物語を教えてくださったとき、ルイスは共同の礼拝に、非常に貴重な価値を見出すことができました。私たちもこのことをよく心にとどめたいと思います。私たちは違いますが、お互いを必要としています。礼拝とはパフォーマンスの質ではなく、礼拝を捧げる者たちの心によってはかられるものであり、「個人の充実感」ではなく、「共に礼拝する共同体」に意味があるからです。(3)

礼拝は退屈になりうる

私たちの教会では、ある世代の人々が欠けています。少なくとも年齢においては、とてもはっきりと特定できるグループで、十八歳から二十九歳の人々です。教会の専門家は彼らのことを「失われた年代」と呼んでいます。若い人は十八歳になると、たいてい教会に行かなくなります。そして、十二年後に、まるでカピストラノの燕《つばめ》のように〔サン・ファン・カピストラノはアメリカにあるカトリックの宣教団。毎年この教団の教会に燕が大挙して飛来することで有名〕彼らは戻ってきます。なぜなら、たいてい彼らは結婚して最初の子どもが与えられると、教会こそ自分が行くべき正しい場所だと思うからのようです。

けれども、それではなぜ十八歳になると教会を離れるのでしょうか。教会で育った十七歳の息子の親として、息子が教会の礼拝をどう思っているかを知ることは私にとってよいことだと思いました。息子と私はある土曜日の午後、一緒に座って日曜日の礼拝について、息子の好きなことと嫌いなことについて話し合いました。

「ジェイク、教会のどんなところが好き?」と私は聞きました。

「説教がいちばん好きかな。全部の説教が好きというわけではないけど、自分にぴったりきて、励まされる説教が好きだな」と息子は答えました。

「じゃあ、いちばん好きじゃないものは何かな?」とさらに詳しく聞きました。

「賛美が好きじゃない。まあ、ほかの人が歌うのを聞くのは好きだけど、大きな声でほかの人と一緒に歌うのは嫌だな。重要なこととは思えないし」

「賛美はすべて嫌いなの?」

「いや、賛美歌は好きだよ。ぼくはロックバンドに神様を結びつけるのが難しいだけで、イエス様がリードギターを弾いている姿は想像できないんだ。東方正教会の礼拝に行ったときの聖歌の詠唱は格好よかったな。だけど礼拝が長すぎて、その間じゅう立っているのは好きじゃなかった。ぼくはずっと立っているのは苦手だな」と息子は答えました。

「礼拝のほかの部分で、楽しいところとか、やっていていいなと思うところは何かある?」と私は聞きました。

「お祈りは好きだな。でも、先生のお祈りはときどき長すぎる。それから、聖書朗読を聞くのも好きだし、声を出して聖書を一緒に読むのも好きだよ。使徒信条を唱えるのも好きだよ。お父さんと一緒に勉強したから」と息子は言いました。

「教会としてやっていることはどう思う？　洗礼を授けたり、聖餐式をしたりしているけど」

「誰かが洗礼を受けるのを見るのは嬉しいよ。ぼくは好きだ。それから、聖餐式もとても好きだ。でも、ウエハースよりも本物のパンだったらと思うよ。あのウエハースは美味しくないから」

「君自身が、今も出席してる教会で洗礼を受け、この共同体と一緒に成長してきたわけなんだけど、教会の人のことを考えるとき、どんな思いを抱くかな？」と私は聞きました。

「ぼくたちの教会は大きくなったので、全員のことは分からないけど、ぼくのことを知っている人、『ジェイコブ、君が五歳のとき礼拝堂の通路をよく走っていたのを覚えているよ』と言ってくれる人がいるのはいいね。ぼくは年取った人が好きだ、いちばんすてきな人たちだよ」

　この短い会話から、私は多くのことを学びました。ジェイクが賛美歌が好きだと言うのを聞いたことは驚きで、もっと驚いたことは、バンド音楽は好きではないということでした。私の世代は賛美歌を拒絶して、礼拝にエレキギターを用いることを強く要求しました。おそらく、何かが変わってきているか、あるいはジェイクだけが変わっているのかもしれません。

　ジェイクがふだん生活しているこの世と、最も関わりが薄い部分を喜んでいることを発見したのは、興味深いことでした。教会の外の日常生活では、誰も使徒信条を唱えないし、イエスのことを説教しませんし、聖餐式にあずかることもしません。多くの人のように、息子が教会から十二年間の長期休暇（サバティカル）をとったとしても、このことをしっかりと覚えていたいと思いました。

ある人々がこう言うのも聞こえてきます。「息子が十八歳になったとしても、教会に通わせるべきだ」と。これは、神の国と人間の心の性質について、私が理解していることとは、まったく反対の考え方です。私は神の素晴らしさを信じていますし、神は何年にもわたってご自身をジェイクに示してくださいました。

説教は悪い土壌に落ちたのではありません。聖餐式にあずかり、聖書朗読を聞き、会衆と一緒に祈った時間は、無駄になることは決してありません。教会にとどまり続けさせる代わりに、私はこの章の次のセクションに出てくる文章を、息子に読んでもらおうと思います。教会に行かないことを負い目に感じるよりも、むしろこの機会をわくわくして待ち望んでほしいと思います。それは礼拝が何であるかを本当に理解したときにだけ生じる喜びを味わうためにです。

礼拝はするに値する

それでは、礼拝の行為について詳しく見ていきましょう。そうすれば、礼拝が自己充足のためだとか、神からの義務だからという偽りの物語を克服し、私たちを神の家を慕う者へと変えてくれます。

初期のクリスチャンにはユダヤ教という背景がありました。彼らは新しく得た信仰の光に照らして、ユダヤ教の礼拝の仕方を部分的に修正しました。何世紀もかけて、キリスト教の礼拝はまとまりのある形式に作り変えられてきました。ある人々は、初期のキリスト教の礼拝形式を真似するべきだと言いますが、礼拝形式が何世紀にもわたって変えられてきたということは、神がご自分の民のなかで動き続けておられることのしるしだと思います。

すべてのクリスチャンがいつの時代にも従うべき礼拝形式を新約聖書は提供していません。礼拝形式については大きな自由があります。それどころか、何世紀にもわたって礼拝の形式と行為は、新しい世代の人々に信仰の真理を結びつけるのを助けるために、変更され続けてきました。たとえば、典礼聖歌が賛美歌に替わり、賛美歌がプレイズソングになったようにです。

礼拝形式が主要な焦点ではないと言っても、それは形式が重要でないという意味ではありません。形式はとても重要です。キリスト教の礼拝には、神との関係と他の人々との関係を築くのに役立つと思われる基本的な要素があります。すべてのキリスト教のグループがこれらの礼拝の要素のすべてを採用していないとしても、多くのグループがこれらの行為のいくつかを、あるいはすべてを継続的に集会で取り入れています。これらの要素が私たちをどのように霊的に造り変えてくれるかを説明するために、一つひとつ短く見ていきます。私はそれを、なぜ礼拝がするに値するものなのかを息子に説明する手紙という形で書いてみました。

息子への手紙――礼拝の素晴らしさについて

親愛なるジェイコブへ、

君は毎週日曜日に教会に行く習慣のなかで育ってきたけど、教会に行くかどうか自分で、決断する日がいつか来るでしょう。お母さんと私は、無理やり教会へ行かせようとはしないし、君が行かないことを選んでも、そのために罪悪感を感じることがないようにしようと思っています。でも、私たちが礼拝で何をしているのか、そして君が喜びに満ちた人生を送るために必要なものが礼拝にあると私が信じていることを少しでも知ってほしいと思っています。

教会はペンキが乾くのを待っているのと同じくらい退屈になりうることも知っているし、また天国では終わることなく礼拝をしているというようなことを誰かが言うと、私はしばしば縮み上がったものです。そんなことやめてくれと。でも、みんなで集まって捧げる礼拝は特別で神聖で必要なものだ、と私は確信しています。キリスト教の礼拝の共通の要素について話しながら、その理由を説明してみようと思います。

挨拶。集まって最初にすることは、お互いに挨拶することです。初代教会の人々は「聖なる口づけ」をもって挨拶をしていたが、理由があって口づけは省略されるようになりました。挨拶で重要なことは、単純にお互いの存在を認め合うことです。私たちはみな、相手を知ることと相手に知ってもらうことを切に求めています。つまり、昔のテレビ番組「チアーズ」〔一九八〇—九〇年代にかけて、アメリカで人気のあったコメディー〕で言っていたように、私たちは自分の名前がみんなに知られている場所に行きたいのです。

この世はかなり冷酷で無慈悲なところでもあります。神の国の外は、食うか食われるかの世界です。だから、本当に君に会いたいと言ってもらえる場所に行くことは、素晴らしいことです。教会では、入口で男性がほほ笑みかけてくれるし、すてきな女性がコーヒーを出してくれます。どの州やどの国にいても、キリスト教の礼拝に行けば、誰かが挨拶してくれるので、君は家にいるようにほっとするでしょう。そして、もちろん君は神の家にいるのです。

罪の告白と赦し。どんなに努力をしても、完璧な人生を送ることはできないでしょう。いずれは、ジェイク、君が大失敗をして自分の感情と向き合う場所が必要になる日が来ることでしょう。神と自分自身に対して正直であれば、自分の失敗を告白する時間と場所が必要になります。

ある共同体では、一定の形式を用いて罪の告白を行っています。文字に書かれた祈りの言葉を牧師にリードされて読むか、みんなで一斉に唱えるのです。「憐れみ深い神よ、私たちはあなたに対して、私たちが行ったことで、またしなかったことで、思いと言葉と行いで罪を犯しました」。この告白に続いて、リーダーは赦しの確証を宣言します。「よい知らせを聞きなさい。キリストは私たちが罪人であったときに、死んでくださいました。そして、それは私たちに対する神の愛を表しています。イエス・キリストの名において、私たちは赦されているのです。アーメン」

あるグループでは、一定の形式を用いないで罪の告白をします。静かに沈黙して振り返るときを持つのです。いずれにしても、この行為は私たちを誠実にし、きよく生きたいと願う者へと造り変え、ほかの弟子が慰めの言葉を話すことに心を開きます。罪の告白は決して最終的な言葉ではなく、赦しの宣言こそが最終的な言葉です。赦しは、君がどうしても経験する必要があるものです。

信条、十戒、主の祈り。初期のクリスチャンは信条（ラテン語でクレド。「私はこう信じる」という意味）を生み出して、大きな物語（メタナラティヴ）を短い形で説明する方法としました。使徒信条からニカイア信条に至るまで、キリストに従う者たちは、これらの非常に内容の濃い言葉を唱え、信仰を固く保つ手段として、また異端の信仰を否定する方法としてきました。

信条を唱えることは、何世代にもわたって、キリストに従う者、クリスチャンとして固く立たせ、キリストのからだに結びつけてきました。すべての共同体が信条を唱えるわけではありませんが、多くの共同体にとって、信条は私たちの信仰の物語をすべての人が理解できるように伝えるための一つの方法です。主の祈りや十戒もまた同じような仕方で用いられます。

小さいときに君は、これらの信条を学びました。私たちは十戒と主の祈りと使徒信条を君のベッドの上に貼りました。君はそれをそこにずっと貼り続け、それは私を勇気づけました。毎晩、私たちはそれを一緒に唱えて、その意味を話しました。君は十戒を最初に覚えました。私たちは神のほかに別の神々を置くことの意味を話し合い、安息日の意味について話し、なぜ嘘の証言をしたらいけないかを話し合いました。主の祈りや使徒信条についても同じようにしました。

ここで語られている内容は、もちろん私が考え出したものではありません。これらはキリスト教の教理問答（プロテスタントとカトリック）の基礎となるもので、何百年も前にさかのぼることができます。これらは教会がよって立つところの声明文です。正しいか間違いかは主観が決めることであり、信仰とは個人の問題にすぎない、と教えるこの世にあって、こうした信条は揺るぎない答えを与えてくれます。

聖書と説教。人生は物語です。礼拝する共同体は礼拝のなかで聖書を朗読し、私たちの物語を伝える手段として説教を語ります。私たちの物語とは君の物語でもあり、その物語のなかに、君は洗礼を受けたときに組み込まれたのです。私たちの教会全体は、君をキリスト教の信仰のなかで、私たちみんなを結び合わせている物語のなかで育てることを誓いました。

共同体は説教という文脈のなかで聖書の言葉を聞きます。説教は聖書本文を説明したり適用したりする役割を果たします。聖書は私たちの共通のテキストであり、私たちを一つに結びつけます。説教は、特にそれが聖書から生まれると、私たちの信仰についての偉大な真理をはっきり示すとともに、神がご自分の民を慰め、罪を宣告し、時には引き上げてくださる恵みの手段になります。
私の人生のなかでも何回かあったのですが、説教者が聖霊の力に非常に満たされていたので、私はただ畏敬の念に打たれて座っていることしかできないことがありました。友人で同僚でもあるビル・ヴァスウィッグは、私が今まで聴いたなかで最高の説教者です。ビルの説教は、私の心と思いを、私が夢でしか見たことのないところまで引き上げてくれたことがあります。聖書が次のように言うのは不思議ではありません。「なんと美しいことか、良い知らせを伝える人たちの足は」（ローマ10・15、イザヤ52・7）

私たちのただ中に来て、よい知らせを伝える人に感謝することを忘れないでほしいと思います。この地上で、君のために君の物語を語ってくれる場所は礼拝以外にありません。

聖餐式あるいは主の晩餐。使徒の働きには、初期のクリスチャンは集まったときに食事を共にしたと書いてあります。「彼らはいつも、使徒たちの教えを守り、交わりを持ち、パンを裂き、祈りをしていた」（使徒2・42）。異邦人の間にパウロが教会を建てたころには、私たちが主の晩餐と呼んでいるものは、礼拝の標準的な部分となっていました（Iコリント11・23―26）。主の晩餐は、イエスの死とその死に内包されている祝福された意味を思い起こさせました。それどころか、聖餐式で行われることは、キリスト教の共同体のなかで、私が愛していることのすべてを象徴しています。

第一に、食事は、この共同体が永遠の共同体であることを思い起こさせます。なぜなら彼らは永遠なるキリストに参与しているからです（Ｉコリント10・16）。パンと杯は「上にあるものを求め」させる道となります。なぜなら彼らもキリストとともに死に、彼らのいのちもキリストとともに神のうちに隠されているからです（コロサイ3・1―4）。ともに十字架につけられ、ともに復活したという奇跡は、イエスの身体と血を表している、パンと杯を通して経験されたのです。

第二に、彼らは無私で気前のよい共同体を実践しています。主の晩餐は、すべての人が充分に食べて充分に飲めるように配慮すべきことを思い起こさせます。それができなかったとき（ある者がたくさん飲食しすぎたとき）、パウロは彼らを叱りました（Ｉコリント11・20―22、33―34）。ところで、これこそがパウロが言う聖餐式に「ふさわしくないままで」（Ｉコリント11・27）あずかるという意味であって、「ふさわしくないままで」というのは多くの人が考えるように、告白していない罪を隠し持ったまま主の晩餐にあずかることを意味してはいません。

第三に、食事は彼らが一つにされた共同体であることを表します。パウロはパンの隠喩を用いて、彼らが一つのからだであることを思い起こさせます。「パンは一つですから、私たちは大勢いても、一つのからだです。皆がともに一つのパンを食べるのですから」（Ｉコリント10・17）。彼らにはさまざまな違いがありましたが（ユダヤ人と異邦人、男性と女性、奴隷と自由人）、キリストにあって一つであり、彼らのあずかったパンが一つであったことが、そのことを象徴していました。一つのパンと一つの杯は、彼らが一つのからだとされていることを思い起こさせたのです。

第四に、杯は彼らが和解する共同体であることを思い起こさせます。イエスはおっしゃいました。「これは多くの人のために、罪の赦しのために流される、わたしの契約の血です」（マタイ26・28）。この食事は、自分が赦されたことを思い起こさせ、お互いに赦し合うことを可能にし、またお互いに赦し合うことを必要とさせます。

この食事を通してキリストに内住していただくことは、また彼らが聖なる共同体であることを思い起こさせ、よい業を行うために取り分けられたことを思い起こさせます。パンとぶどう酒という簡単な食事が彼の物語を語り、自分が何者であり、どういう者になるために召されているかを思い起こさせました。パンやぶどう酒といった普通の食べ物が、神によって造られたものとして、何か新しいものへと引き上げられています。

このパンと杯が実際に何であるのか、または何を象徴するかについては、多くの議論があり、論争や分裂さえ起こりました。私たちを一つに結びつけるための食事が、しばしば私たちを分裂させてきたということは皮肉なことです。君が最終的にどこで礼拝するようになったとしても、この昔からのキリスト教の行為に喜んであずかってほしいと願います。

賛美。君にとって賛美は礼拝の好きな部分ではないことを知っていますが、賛美は重要な要素です。パンを裂くことに加えて、初期のクリスチャンは賛美をしました。

キリストのことばが、あなたがたのうちに豊かに住むようにしなさい。知恵を尽くして互いに教え、忠告し合い、詩と賛美と霊の歌により、感謝をもって心から神に向かって歌いなさい。（コロサイ３・16）

詩と賛美と霊の歌をもって互いに語り合い、主に向かって心から賛美し、歌いなさい。（エペソ５・19）

教会の歴史のなかで、賛美することは重要でいのちを吹き込まれる行為でした。歌を通して私たちは自分の物語を伝え、賛美を捧げ、音楽を通してのみ得られる喜びを経験します。神は私たちを音やリズムによって鼓舞され、感動するように造られました。

音楽は私たちの感情や肉体に働きかけます。音楽が神に賛美を捧げるために用いられると、音楽は、説教や講演にはできない仕方で私たちを三位一体なる神に結びつけ、またお互いに結びつけてくれます。賛美は私たちの身体全体を巻き込みます。お腹、舌、肺、そして私たちが手拍子を打ったり、手を空中に差し上げたりするときには手すらも巻き込みます。この意味で、礼拝は全身で行う行為なのです。

沈黙（黙禱）。私たちは騒々しい世界に生きているので、もし君が魂を休ませたいとか、神と結びつきたいと思うなら、静かにできる場所が必要です。多くの教会では、霊的に死ぬことがないように、また信仰生活が息切れすることがないように、沈黙する時間を設けています。私はそれが好きです。私たちが聖霊の導きを感じることができるのは、静まっているときだけです。

私たちは、この世界では沈黙できる時間がほとんどないので、魂の幸せのためには沈黙できる時間をものすごく必要としています。礼拝のなかに沈黙の時間があることは、私たちの共同体が変わっていることのもう一つのしるしです。沈黙すること、あるいは少なくとも少し立ち止まって自分自身を振り返ることは、神のことばを心と思いに深く沁み込ませる唯一の方法です。君がいつか沈黙を大切にする教会を見つけることを願っています。

献金を捧げる。君が小さかったとき、私たちは家族の献金袋を君に託して献金皿に捧げさせ、ときには君自身の小銭も捧げましたね。ある人々は礼拝にお金はふさわしくないと考えます。けれども、そうではありません。与えることそれ自体が礼拝の行為です。これは入場料を払っているのではなく、私たちの賜物を神に捧げているのです。

この世では、自分のことは自分で面倒を見るように教えます。献金を捧げることは、自分自身のために宝をたくわえる必要を手放すのを助けてくれます。君が、与えることの喜びを知ってくれることを願うし、神の国の働きが前進するために捧げるものは、決して失われることはないことを知ってほしいです。

祝禱か派遣の言葉。礼拝の最後の行為は、正式な派遣の言葉です。それはよく祝禱と呼ばれます。たいてい牧師かリーダーが派遣の言葉を宣言し、会衆が神の祝福を携えて出ていくようにと励まします。たとえば「主があなたがたを祝福し守り、主が御顔をあなたがたに向けて恵み深くありますように。主が御顔をあなたがたに向けて平安を賜るように」というようにです。祝禱は、私たちがこの暗い世の中で光となるように召されていることを思い出させます。私たちは礼拝をするために呼び集められたように、今度は世界へと送り出されていきます。

イエスによって人生を造り変えていただいた父親として、これ以上のことは君に望みません。私は君が成功したり名声を得ること以上に、このようにしてほしいと思っています。いつの日か、君がこう言うのを楽しみにしています。「お父さん、ぼくはこのすごい仕事に就いて、この仕事が本当に好きなんだ。そしてお給料もいいんだ」と。でも、君がこう言うのを聞くほうが、父親としてもっと嬉しいです。「お父さん、こんなにすごい教会を見つけたんだ。人々は愛すべき人々で、説教はぼくにチャレンジを与えてくれて、霊的刺激を与えてくれるんだ。礼拝はぼくにとって力の源で、それがぼくの人生すべてを形作っているんだ。教会のなかでぼくを育ててくれてありがとう」。その日が来たら、私はなんと幸せでしょう。

日常生活のなかに垣間見える永遠

素晴らしい小説『ジェイバー・クロー』で、ウェンデル・ベリーは、牧師になる召命を拒んで、理髪師になった男性の物語を書いています。ジェイバーは理髪師になった今も、教会に対する愛を捨ててはいません。ある日ジェイバーは、自分が育った礼拝堂の中を掃除していたとき、礼拝を捧げているときの教会を、永遠の次元で見るという夢を見ます。アレクサンドル・シュメーマン（一九二一―八三年。エストニアに生まれ、アメリカで活躍した正教会の司祭・神学者）は「礼拝において、この世界は顕現する」と言いました。ジェイバー・クローは、地上の人間的で壊れていて高慢な教会を、夢の中で永遠の視点から見ることができたのでした。

ある日、そこに仕事をしに行ったが、眠気に負けてしまい、最後列の会衆席の後ろの床に横になって昼寝をした。私は目が覚めていたのか、それとも眠っていたのか（どちらか分からないのだが）、かつて教会にいた人がみんなそこに集まっているのを見た。私は最後列から見ているように、彼らを見た。私はオシーおじさんと一緒に座っていた（おじさんは、それ以上前の席に座ろうとはしない人だった）。一方コーディーおばさんは聖歌隊で歌っていた。私は聖歌隊をその前の日曜日に見ていたように（最後列から）見た。過去から未来までのすべての時間における彼らを見ていた。彼らは皆それぞれの時間でそこにいた姿で、いつもそこにいたし、時間に関係なくそこにいた。元気よく働き賛美している女性たち、物静かなのか、やる気がないのか、恥ずかしそうな男性たち、疲れ果てた者、霊的に問題を抱えた者、病気の者、足の不自由な者、絶望している者、死にかけている者、会衆席で大人の隣に押し込まれた小さな子どもたち、将来に胸を膨らませている若い新婚夫婦、夢を持った年老いた男性、わが子を誇りに思っている両親、目に涙を浮かべた祖父母、この世界の片隅でお互いだけを見つめ合っている恋人たち、悲嘆にくれている未亡人や寡夫、最近子どもを亡くした母親や父親、高慢な者、謙遜な者、注意深い者、気が散っている者、そういう人々みんなを見た。私は男性たちの首の後ろにしわが縦横に入っているのを見、仕事で太くなった手を見、日曜日用の服が洗いすぎて色あせているのを見た。彼らはただそこにいた。彼らは何も言わず、私も何も言わなかった。私も彼らのなかに含まれているというただそれだけの理由で、私は自分なりの愛で彼ら全員を愛していたのだと思う。目が覚めると、私の顔は涙で濡れていた。(4)

教会は地上のもの（やる気のない、問題のある、取り乱した人々の集まり）であると同時に、それでも永遠のものだということを思い出させてくれるので、私はこの物語が好きです。私はこの章を、「礼拝する共同体に属さないでクリスチャン生活を送ることができるか」という質問で始めました。私はこう答えます。「はい、それは可能です。神にはすべてが可能だからです」。けれども、もっとよい質問はこうです。「どうして、そんなことをしたいと思うのですか」

魂を鍛えるエクササイズ――礼拝

今週のエクササイズは、リチャード・フォスターが言う「聖なる期待」を持って教会に行くことです。私たちの多くの者にとって、礼拝に出席しても、いらいらさせられたり、心が乱されたりすることがよくあります。たとえば、「遅れてるわよ、急いで！」とか「あらいやだ、誰かが私の席に座ってる」とか「なんで彼女があの服を着てるのか信じられない！」とか「今日は説教がやけに長かった」ということなどです。

この章では礼拝についての正しい物語に焦点を合わせようと努めてきました。つまり、礼拝とは招きであり（義務ではなく）、自分の必要を満たすものではなく、魂を形作るものです。私たちはまた、礼拝の基本的な要素の意味と影響について見てきました。

こうした理由から、あなたが少し準備をすることで、共同の礼拝をもっと意味のあるものにしてほしいと思います。以下にいくつかの指針を示しますが、それは決まりではなくて、礼拝の素晴らしさを経験しようとするときに、役立つことです。

意味のある礼拝に参加する

1　余白を作って準備する。正しい態度で礼拝できるようになることだけでも、私たちの多くの者にとってチャレンジです。これを妨げている原因は、私たちにその願いが欠けていることではなく、時間的な余白がないことです。礼拝にふさわしい姿勢は、教会の入り口から礼拝堂までの拝廊を歩いていく十秒間で整えることはできません。それよりももっと前に礼拝のために準備するべきです。

一つの方法は、礼拝の前の晩にもっと早く床に就くことです。そうすれば、もっと早く起きることができて、時間的な余白を作ることができます。食事をして、着替えて、礼拝に向けて心を整えるためには数時間は必要です。このように、心の余白を作り出すためには、時間の余白が必要なのです。

2　早めに到着する。礼拝にもっと集中するために、私にとって単純で効果的な方法は、礼拝が始まる充分前に教会に行き、そこにしっかりといることです。リチャード・フォスターはこうアドバイスしています。「礼拝が始まる十分前に礼拝堂に入りなさい。あなたの心を栄光の王を崇拝する思いに引き上げなさい」。このアドバイスのおかげで、私は礼拝を大切にするようになり、遅れて来るときにしばしば経験する気が散ってしまうことが減りました。

3　聖なる期待をもって来る。前にも紹介したように、フォスターは礼拝者が聖なる期待の感覚を持つように奨励しています。それは次のような簡単な祈りで得られます。「聖霊様、語りかけてください。イエス様、教えてください。父なる神様、あなたの愛と力を経験させてください」。神はこの祈りに喜んで応えてくださると私は信じています。そして、この祈りは私たちの願いを目覚めさせてくれます。

4　今週、礼拝の一つの側面に焦点を当てる。礼拝のなかにはたくさんの行為があります（たとえば、説教、聖書朗読、賛美、聖餐式など）。今週、礼拝の一つの要素に焦点を当てます。たとえば、もし賛美を選ぶとしたら、自分の身体に注意を集中して、歌われた音と歌詞に注意を集中させましょう。その歌詞の意味を振り返りましょう。なぜ私たちは賛美するのでしょうか。私たちが賛美するとき、共同体としての私たちに何が起きているでしょうか。毎週、違う側面を取り上げてみてください。このように毎週行えば、数か月の間に礼拝のすべての側面について振り返ることができ、そうすることで礼拝全体を、神を称える頌栄の行為にすることができるでしょう。

5　一つのことを適用する。礼拝は私たちを造り変え、新しい生き方へと導きます。フォスターは賢くも次のように書いています。「礼拝が聖なる期待から始まるように、礼拝は聖なる服従で終わります」と。今週、神があなたにしてほしいと願っておられそうなことに注意を集中しましょう。あなたが話す必要のある人が誰かいますか。変えなければならないことがあなたにありますか。神とともに歩むために、取り組む必要がある新しい訓練はありますか。訓練をできるだけシンプルなものにして、神があなたに求めておられる一つのこととは何かを見極めて、今週それを実践できるように努力してください。

第9章　魂を鍛えるプランを書く

終わりは始まりにすぎないということが、ときどきあります。私の経験から言えることですが、とても力づけられた聖書研究会や日曜学校のクラスや修養会が終わると、とても寂しい気持ちになります。さて、これからどうしたらいいのでしょうか。神が私のなかでなさっておられるように見えたよいことを、どうしたら継続できるのでしょうか。このシリーズの終わりにきて、これからどうすればいいのかと尋ねてくる読者もいることでしょう。最初の答えは、生活のすべての領域でできるかぎり神とともにいて、イエスの教えに心を形作っていただき続けなさい、です。

私がお勧めする最後のエクササイズがあります。それは、あなたが継続的に成長するためのプランを作ることで、その成長はあなたと神と、またほかの人によってもたらされるものです。それは石に刻まれたようなものではなく、あなたの今の生活にふさわしいもので、時間とともに変化するものです。

私はそのような戦略を持つことが、共同体が私を支えてくれるのと同様に、とても助けになることを長年の経験から見出しました。それにもかかわらず、これはクリスチャンのあいだでほとんど実践されていません。なぜでしょうか。プランを作ることと、他の人たちの仲間に入るのを妨げる、二つの偽りの物語があるからです。つまり、①私には霊的成長のプランは必要ない、②誰の助けも借りずに自分ひとりでできる、というものです。

何らかの理由で、私たちは神とともにある生活に努力や計画は必要ないと考えています。ただ流れにまかせるものだと思っているのです。不幸なことに、そうではありません。最初の偽りの物語に関して言うと、計画を立てなければ、失敗するための計画を立てているのと同じです。計画もなく、戦略もなければ、人生に何も起きません。庭に草花を植えたり、減量したり、またスペイン語を話せるようになりたいと思うなら、プランが必要です。同じことが霊的形成にも当てはまります。

二つ目の偽りの物語に関して言うと、自分ひとりでは決してできないし、そのように努力することを期待されてはいません。私たちは孤独のなかで生きるようには造られていません。他の人たちは私たちにサポートと励ましと知恵と識別力を提供することができます。クリスチャン生活は共同体のなかで、あなたのそばにいることを望む人々とともに営まれるように意図されています。あなたのそばにいるその人々はあなたを支え、あなたの信仰を養う手伝いをするためにできるだけのことをしてくれます。あなたとともに歩みたいと願っている人はたくさんいます。あなたにはそのようなグループがすでにあるかもしれません。もしなければ、近くの地域教会の助けを求めるか、「イエスの弟子シリーズ」のウェブサイト（www.apprenticeinstitute.org〔英語版〕）で調べてみてください。住んでいる地域にある弟子グループか、このカリキュラムを使っている教会が見つかるかもしれません。また、あなたが加われる「アプレンティス・フォー・ライフ」のグループがすでにあるかもしれません。

この道をどのように歩み続けたらいいでしょうか。二つのことをお勧めします。第一にイエスの物語の核心を学び続けるプランを立て、それに伴う霊的エクササイズを実践し続けてください。第二に、あなたのこの企てを共に歩んでくれて、愛のある仕方であなたに説明責任を持たせ、前進し続けるよう励ましてくれる人を見つけてください。

古代の実践

初期のクリスチャン共同体は、成長のための戦略を表現するのに戒律（ルール、規則）という言葉を用いました。ルールという概念はラテン語のレグラに由来しますが、レグラとは自分の意図を表現する決まりや契約を指しています。

最初のレグラはディダケーと呼ばれる初代キリスト教の文書で、おそらく二世紀の初めに書かれました。それは初期のクリスチャンの生き方を詳しく記しています。もう一つのレグラは、五世紀に聖アウグスティヌスによって書かれています。最も有名で不朽のレグラは、六世紀に聖ベネディクトによって書かれています。他に多くのルールがクリスチャンの共同体のために代々、カトリックとプロテスタントの両方で書かれてきました。メソジスト運動にはソサエティとクラス（組会）とバンドのためのルールがあって、メソジストを名乗る人々のための計画と期待されていることが書かれています。ルールという言葉は律法主義的で拘束するような印象を与えるかもしれないので、分かりやすいようにここでは計画（プラン）と戦略という言葉を用います。

それでは、戦略とは人々にどんな効果をもたらすのでしょうか。それは、私たちがどのように生きたいかを明確にするのを助ける、バランスの取れた、健全なパターンを提供します。私たちがどのように生きたいかを常に思い起こさせてくれて、よい意図を持つだけに終わらせず、私たちを行動へと向かわせてくれます。戦略は人生を惨めにするような律法の束でも、弾圧的で罪悪感を誘発する文書でもありません。

聖アウグスティヌスや聖ベネディクトのルールとは違って、私は弟子グループのメンバー全員に適用する標準的なルールをお勧めしようとしているのではありません。その代わりに、イエスの弟子として生きるための、バランスの取れた自分自身のプログラムを作る助けとなる指針を提供したいと思います。それとともに私は、あなたのプランをグループの方々と分かち合うことをお勧めします。もし可能なら、このシリーズを終えた人々のグループと分かち合ってください（その人たちなら、同じエクササイズに取り組んだことがあり、お互いの用語を理解しているでしょうから）。

私が提案している戦略は律法の束のようなものではなく、生活にリズムを与えるものであることを覚えていてください。それはしっかりしたエクササイズではないかもしれませんが、無視することのできる単なる提案でもありません。少なくとも、成長し続けることが私たちの望みであるなら、そうなのです。

1　魂を鍛えるプラン――生活のためのルールを書く――

一番重要な戒めは何かと聞かれて、イエスはこう答えられました。

「あなたは心を尽くし、いのちを尽くし、知性を尽くして、あなたの神、主を愛しなさい。」これが、重要な第一の戒めです。「あなたの隣人を自分自身のように愛しなさい」という第二の戒めも、それと同じように重要です。この二つの戒めに律法と預言者の全体がかかっているのです。（マタイ22・37―40）

第一の最も重要な戒めは、自分のすべてをもって、つまり心と精神と思いを尽くして神を愛することです。第二の戒めは、隣人を、自分を愛するように愛することです。このことは自分自身を愛するべきことを暗に示しています。愛するとは、この三巻シリーズで明確にされているように、「隣人の益を願うこと」です。私たちは自分自身をケアすることに努めると同時に、お互いのケアをすることに努めるべきなのです。

「神を愛し、自分自身とお互いのケアをしなさい」ということが、右の聖書箇所の要約になるかもしれません。もしこれが私たちの最も重要ななすべきことだとしたら、それをできるかぎり最善に行うことを確実にするプランと戦略が必要です。これを行う助けとなる方法は、神・自分自身・隣人という三つの領域すべてに関わる方法を実践することです。この弟子シリーズの三冊の各章の最後に出ていた〝魂を鍛えるエクササイズ〟は、この三つの領域に分類することができます。すなわち、神に対する愛を増す方法、自分自身をケアする方法、隣人の益のために労する方法です。以下にこのシリーズで勧められていた三十三の魂を鍛えるエクササイズを、神と自分と隣人の三つに分類して挙げます。

神を愛するためのエクササイズ

- 静まって被造世界を意識する
- 祝福を数える
- 詩篇23篇を祈る
- レクチオ・ディヴィナ
- ヨハネの福音書を読む
- ひとりになること
- 神に手紙を書く
- 一日ディボーションをして過ごす
- ディボーション向けの古典を読む
- 空いている時間に聖書を読む

- 神との二時間
- 礼拝

自分自身を愛するためのエクササイズ

- 睡眠
- 沈黙
- 生活のなかに余白を持つこと
- 生活のペースを落とす
- 遊ぶこと
- 安息日を守ること
- メディアの断食
- 一日中しゃべらないで過ごすこと
- 説明責任を負う友人を見つける
- 和解を経験する

隣人を愛するためのエクササイズ

- もてなし

- ライバルの成功のために祈る
- 秘密の奉仕
- 脱蓄財
- 祈ること
- 噂話なしの一日
- 四つの変わった行為
- あなたの信仰を証しする
- 宝物を大切にする
- 意見が合わない人を愛する
- 資源を管理する

このリストを見渡して、エクササイズをしたときの経験を思い出してください。幾つかに星印をつけたり、どれだけ自分に影響を与えたかを10段階評価で格付けしてもいいかもしれません。

ステップ1　リストから選ぶ。プランを書くための最初のステップは、あなたを特に造り変えた魂を鍛えるエクササイズを、右のリストからいくつか（五個から十個）選ぶことです。気に入ったものだけを選ぶのではなく、神と共なる生活であなたが成長する助けとなるものを選んでください。たとえば、四十八時間のメディア断ちは楽しくはなかったでしょうが、とても有益なものであったことでしょう。自分のリストを六個から七個のエクササイズに絞るように努めてください。それは始めるのに適した量となります。

ルールを書く際に鍵となる事柄の一つは、小さくて達成可能な目標から始めることです。よくある間違いは、あまりにもたくさんのことをしようとして、結局そのプランを守れないということです。三つのカテゴリーからそれぞれ少なくとも二つのエクササイズを入れることをお勧めします。

ステップ2　リストに載っていない実践を加える。リストにあるエクササイズだけが神との生活を成長させることができる方法なのではありません。私たちにとって有意義な霊的訓練はこの他に数え切れないほどあります。たとえば、私はジョン・ウェスレーやマルティン・ルターやジョージ・マクドナルドの説教を読むのが好きです。それらは私を鼓舞し、神への愛と献身の思いを高めてくれるからです。また、『アパ・ルーム』〔日本語版あり〕という日々のディボーション用の冊子を用いることも楽しんでいます。

霊的エクササイズに加えて、その他の成長につながるエクササイズにときどき取り組むこともできます。たいていこれは二番目のカテゴリーのセルフケアの領域に入ります。私は乗馬がとても好きで、犬の散歩や昔の小説を読むことも大好きです。友人には、ヨットに乗るのが好きな人や編み物が好きな人もいます。一人の学生はあるとき、昔の映画を観るのが好きだと教えてくれました。ふだんできないけれど、それをすることで充実した思いになることをいくつか思い浮かべてください。それは「霊的な」ことに思えないかもしれませんが、それであなたの幸福度が増すなら、霊的なことになります。

これらの三つから五つの付加的エクササイズを弟子シリーズから作ったリストに加えると、あなたのリストは、神と自分と隣人に対する愛を育てるための十から十二のエクササイズになるでしょう。

ステップ3　タイミングと頻度。次のステップはこれらのエクササイズをどれくらいの頻度でどれくらいの期間、行うかを決めることです。たとえば、聖書を読むことを有益なエクササイズとして選んだとします。毎週どれくらいの頻度で聖書を読みたいか考えてください。毎日でしょうか、あるいは週に二、三回でしょうか。それから、どれくらいの時間（十五分間か三十分間？）、どれくらいの長さ（一章か二章か五章？）を読むのか決めてください。もう一つ別の例です。乗馬は毎週しますか、それとも月に一回ですか。

これらのエクササイズを、やりすぎてストレスになって辞めてしまうことなく、成果を上げるために、どれくらいの頻度で行ったらいいかを考えてください。

ステップ4　バランスの取れた適度なプランを作る。あなたのリストを見るとき、二つの基準から考えていただきたいと思います。第一に、作ったルールはバランスが取れていますか。つまり、三つの領域（神、自分、隣人）それぞれからちょうどいい数のエクササイズが入っていますか。第二に、そのルールは達成可能ですか。霊的に成長するためにはそれはバランスが取れている必要があり、それを継続するためには達成可能であるべきです。この質問にすぐには答えられないかもしれません。

私が最初に書いたルールはバランスも取れておらず、達成不可能でした。リストにエクササイズをあまりにもたくさん入れ、それも神との関係を深めるエクササイズに集中しすぎていました。その頻度も高すぎました。「神と毎日三時間共に過ごす」と書いた時点で、失敗してしまうことに気づくべきでした。これは私の毎日の日課ではほとんど不可能で、この領域で私の人生に必要とされる以上のことを求めていました。実際にやってみる前に自分のルールが妥当なものかどうか見極めるのは難しいことですが、第三者にあなたのルールを見てもらって、アドバイスを求めることは役に立ちます。

表９・１は、私の友人で弟子仲間のジェニファー・ヒンツが書いたルールです。これは神と彼女自身と隣人との関係において成長するためのバランスの取れた達成可能なよいルールの例です。

- □毎週日曜日、寝る前に与えられている祝福を数える
- □月に3回、縫い物をする
- □毎朝、詩篇23篇を祈る
- □毎週日曜日、家族とアイスクリームを食べに出かける
- □毎週末に自分に余白を与える
- □月に2回、友だちと夕食を食べる
- □毎晩、寝る前にライバルのために祈る
- □週に1回、家族と散歩に行く
- □もてなし―月に2回、誰かをもてなす
- □月に2回、家族と友だちを我が家の夕食に招く

表9.1　ジェニファーの生活プラン

ジェニファーのプランは素晴らしいです。彼女は人に与えるのが好きな人なので、縫い物をする時間（彼女の魂に栄養を与える時間です）と余白を含めているのはよかったと思います。ジェニファーのルールは彼女のいのちを生き生きさせ、チャレンジングで、しかも重荷になりすぎなかった

□毎日2回、15分間皿洗い（午前と午後）
□毎日、神の臨在のなかにとどまる訓練をする―午前6：45–7：00
□週に3回ガーデニングか庭仕事を30分―月曜、火曜、木曜の午前7：00–7：30
□週に4回、20分間ギターを弾く―月曜から木曜の午前9：20–9：40
□毎週1回、月曜日の朝に、黙想的な祈りかとりなしの祈りの時間を持つ
□週に2回、火曜日と木曜日にレクチオ・ディヴィナをする
□毎週水曜日に2時間ひとりで静まる―午前7：20–9：20
□ウェルカミングの祈り―毎週木曜日に1回、実践したことを振り返る―午前8：30
□キャサリンと毎週1回出かける―木曜の夜に1時間
□月に3回、金曜日から土曜日にかけて安息日
□奉仕―毎週三つの奉仕をする（測るのは難しい）
□毎月1回、予定された霊的指導を受ける

表9.2　マットのプラン

ので、それを長い間継続して行うことができました。

表9・2は同僚のマット・ジョンソンのルールです。プランを見て分かるように、マットは黙想するのが好きな人で神との時間を喜び、その時間から大いに恩恵を受けるタイプです。

お分かりのように、マットのルールは個人的祈りとひとりになる時間が何回か入っています。彼のルールには、神の臨在を味わうための毎日十五分間、月曜日午前中の一時間の祈り、週二回のレクチオ・ディヴィナ、月三回の一時間の聖なる余暇が含まれています。これらはとても強力な霊的エクササイズですが、たいていの人はこんなにたくさんひとりで静まることには慣れていないため、かなりチャレンジングなものでもあります。

マットのプランは神との関係を深めることに重きを置きすぎていますが、彼がこれらの実践からとても益を受けていることを知っているので、それらを減らすようにと言うことはしません。彼は充分なセルフケア（ガーデニング、ギターを弾くこと、妻とのデート、霊的指導）および他の人々に仕えること（毎日皿洗いをすること、週に三回奉仕すること）をルールに入れていることで、バランスを取っていると私は思います。マットがしていることで非常に素晴らしいのは、毎月、霊的指導者と会い、自分のプランが有益か、必要ならどのように修正したらよいかを見極めるのを助けてもらっていることです。

2　第三者にプランに手を加えてもらう

私は、自分のルールを他の弟子に見てもらい、特にバランスと達成可能かについて意見を言ってもらっていますが、そうすることはとても役に立っています。私たちはいつも客観的であるわけではないし、私たちが見落としている部分を第三者は見ることができるかもしれないからです。

あるとき、私は自分のグループのメンバーのプランを見て、バランスが取れていないことにすぐ気づきました。そのプランには神との生活を深めるエクササイズが二つあり、セルフケアのエクササイズは一つもなく、隣人を助けるためのエクササイズが十個ありました。この友人は奉仕するために生きているような、気前がよく愛情深い人でした。それでも私は、彼が気づかなかったバランスの悪さを指摘することができました。これは霊的指導の一つの姿です。私たちは第三者に自分の実践することをよく見てもらい、彼らの考えを聞かせてもらうことで、とても大きな益を受けることになります。

もう一つの選択肢は、グループのメンバーがプランを出して、全員がしばらく従うことに同意する共通のプランを書くことです。私の友人の一人は、一緒にこのシリーズを学んだ八人の弟子のグループでこれを行いました。このシリーズを修了したとき、彼らは一か月間、自分のルールを書く時間をとりました。それから集まって、書いたものを見せ合いました。そして、毎月行ういくつかのエクササイズを含めて、みんながそれを実行することに同意した一つのルールを一緒に考え出しました（表9・3参照）。このグループは二週間ごとに集まって、どのような状況かを分かち合いました。またEメールでも、何がうまく行って、どこで葛藤しているかなどを分かち合いました。このことは途中で気づいた実践までのヒントを分かち合う方法となりました。

□毎月、第三日曜日に安息日を守る
□月に1度、ヨハネの福音書を一気に読む
□山上の説教を毎日読む—仕事のある日に毎日約15分
□毎日10−20分間の沈黙の時間を持つ
□スローダウン—特に速度制限内で運転し、神の臨在を意識する。通り過ぎていく車の運転手をみな祝福する
□週に少なくとも1回、手紙を書いたり、メールを出したり、電話をかけたりすることで、意識的に新しいまたは現行の人間関係を築き上げる
□日々の祈りのなかでお互いを高め合う

表9.3　グループのルール

グループのメンバーが同意したエクササイズとともに、それを行う頻度に注目してください。たとえば、安息日を守ることはほとんど全員にとって重要でしたが、みんなが毎週安息日を守ること

は難しいことも分かっていました。それで、毎月第三日曜日に一緒に安息の時を守ることを決めました。そのことによって、その日のための準備を手伝い合い、また役に立ったアイディアを分かち合うことができました。そのなかで、実際には安息日を同じ日に守ることは難しいことが判明しました。

グループのルールはほとんど達成可能でしたが、山上の説教を毎日読むことは、スケジュールのためになかなか難しいことでした。それでもある人たち、特に昼食の休憩時間がある人は、座って読むことが簡単にできました。グループのメンバーはリストの他の行為が大きな影響を与えたことに驚きました。たとえば、速度制限内で運転すること（これは法律で定められていることなのですが）は、グループに大きな効果がありました。毎日の十―二十分間の沈黙もとても助けになりましたが、あるメンバーは五分間からスタートして、十分間、十五分間と段階を経る必要がありました。

以上の三つのプランは、バランスが取れていることと頻度が適度であることがどれだけ重要かを明らかにしています。けれども、これらはそっくりそのまま模倣するべきものとしてではなく、指針として用いてほしいと思います。それでも、私たちよりも経験を積んでいる人々の実践を学ぶこと――そしてしばらくの間は模倣すること――は価値があります。パウロはコリントの人々に次のように書いています。

たとえあなたがたにキリストにある養育係が一万人いても、父親が大勢いるわけではありません。この私が、福音により、キリスト・イエスにあって、あなたがたを生んだのです。ですから、あなたがたに勧めます。私に倣う者となってください。（Ⅰコリント4・14―15）

パウロがコリントの教会の人々に自分に倣うようにと言ったのは、パウロが完全なモデルだったからではなく、彼らにとって唯一のモデルだったからです。私たちも何かに取りかかるとき、成熟した弟子たちが行っていることを行おうと努めることはよいことです。

私はこのことをリチャード・フォスターとダラス・ウィラードとともに過ごした経験から学びました。若かったころは、彼らがしていることを真似しました。リチャードの祈りの生活は特に感動的で、彼が祈っている姿を見てそのように私も祈りました。両手を両ひざに置いて、椅子に座る姿まで真似していました。

ダラス・ウィラードと一緒に生活し一緒に働いていたころは、彼が聖書の長い箇所を暗記していることに感動しました。彼が引退する前に夜遅くまで何日も暗唱しているのを見ました。それに刺激を受けて、私自身もそれをし始めました。けれども、次第にそれを自分自身の状態と必要に合う形に修正していくことを学びました。それは時を経るにつれて変わっています。

ですから、私はこれらのルールとアイディアを、皆さんによく考えていただくために提供しています。あなた自身の生活のなかでどのようにルールを実践したらよいか、よく祈って考えてください。

3　共同体のなかであなたのプランを生きる

バランスの取れた適度なプランができたら、それを実践するときです。ただプランができただけでは、何も益をもたらしません。つまり、そのプランを生きなければなりません。

それは、まず最初に、スケジュールに目を通して、これらのエクササイズをいつ行うかを計画することを意味します。これはルールを実践するためには極めて重要なステップで、多くの人がここで失敗します。それをスケジュールに入れないので、決して実行されないからです。たとえば、もし毎週安息日を守るつもりなら、それを手帳に書いて、それに基づいて計画を立ててください。第二に、可能なかぎりそのプランを目につくところに置くことも、助けになります。いくつかコピーを取って、冷蔵庫に貼ったり、風呂場の鏡に貼ったりしてください。目に入らないことは忘れやすくなります。あなたのプランを目につくところに置くことで、いつも思い出せるようにしてください。

次に、あなたと定期的に会って「プランはどうなっているか」と聞いてくれる人を見つけてください。この類いの説明責任（アカウンタビリティー）はとても価値があります。説明責任の関係がある人は目標達成の能力を増すと、研究が証明しています。始めたばかりの一、二週目は熱意が強いので必要ないかもしれませんが、次第にそれを継続するためにはそのように聞いてくれる人が必要になります。あなたのプランが霊的成長にどう影響しているか評価することを助け、どこで葛藤していて変化を必要としているかを知るために、途中経過を尋ねる質問を用いることもお勧めします。以下の質問は、神があなたの霊的訓練のなかでどのように働いておられるかを分析する助けとして用いることができます。

個人のための糾明《きゅうめい》

1　私がしていることのなかで神がどのように働いておられると私は見ているか。
2　どのエクササイズを私は一番楽しんでいるか。一番楽しんでいないのは？
3　私のルールで修正したり変える必要のあることはあるか。

グループのための糾明

1　前回会ってから、どの古い偽りの物語で葛藤していたか。
2　あなたのルールにうまく取り組めているか。
3　あなたのルールにあるエクササイズを通して、神は何を教えておられるか。
4　私たちはどのようにあなたを支えることができるか。

以下の〝イエスの弟子の価値観〟は、「イエスの弟子シリーズ」からまとめたものです。これらはイエスに従う者みんなが、それに従って生きるように努力すべき価値観です。弟子たちのグループは、このリストを絶えず復習して、個人的にまたグループとしてどのようにそれを行えているか吟味すべきです。

イエスの弟子の価値観

- 悪事に協力しない
- 他者への奉仕に敏感である
- すべての人のための、生活のすべての領域での習慣的祈り
- 他人が私を傷つけようとしても仕返ししない
- 強欲や性的欲求に支配されることを拒否
- 自分の持つ資源を天の宝に投資するために用いる
- 噂話や人を裁くことを拒否
- 困窮している人を意識し、彼らに対して誠実である
- 意識して励ましの言葉を語る
- すべてのことを天におられる私の父の栄光がたたえられるように行うよう努める

最後の励ましの言葉

ここまで来たら、すなわち三冊の本を読み、これらのエクササイズをすべて実行したなら、あな

たはかなり特別なことを行ったことになります。私は『エクササイズ』の三巻本を用いて十年間、小グループのなかで百人以上の人にこれらの学びを提供してきて、この学びがどんなにチャレンジングなことか知っています。素晴らしいことに、これはよく機能しています。あなたがこの本を読み続けているなら、そのことをご存じなのではないかと思います。

『キリストにある友』(*Companions in Christ*)から『弟子訓練の基本』(*Discipleship Essentials*)や『弟子――聖書研究を通して弟子になる』(*Disciple: Becoming Disciples Through Bible Study*)まで、今日手に入る優れた本とカリキュラムはたくさんあるので、私たちは資料や力に欠けていると言うことはできません。真の問題は次の言葉に尽きます。「本当に実行するのか」です。コースにとどまり続けますか。神に対する愛を深めること、自分自身をケアすること、隣人を愛することに取り組み続けますか。

あなたが私たちの主イエス・キリストを知る知識と恵みに成長し続けるように、本書から何か助けになるアイディアと訓練を受け取ってくださることを願っています。

付録　小グループで話し合うときの手引き

この本は、私たちのうち多くの者が自分の霊的な旅のなかで教えられた真理から生まれました。その真理とは、私たちには共同体が必要であるということです。この手引きが整えられていったのは、いつも共同体という状況のなかにおいてでした。共同体のなかでこそ、神の国が人生のなかで働いているのを発見するという興奮を分かち合うことができます。共同体のなかでこそ、この読み物から得た新たな洞察を喜び合うことができ、著者の考えに挑戦してみることもできます。共同体のなかでこそ、神が私たち個人に、またキリストにある兄弟姉妹たちに与えてくださった賜物に気づきます。また、共同体のなかでこそ、聖霊が光のもとに引き出しつつある傷を明らかにするのです。共同体とは、なんと素晴らしい贈り物ではありませんか。

ですから、「イエスの弟子シリーズ（The Apprentice Series）」の以前の本と同じように、この小グループの手引きを作りました。個々人が共同体となるために役に立つでしょう。この手引きでは各章ごとに小グループのための材料を提供しています。毎回の会合はいくつもの部分に分かれています。これらの各部分は、その状況に合わせて最も都合のいいように、好きなように利用してください。

質問や各部分は飛ばしても構いませんし、適切だと思うように質問や活動を付け加えても構いません。

グループの規模にもよりますが、この話し合いの手引きに従えば六十分から九十分の時間がかかるでしょう。各部分にどれくらいの時間がかかるかの見込みも示しておきました。もしグループに六人以上の参加者がいれば、このグループの時間は九十分かかると見込んでください。

もしあなたがグループのリーダーであるなら、イエスの弟子シリーズウェブサイト（www.apprenticeinstitute.org〔英語版〕）を検索して、より進んだリーダー用の手引きや、ポッドキャスト、ブログ、ビデオ、その他の資料や情報を見つけることもできます。

あなたが心を込めて神の国を求めるとき、愛に満ちた、ちょっと変わった共同体によって祝福されることを願っています。

マシュー・ジョンソン

協力　クリストファー・ジェーソン・フォックス

第1章　変わった共同体

神に心を開く（五分）

最初に五分間沈黙し、今このときにグループが集中して、日々のせわしなさと緊張を肩から降ろせるようにします。沈黙の締めくくりに、グループのなかの誰かが、短く祈るか、メディテーション・チャイムを鳴らすか、ただアーメンと言うかしてもいいでしょう。

魂を鍛えるエクササイズ（一〇―二〇分）

もし小グループに六人以上のメンバーがいるならば、三、四人の小グループに分けます。以下の質問を使って、神とともに二時間過ごし、四つの変わった行為を実践するという自分の経験について話し合ってください。

神とともに過ごす二時間

1　さしつかえない範囲で、どのようにして神とともに二時間を過ごしたかグループの人たちに話してみましょう（長く一回で？　十五分ずつ八回に分けて？　一時間は礼拝のなかで？）。

2　静思の時のために著者が提案した八つのステップをどのように活用しましたか。もしどれかのステップを省いたのであれば、なぜ除いたのですか。
3　神とともに二時間過ごす際にどのようなチャレンジがありましたか。
4　神とともに過ごした時間は、あなたにどのような影響を与えましたか。

四つの変わった行為

1　四つの変わった行為は、あなたにどのような結果をもたらしましたか。
2　この魂を鍛えるエクササイズを実行する際にどのようなチャレンジを経験しましたか。
3　あなたの変わった行為は、神が変わった神であられることをどのようなかたちで表しましたか。
4　あなたの「不適応な」行動は、自分はもう一つの世界（神の国）の市民であるという感覚を与えましたか。経験したことを話してみてください。

この章に取り組む（三〇―四〇分）

もし魂を鍛えるエクササイズについて話し合うために小グループをさらに小さく分けたのなら、この章について話し合うために再編成してもよいでしょう。時間が限られていたら、以下の質問に目を通し、特に話し合いたい質問にしるしを付けて、その質問から始めてください。

1　教会に関して一番古い思い出は何ですか。それは、神について、また他の人とともに生きることについてのあなたの理解をどのように形づくりましたか。

2　素晴らしく美しい共同体に出会ったときを思い出せますか。もし思い出せるなら、自分の経験について話し、それがどのようなグループだったか話してください。

3　三九頁のアテナゴラスの文章を声に出して読みましょう。アテナゴラスによるクリスチャンの描写で、あなたにとって最も印象的なのはどこですか。あなたの共同体のなかにいるクリスチャンについては、アテナゴラスはどのようなことを書くでしょう。

4　著者は、神の変わった民を次のように描いています。

たとえば、もし私が（聖霊の力によって）私の人生のなかにある真理を話し始めたなら、私は変わり者になるでしょう。もし私が生活のペースを落とし、怒りに支配されずに生き、私を殺そうとする人のために実際に祈ることができるようになったとしたら、変な人と思われるでしょう。（三七頁）

それからコーネル・ウェストは、私たちがこの世のやり方に不適応であるべきということを次のように説明してくれます。「貪欲にうまく適応し、恐れにうまく適応し、偏見にうまく適応しているクリスチャンはいつでもいます」（四七頁）。著者はそれに付け加えて、「すべてのクリスチャンは不公平、貪欲、物質主義、人種差別のようなものに対して不適応であるべきです」と言います。
● クリスチャンは「変わっていて」「不適応」であるべきだということに賛成しますか。それはなぜですか。
● 四三頁に、「イエスが明らかに示した神は変わっていました」と著者は書いています。この主張に対してどのように反応しますか。
5 四八—四九頁の「聖霊の導きを信じる」の最初の四つの段落を読み返してください。
● 剣を身に着けることに関しての、ウィリアム・ペンに対するジョージ・フォックスの応答から、どのような知恵を引き出せますか。
● 生活のなかで、どうしたらよいか誰か教えてくれたらいいのにと思っている領域はありますか。フォックスの原則をどのように当てはめることができるでしょうか。

みことばに取り組む（一〇—二〇分）

誰かにローマ人への手紙12章1—2節を声に出して読んでもらってください。それから次の設問について話し合いましょう。
1 小グループ全員で、この聖書箇所から、クリスチャンが変わった存在であることを指し示している語句のリストを作ってください。なぜそれらの語を選んだのか説明してください。
2 「心を新たにすることで、自分を変えていただく」という句は何を意味するのでしょう。どのようにしてそれを行うのでしょう。

3　心を新たにすることがなぜ「この世と調子を合わせ」ないことになるのでしょうか。

平安のうちに出ていく（五分）

誰かに、次の聖書箇所とこの本からの引用を声に出して読んでもらいます。

愛する者たち。私たちは互いに愛し合いましょう。愛は神から出ているのです。愛がある者はみな神から生まれ、神を知っています。愛のない者は神を知りません。神は愛だからです。神はそのひとり子を世に遣わし、その方によって私たちにいのちを得させてくださいました。それによって神の愛が私たちに示されたのです。私たちが神を愛したのではなく、神が私たちを愛し、私たちの罪のために、宥めのささげ物としての御子を遣わされました。ここに愛があるのです。愛する者たち。神がこれほどまでに私たちを愛してくださったのなら、私たちもまた、互いに愛し合うべきです。いまだかつて神を見た者はいません。私たちが互いに愛し合うなら、神は私たちのうちにとどまり、神の愛が私たちのうちに全うされるのです。

（Ｉヨハネ4・7―12）

この道徳律は単純です。すなわち、神がそうであるように、神の民もそうであるべきだ、というものです。もし私たちが愛さないなら、神を知らないことになるでしょう。なぜなら、イエスという人を通して「神の愛が私たちに示された」からです。それは「その方によって私たちにいのちを得させ」るためでした。（四四頁）

次週

次の章では、クリスチャンの共同体にとっての希望の源について学びます。次週の魂を鍛えるエクササイズは、自分の信仰を他の人々に証しすることです。そのことを行うために著者は、非常に構造的なステップを提案しています。ただし、これらのステップの影響がどのようなものかを次の集まりの前に見ることができるよう、今週の早いうちに始める必要があります。

第2章　希望に満ちた共同体

神に心を開く（五分）

最初に五分間沈黙します。沈黙の締めくくりに、グループのなかの誰かが、短く祈るか、メディテーション・チャイムを鳴らすか、ただアーメンと言うかしてもいいでしょう。

魂を鍛えるエクササイズ（一〇―二〇分）

もし小グループに六人以上のメンバーがいるならば、三、四人の小グループに分けます。以下の質問を使って、自分の信仰を他の人々に証しするという経験について話し合ってください。

1　この章を読む以前にこれらの七つのステップのうちどれかを実行したことがありますか。そのことは、他の人々に接触する際にあなたがすでに重要な役割を果たしつつあることを知るようにとどのように励ましてくれましたか。

2　七つの活動のうち最もあなたの助けになるのはどれですか。それはなぜですか。

3　これらのステップに取り組むときにどのような困難がありましたか。それらの困難からどのような教訓を得られるでしょうか。

4　これらのステップを、この学びを超えてどのように適用したいと思いますか。

5　この魂を鍛えるエクササイズを通して、神について、あるいは自分や他の人々について何を学びましたか。

この章に取り組む（三〇―四〇分）

もし魂を鍛えるエクササイズについて話し合うために小グループをさらに小さく分けたのなら、この章について話し合うために再編成してもよいでしょう。時間が限られていたら、以下の質問に目を通し、特に話し合いたい質問にしるしを付けて、その質問から始めてください。

1　証しをした、あるいは伝道や信仰を分かち合ったことについてどのような経験がありますか。

2　証しをしないことの六つの言い訳（六三頁）のうち、自分の信仰の物語を伝えない言い訳としてあなたが最もよく使うものはどれですか。それはなぜですか。

3　イオアンニス・ジジウラスは、クリスチャンの共同体は「その根源を将来に持ち、その枝を現在に張り伸ばしている」（六八頁）と書いています。この引用文と著者による引用の解釈から、未来と現在についてどのようなことを感じますか。

4　「希望の物語の四つの部分」（六九―七四頁）を読み返してください。この箇所のなかで、新しい考えあるいはチャレンジングな考えが見つかりましたか。この大きな物語（メタナラティヴ）のなかに自分を置くとき、どのような感じがしますか。

5　キリストの物語が私たちの物語になるにつれて、私たちの振る舞いの基礎を形成する新しいアイデンティティーが与えられます。ただしそれは、通常考えるような意味でそうなるのではありません。著者はそれを次のように説明しています。

私たちはたいていそれとは逆のことを行っています。つまり、行動に基づいて、その人のアイデンティティーを決めます。つまり、彼らがどのような人であるか（直説法）を見出すために、彼らが何をすべきか（命令法）を伝えるのです。ところがパウロはまったく逆のことをしています。つまり、彼らがどのような人であるかを伝えて、それからどのように生きるべきかを伝えています。私たちがその物語を自分のものにすればするほど、その物語は私たちのなかで大きく成長していきます。（七五頁）

キリストによるあなたのアイデンティティーは、行いの変化とどのようにしてつながりますか。

6　私たちの人生は証しであるということを、著者は次のように指摘しています。

私たちが大変な状況でも真実を伝えるとき、私たちが差し迫った用事があるにもかかわらず傷つき恐れている友人と一緒に待合室で座るとき、私たちと意見が合わない人と協力するように努力するとき、もっと多く捧げられるように節約する方法を探すとき、私たちを呪う人に祝福を与えるとき、私たちのなかで生きておられるイエスの本質が現れてくるのです。

（八〇頁）

数分間、沈黙し熟考してください。先週のことを思い返し、イエスの本質があなたの生活のなかに、あるいは知っている人の生活のなかに現れつつあったのはいつかを考えましょう。さしつかえなければ、あなたの洞察を小グループの人たちと分かち合いましょう。

7　著者は、私たちが希望を持っている理由を、穏やかに礼儀正しく、そして相手に聞く準備ができているときに、説明するよう勧めています。このやり方は、信仰を人に伝えたいというあなたの思いにどのように影響しますか。

みことばに取り組む（一〇―二〇分）

誰かに以下の聖書箇所を声に出して読んでもらってください。それから設問について話し合いましょう。

私たちは、あなたがたのことを祈るときにいつも、私たちの主イエス・キリストの父なる神に感謝しています。キリスト・イエスに対するあなたがたの信仰と、すべての聖徒に対してあなたがたが抱いている愛について聞いたからです。それらは、あなたがたのために天に蓄えられている望みに基づくもので、あなたがたはこの望みのことを、あなたがたに届いた福音の真理のことばによって聞きました。この福音は、あなたがたが神の恵みを聞いて本当に理解したとき以来、世界中で起こっているように、あなたがたの間でも実を結び成長しています。

（コロサイ1・3―6）

1　自分の人生で、希望が信仰と愛を生み出したのはいつですか。

2　もし希望がよい未来を確信させるものであるならば、あなたの希望のレベルはどれくらいでしょうか。

3　神と神の国についての真理のなかで、よい未来に対するあなたの希望を増すものはどれでしょうか。

平安のうちに出ていく（五分）

あなたを送り出すために、誰かに、この本からの次の引用を読んでもらいます。

将来に根源を持ち、復活に根源を持ち、イエスの永遠の勝利に根源を持ち、永遠のいのちにしっかりと植えられた根源を持ち、幹と枝を育てる根源を持ち、究極的には、この物語に他の人々を引き寄せる実を生み出す根源を持っているのです。ライトは「このような使命に本当に生きるためには、神が刷新されたいのちに純粋にまた喜んで根源を持たなければなりません」と結論づけます。私たちには歓喜する本当の理由があります。その物語を知れば知るほど、喜ぶことができるのです。（六九頁）

次週

次の章では、クリスチャンの共同体内部での自己犠牲の役割について学びます。次週の魂を鍛えるエクササイズは、生活のさまざまな側面における自己犠牲と関わっています。

第3章　仕える共同体

神に心を開く（五分）

最初に五分間沈黙します。沈黙の締めくくりに、グループのなかの誰かが、短く祈るか、メディテーション・チャイムを鳴らすか、ただアーメンと言うかしてもいいでしょう。

魂を鍛えるエクササイズ（一〇―二〇分）

もし小グループに六人以上のメンバーがいるならば、三、四人の小グループに分けます。以下の設問を使って、生活のなかで人と関わりを持つのが難しい領域に取り組んでみてください。

1　左の領域のうち二つを選んで、利他的に生活することについて学んだことを説明してみましょう。

- 家族
- 仕事
- 教会

●日常生活

2　利他的な生活で最も難しい側面は何でしたか。

3　利他的に生活したとき、他の人について何を学びましたか。

4　この実践を通して、人を大切にする能力は成長しましたか。

この章に取り組む（三〇―四〇分）

もし魂を鍛えるエクササイズについて話し合うために小グループをさらに小さく分けたのなら、この章について話し合うために再編成してもよいでしょう。時間が限られていたら、以下の質問に目を通し、特に話し合いたい質問にしるしを付けて、その質問から始めてください。

1　著者はこの章を、委員会の集まりについての話で始めています。教会内または教会外で自己中心の物語と自己犠牲の物語を見たことはありますか。

2　真実な物語と偽りの物語を探究しながら、著者は、自らに焦点を合わせる教会を、他者に焦点を合わせる教会と比較対照しています（九六―一〇〇頁）。自分の属する信仰共同体のことを考えてみてください。あなたの共同体はどのような点で自らに集中し、どのような点で他者に集中しているかを小グループで挙げていってください。これらのリストから何が分かりますか。

3　著者はこう書いています。「教会の価値は存続期間にあるのではなく、教会が現している愛にあります。教会の成功は大きさにあるのではなく、人々と地域社会に仕える姿にあるのです」（一〇三―一〇四頁）。教会は長命にではなく愛に焦点を合わせるために、またサイズを超えて奉仕に集中するために格闘しているでしょうか。この格闘はどのようなことが原因となっていますか。

4　「宝物を大切にする」という著者の考えをどう思いますか。それはなぜですか。

5　ダラス・ウィラードが次のように言っていることについてどう感じますか。「私たちにとって、特に教会のリーダーたちにとって一番重要な仕事は、隣の教会の成功のために祈ることです」（一〇九頁）

6　「恵みのスペース」（一一一頁）を自分で持ったときのことを考えることはできますか。もしできるなら、そのスペースは状況にどのような影響を及ぼしましたか。

みことばに取り組む（一〇―二〇分）

誰かにピリピ人への手紙2章3―11節を声に出して読んでもらってください。それから次の質問について話し合いましょう。

1　この聖書箇所は、イエスの物語について何を語ってくれていますか。

2　このテキストの大きな物語（メタナラティヴ）をどのように説明しますか。

3　小グループの全員で、他者のためにご自分を低くされたキリストの模範にならうことができる実際的な方法のリストを作ってください。今週どの項目を行うことができるかを個人的に考えてみてください。

平安のうちに出ていく（五分）

誰かに、この本からの次の引用を声に出して読んでもらいます。

共同体は神の国の物語に浸っているときに、他者中心になることができます。彼らは自分たちの共同体が神の国の最前線であり、必要とされるかぎり恵みを語り、恵みに生きる場所であることを知っています。（一〇三頁）

私たちの共同体がこのような場になりますように。

次週

次の章では、何がクリスチャンの共同体を結び合わせるのかについて考えます。次週の魂を鍛えるエクササイズは、意見が合わない人たちに愛を表すことです。このエクササイズのために実際的な提案がなされていますが、それらを実行するためには、まるまる一週間が必要です。

第4章　キリスト中心の共同体

神に心を開く（五分）

最初に五分間沈黙します。沈黙の締めくくりに、グループの中の誰かが、短く祈るか、メディテーション・チャイムを鳴らすか、ただアーメンと言うかしてもいいでしょう。

魂を鍛えるエクササイズ（一〇―二〇分）

もし小グループに六人以上のメンバーがいるならば、三、四人の小グループに分けます。以下の質問を使って、自分と意見が合わない人たちを愛するという経験について話し合ってください。

1　自分と意見が合わない人たちに対して愛を表すために具体的にどのような手段をとりましたか。

2　その交流はものの見方をどのように変えましたか。

3　ジョン・ウェスレーの五つの実践のうち、最も難しそうなものはどれですか。なぜそのように思うのですか。

4　教会の一致のために祈る、および牧師とリーダーのために祈るという二つのエクササイズが付け加えられています。これらの祈りを捧げるうちに、焦点を当てるところはどのように変わりましたか。

この章に取り組む（三〇—四〇分）

もし魂を鍛えるエクササイズについて話し合うために小グループをさらに小さく分けたのなら、この章について話し合うために再編成してもよいでしょう。時間が限られていたら、以下の質問に目を通し、特に話し合いたい質問にしるしを付けて、その質問から始めてください。

1　著者はこの章を、神学的用語の使い方によって聴衆から拒絶されたという話で始めています。他のクリスチャンに拒絶される経験をしたときについて話し合ってみましょう。その拒絶によってどのようなことを感じましたか。

2　この章の真実な物語は、「あなたが私と同じような外見ではなく、行動も礼拝も大切にしていることも同じでなくても、イエスに対する愛であなたの心が高鳴るなら、私たちの違いに関係なく、私たちは互いに交わりを持てるし、持つべきなのです」というものです（一二六頁）。あなたの人生のなかでどの人間関係が、この真実な物語を説明する実例となっていますか。

3　著者は一三二—一三三頁で、聖餐式で奉仕してたくさんのさまざまなタイプの手がキリストのからだのなかで一つにされていくことに気づいた経験を語っています。この話からどのようなことを受け取りましたか。

4　著者はジョン・ウェスレーの知恵から引用して、「私たちはどのように考えるか、どういう礼拝形式を好むか、どの洗礼の方法を支持するかなどで異なりますが、それは本質的なことではありません。問題となる唯一のことは、イエスに対する愛で私たちの心は高鳴るかどうかです。もしそれがあるなら、私たちは一つになることができます」（一三七頁）と書いています。もし人々がこの信念を支持していたなら、教会は今日どのようになっていたでしょう。

5　自分と違う背景を持つ人と一緒に礼拝した際に経験したよいことについて話し合ってみましょう。このことは、将来そのような礼拝を持つ可能性に対して心を開くことにどのように影響を及ぼしますか。

6　一四五―一四六頁にあるリチャード・フォスターが描いたビジョンを誰かに声に出して読んでもらってください。それから次の質問について話し合いましょう。

- この箇所は教会について神が抱いておられるビジョンについて何を語っていますか。
- この箇所はあなたの内面をどのように揺さぶりますか。それにどのように応えたいと思いますか。

みことばに取り組む（一〇―二〇分）

この章では、レクチオ・ディヴィナを用いてみことばを探っていきます。小グループのなかの一人がリーダーとして奉仕し、いつ次の段階に移るかを指示するようにします。以下のステップをグループ全体として用いてください。

● 最初に二、三分間沈黙します。それから誰かに、ヨハネの福音書17章20－21節を声に出して、グループに向けて読んでもらいます。

わたしは、ただこの人々のためだけでなく、彼らのことばによってわたしを信じる人々のためにも、お願いします。父よ。あなたがわたしのうちにおられ、わたしがあなたのうちにいるように、すべての人を一つにしてください。彼らもわたしたちのうちにいるようにしてください。あなたがわたしを遣わされたことを、世が信じるようになるためです。（ヨハネ17・20－21）

● 二、三分間、右の聖書箇所の全範囲を頭に染み込ませます。イエスがこのテキストで何を語っておられるかをじっくり考えましょう。

● この聖書箇所を二度目に、違う誰かに、ゆっくり読んでもらいます。読まれている間に、注意を引いた語や句にしるしをつけてください。二、三分間沈黙し、その語や句にただ思いを巡らします。

● 三度目に読む前に、グループの一人一人に、沈黙している間に思い巡らしていた語や句を話してもらいます（その語についての説明はなしにしてください）。

● 三番目の誰かに、この聖書箇所を再びゆっくり読んでもらいます。朗読の後、神との沈黙の対話のために時間をとり、なぜ神はこの語や句にあなたの注意を引きつけさせたのかを探ります。この語を通して神は何を知るようにあるいは行うように招いておられるのかを考えてください。

● 沈黙の後、さしつかえないという人に、神が行うよう自分を招いておられると感じることを一つか二つ分かち合ってもらいます。

● 四番目の誰かに、この聖書箇所を最後に読んでもらいます。その朗読の後、沈黙の時間に入り、神の愛に満ちた臨在のなかでただ安らぎます。五―十分後に、誰かに、この祈りの時を神に感謝する単純な祈りを捧げてもらいます。

平安のうちに出ていく（五分）

集まりの時間を締めくくるために、誰かに、この本からの次の引用を声に出して読んでもらいます。

私たちに賛同することを拒否する人と、どうやって一致することができるのか……。私たちが明らかにすべての点で同意できない人と、どうしたら「同じ心、同じ考えで一致」することができるのでしょうか。私たちはただ自分の考えや意見や教義を手放せばいいのでしょうか。私たちは決してすべてのことで同意することはできませんが、ただ一つのことで同意できますし、同意するべきなのです。それは、イエスは主だということです。（一三四―一三五頁）

アーメン！

次週

次の章では、クリスチャンの共同体のなかでの和解と赦しについて考えます。次週の魂を鍛えるエクササイズは、赦しを実践するための三つの選択肢を提案しています。小グループで一七七―一八一頁にあげられている三つのエクササイズを見てください。

選択肢1の、ほかの人に自分の代わりに赦してもらう、を実践したい人はいますか。もしいるなら、赦せないということの重荷を負い、状況を祈りに覚えたいという人が小グループのなかにいますか。もしいれば、次週小グループで集まるときには、これを実践した経験を話せるようになっているでしょう。ほかの選択肢は、それぞれ一人で実践することができます。

第5章　赦し合う共同体

神に心を開く（五分）

最初に五分間沈黙します。沈黙の締めくくりに、グループのなかの誰かが、短く祈るか、メディテーション・チャイムを鳴らすか、ただアーメンと言うかしてもいいでしょう。

魂を鍛えるエクササイズ（一〇―二〇分）

魂を鍛えるエクササイズは、赦しの経験へと向かうさまざまな手順と、赦しを経験するさまざまな方法に関するものです。以下の質問それぞれは、三つの魂を鍛えるエクササイズと相互に関連しています。四人か五人のグループで、当てはまる質問に答えてください。

1　あなたがほかの人に自分の代わりに赦してもらったのなら、この実践が自分にどのような点で影響を及ぼしたかを話し合ってください。赦せないという重荷を誰かの代わりに背負っていたのなら、日々の祈りの経験と、自分の内側で何が変化したかを話してください。

2　著者は、あなたを傷つけた誰かを赦すことへと向かう二つのステップを紹介しています。「アイデンティティー」と「考え方」です（一七八―一七九頁）。これらのステップのうちどちらかに焦点を絞ったなら、そのことがどのような点で助けになったか、またどのような課題に直面したかをグループと一緒に吟味してください。

3　三番目の訓練は、主の晩餐のなかに新しいものを見つけることでした。あなたがそれをやってみたのなら、主の晩餐で初めて注目したものは何か、またそれは赦しと和解にどのように関連するかをじっくり考えてください。

この章に取り組む（三〇―四〇分）

もし魂を鍛えるエクササイズについて話し合うために小グループをさらに小さく分けたのなら、この章について話し合うために再編成してもよいでしょう。時間が限られていたら、以下の質問に目を通し、特に話し合いたい質問にしるしを付けて、その質問から始めてください。

1　著者はこの章を、スタンの物語で始めています。この物語を読んで、どのように感じましたか。彼の変革と癒やしにおいて、物語と共同体と魂の訓練がどのような役割を果たしましたか。

2　この章で偽りの物語は「赦すときだけ、私たちは赦され、癒やされる」というものですが（一五八―一五九頁）、真実な物語は、「赦されていることを知るときにのみ、私たちは癒やされ、人を赦すことが可能になる」というものです（一六〇頁）。これらの考えからどのような慰めまたは不快さを受けるかをグループで話し合ってください。これらの物語で賛成できる部分と賛成できない部分についてじっくり考えてみてください。

3　マタイの福音書18章のイエスによる赦しの物語で、最も自分に当てはまる人は誰ですか。説明してください。

4　赦しとは自分の意志の力で生み出すものではないことを明らかにしながら、著者は次のように説明します。「イエスは、赦しと和解のパターンと力の両方なのです」（一七〇頁）。誰かを赦せるようにしてくださるイエスの力を経験したのはいつですか。この経験を小グループの人たちと話し合ってください。

5　著者はリチャード・フォスターとともに罪の告白をした経験を物語っています（一七〇―一七二頁）。小グループ全体で、罪の告白に関する自分の経験をあげてみましょう。罪の告白と神の赦しの宣言を通して信頼が深められることを経験したのはいつですか。

6　「赦しに境界線を設ける」（一七二―一七三頁）と「不意打ちの赦し」（一七三―一七五頁）という題の二つの箇所を読み返してください。これらの箇所は助けになりますか。あなたにとって、赦しに関してどのような難しい問題がまだ続いていますか。

みことばに取り組む（一〇―二〇分）

誰かに、次の聖書箇所とこの本からの引用を声に出して読んでもらいます。

これらのことはすべて、神から出ています。神は、キリストによって私たちをご自分と和解させ、また、和解の務めを私たちに与えてくださいました。すなわち、神はキリストにあって、この世をご自分と和解させ、背きの責任を人々に負わせず、和解のことばを私たちに委ねられました。（Ⅱコリント5・18―19）

この聖書箇所に応答して、著者は次のように書いています。

これは十字架の最終性の明白な説明です。神はキリストのゆえに、私たちの罪の責任を問うておられないのです。神は私たちの罪を数えて責任を問うことをやめられたばかりか、罪の記録も残されていません。もはや私たちの罪に基づいて私たちを扱われるのではなく、私たちの信仰に基づいて扱っておられるのです。イエスはすべての時代のすべての人のすべての罪のために死なれました。それはあなたのことも含んでいます。それを知っていますか。あなたはこれらすべてを理解して平安を得ていますか。神があなたの罪の責任を問うておられないことを知って、喜んでいますか。（二六一頁）

1　小グループ全体で、十字架の最終性とそのよき知らせがもたらす喜びを経験したときについて話し合ってください。

2　神の赦しについてあなたが知っていることは、あなたを他の人に対する和解の使者にするために、どのように力づけてくれますか。

平安のうちに出ていく（五分）

最後に、二人一組になってお互いのために祈り合い、神の赦しと和解をより深い意味で知ってください。

次週

次の章では、クリスチャンの共同体のなかでの励ましと説明責任（アカウンタビリティー）について考えます。次週の魂を鍛えるエクササイズは、説明責任を負う友人と話し合うことです。今週早くからこの話し合いの詳細を取り決めておく必要があります。

第6章　励ます共同体

神に心を開く（五分）

最初に五分間沈黙します。沈黙の締めくくりに、グループのなかの誰かが、短く祈るか、メディテーション・チャイムを鳴らすか、ただアーメンと言うかしてもいいでしょう。

魂を鍛えるエクササイズ（一〇―二〇分）

もし小グループに六人以上のメンバーがいるならば、三、四人の小グループに分けます。以下の質問を使って、説明責任（アカウンタビリティー）を負う友人と話し合いのときを持つという経験について話し合ってください。

1　説明責任を負う友人を見つけることができましたか。
2　その人との会話の時間は、あなたにどのような影響を及ぼしましたか。
3　過去に説明責任を負う友人（またはグループ）がいたことがありましたか。その経験を今週の経験と比べるとどうでしたか。
4　説明責任を負う友人を持つということに、どのような抵抗を感じますか。

この章に取り組む（三〇―四〇分）

もし魂を鍛えるエクササイズについて話し合うために小グループをさらに小さく分けたのなら、この章について話し合うために再編成してもよいでしょう。時間が限られていたら、以下の質問に目を通し、特に話し合いたい質問にしるしを付けて、その質問から始めてください。
1　著者はこの章を、クレイポット教会とそこの牧師トム・スミスの物語で始めています。この始まりの部分から、どのような励ましとチャレンジを受けましたか。
2　偽りの物語について論じるなかで著者は、教会があまり期待せず、約束の履行（コミットメント）を求めないことで純粋な霊的変容を減退させる危険を冒してしまっていることを指摘しています（一八六―一八七頁）。今まで出席したさまざまな教会でどのくらいのレベルの約束（コミットメント）を期待されていたかを述べてください。そのレベルでの約束は、あなたにどのような影響を及ぼしましたか。それよりも高いレベルの約束が真の変革につながるのを見たことがあリますか。もしあるなら、何を見たかを話し合ってください。

3　著者は真実な物語について説明しながら、こう書いています。「私は、自分が何者であるかを思い起こさせ、愛をもって見守ってくれる共同体が欲しいのです。それは慰めと訓戒の両方を提供してくれる共同体を意味していて、それによって私が自分の召命に値する人生を生きられるようにしてくれます」（一九〇頁）。このような共同体を自分のために願ったことはありますか。この考えにどのような点で引きつけられ、このようなタイプの共同体にどのような点で気が進まなくなりますか。

4　著者は日曜の朝、教会に行きたくなかったとき、最終的に自分がどのような者であるかを思い出しました。こう書いています。「私は自分がどういう者であるか知っています。私は愛され、赦され、洗われ、生き返らされ、永遠の喜びに運命づけられた者です。このときの私のように、私たちが賛美するときに、共同体は私がどういう者であるかを思い起こさせてくれます」（一九三頁）。自分の信仰共同体が自分がどのような者であるかを思い起こさせてくれたときのことを話し合ってください。

5　愛とよい行いへ向かうようにと励ましてくれる人またはグループが人生のなかにいたことがありますか。もしあるなら、何が起こったかを分かち合ってください。

6　著者は「諭すとは、ほかの人を注意したり、見守ったり、助言したりすることです」（一九九頁）と語っています。私たちが互いに諭し合うことに気が進まないのはなぜだと思いますか。

これらの事柄にはどのようにして取り組むことができるでしょうか。

7　教会内で成長する準備も意思もある一〇パーセントの人をうまく訓練すれば、その人たちは成長し、彼らの変革が他の人々のなかでの変化につながる、というダラス・ウィラードの説に賛成しますか。それはなぜですか。

みことばに取り組む（一〇―二〇分）

誰かに、テサロニケ人への手紙第一5章14節を声に出して読んでもらいます。特定の必要がある人に提供される特定の贈り物があることに注意してください。たとえば、怠惰な人は戒めを受け、小心な人には励ましが与えられています。

1　信仰共同体のなかの誰かがあなたを励ましてくれたときはありますか。説明してください。

2　誰かが人に間違った贈り物をする（たとえば、弱い人に計画を、あるいは怠惰な人に忍耐を）のを見たことがありますか。

3　私たちがある人に寄り添って歩むとき、その人が必要なものをどのようにして見分けますか。

4　今週、忍耐を実践できるような状況の具体的な例を挙げてください。

平安のうちに出ていく（五分）

誰かに、この本からの次の引用を読んでもらいます。

私は、私がすでにそうなっている自分になるようにと励ましてくれる共同体が欲しいのです。その自分とは、キリストが内住してくださって喜んでいてくださる者であり、世の光であり、地の塩であり、死にかけているこの世界に対してキリストの香りを放つ者です。私は、自分が何者であるかを思い起こさせ、愛をもって見守ってくれる共同体が欲しいのです。それは慰めと訓戒の両方を提供してくれる共同体を意味していて、それによって私が自分の召命に値する人生を生きられるようにしてくれます。（一九〇頁）

次週

次の章では、気前のよさに焦点を当てます。次週の魂を鍛えるエクササイズは、自分の時間、宝物、才能を節約することです。そうすることで、より気前よくなる余白をつくることができます。

第7章　気前のよい共同体

神に心を開く（五分）

最初に五分間沈黙します。沈黙の締めくくりに、グループのなかの誰かが、短く祈るか、メディテーション・チャイムを鳴らすか、ただアーメンと言うかしてもいいでしょう。

魂を鍛えるエクササイズ（一〇―二〇分）

もし小グループに六人以上のメンバーがいるならば、三、四人の小グループに分けます。以下の質問を使って、時間、才能、宝物を節約することによって、これらの資源について気前よくなるという経験について話し合ってください。

1　この三つの領域で節約することで、どのようなチャレンジを経験しましたか。

2　自分の余白が大きくなったことに気づきましたか。もしそうであるなら、どのように大きくなりましたか。

3　節約して余白が大きくなったことの結果として、新たにどのような点で気前よくすることができますか。

4　あなたの属している信仰共同体は、自分の時間や才能や宝物を管理することを強調していますか。その強調はあなた自身の実践にどのように影響していますか。

5　もしあなたが、自分によくしてくれた人について感謝の文章を書くという付加的なエクササイズを実行したのであれば、それをしてどのように感じたかを皆に話してください。

この章に取り組む（三〇―四〇分）

もし魂を鍛えるエクササイズについて話し合うために小グループをさらに小さく分けたのなら、この章について話し合うために再編成してもよいでしょう。時間が限られていたら、以下の質問に目を通し、特に話し合いたい質問にしるしを付けて、その質問から始めてください。

1　著者はこの章を、ホームレスの男性を夕食に連れていったときの自分の複雑な感情を語ることで始めています。困窮している人を助けた経験と、その状況から生まれた気持ちについて話し合ってください。

2　気前よくすることとの邪魔になる偽りの物語が三つあります。「天は自ら助くる者を助く」（二一六頁）。「もし与えてしまったら、私の取り分が減ってしまう」（二一七頁）。「私が持っているものは私のもので、私の楽しみのためだけに使うことができる」（二一七―二一八頁）。この三つの偽りの物語のうち、あなたの人生のなかで最も強いのはどれですか。これらの物語を信じるようになったいきさつを話してください。

3　すべては神のものであり、私はこれらの資源の管理者であるという第三の真実な物語を説明しながら、著者はこう書いています。「私たちは神の賜物の管理者であって、すべては神に属しているのです。この事実はすべてを変えます。……この根本的な変化は、私たちの日々の決断すべてに影響を与えます」（二二一－二二二頁）。二、三分間、この変化によって今までと違ってくる行動についてじっくり考えてください。日誌または本の余白に、このことを知ったことで違う形でできることを書いてください。もし構わなければ、互いに説明責任を負う方法として、小グループのなかの二、三人にあなたのメモを見せてください。

4　著者は自分の賜物を著者と共有してくれる幾人かについて語り、それらの賜物をへりくだって受け取ることを学んでいます。あなたにとって大きな祝福となっている一人また二人を挙げてください。お返しすることなくそれらの賜物を受けることはできますか。それはなぜですか。

5　気前のよい共同体になる方法は次の三つです。①与える喜びを習得すること、②余白を作る方法を習得すること、③与える方法を習得すること（二三三－二三五頁）。これらのうち、あなたの信仰共同体に最も欠けているものはどれですか。どのようにしたらその領域の知識や技能を増すことができますか。

6　死後は与えることはできず、与えることができるのは今だけ、という考えをどう思いますか。もしこの主張に同意するなら、あなたの日々の生活はどのように変わるでしょうか。

みことばに取り組む（一〇―二〇分）

誰かに、コリント人への手紙第二8章13―14節を声に出して読んでもらいます。

私は、他の人々には楽をさせ、あなたがたには苦労をさせようとしているのではなく、むしろ平等になるように図っています。今あなたがたのゆとりが彼らの不足を補うことは、いずれ彼らのゆとりがあなたがたの不足を補うことになり、そのようにして平等になるのです。

（Ⅱコリント8・13―14）

1　ほかの人のゆとりと気前よさがあなたの不足を補ってくれたのはいつですか。

2　あなたのゆとりを分かち合うことが困っているほかの人を助け、平等へと導いたのはいつですか。

平安のうちに出ていく（五分）

誰かに、この本からの次の引用を読んでもらいます。

豊富にあるという福音は神の国でしか見出すことができず、そこでは私たちはなぜか必要なものを必要なときに持つことになります。神の国は、私たちがどれだけ消費してもよい資源が無限にあるATMのようなものではありません。むしろ、神の国の方法を理解した者たちに資源を提供する自動販売機のようなものなのです。必要があって、その必要を満たすことのできる別の人がいれば、供給が底をつくことは決してないのです。（二二三—二二四頁）。

御国を捜しに出ていきましょう！

次週

次の章では、クリスチャンの共同体における礼拝の役割を考えます。次週の魂を鍛えるエクササイズは、礼拝を準備するための五つのステップです。

第8章　礼拝する共同体

神に心を開く（五分）

最初に五分間沈黙します。沈黙の締めくくりに、グループのなかの誰かが、短く祈るか、メディテーション・チャイムを鳴らすか、ただアーメンと言うかしてもいいでしょう。

魂を鍛えるエクササイズ（二〇―三〇分）

この章の魂を鍛えるエクササイズは、私たちに五つのステップを通らせました。これらのステップは、礼拝のために私たちを整え、礼拝の間集中することを助け、礼拝後に行うようにと神が召しておられることに私たちを向かわせました。もし小グループに六人以上のメンバーがいるならば、三、四人の小グループに分けます。以下の質問を使って、この五つのステップへの取り組みを省みてください。

1　余白を作り、早く到着し、聖なる期待を持って入って行くことで、礼拝に備えることができましたか。もしできたなら、これらのステップは、あなたの礼拝経験にどのような影響を与えましたか。

2　今週、礼拝のどの側面に焦点を当てましたか。そのことから何に気づき、学びましたか。

3　神がどんなことをするようにあなたを招いておられると感じましたか。それに応答する機会はありましたか。もしあったなら、結果はどうでしたか。

この章に取り組む（三〇―四〇分）

もし魂を鍛えるエクササイズについて話し合うために小グループをさらに小さく分けたのなら、

この章について話し合うために再編成してもよいでしょう。時間が限られていたら、以下の質問に目を通し、特に話し合いたい質問にしるしを付けて、その質問から始めてください。

1　著者は二つの偽りの物語と二つの真実な物語を語っています（二四五―二四九頁）。偽りの物語のどちらのほうがあなたの人生のなかで働いていますか。どのようにしてそれが分かりますか。真実な物語に賛成できますか。それはなぜですか。

2　C・S・ルイスからの引用を要約して、著者はこう書いています。「私たちは違いますが、お互いを必要としています。礼拝とはパフォーマンスの質ではなく、礼拝を捧げる者たちの心によってはかられるもので……」（二五一頁）。礼拝する共同体のなかでの違いはどのようにしてあなたにとって祝福となっていますか。あなたが属する礼拝する共同体が大切にしていることはどのようなものですか。

3　息子ジェイコブへの手紙のなかで著者は礼拝のいくつかの要素の価値と重要性を説明しています。この箇所（二五五―二六五頁）で最もあなたの助けになったのは何ですか。それはなぜですか。

4　もしさしつかえなければ、あなたの礼拝との格闘――あなたにとって礼拝を難しくしている傷や失望や幻滅や燃え尽きを話し合ってください。この分かち合いの時の締めくくりとして、お互いに、また自分が属すべき礼拝共同体を探して悪戦苦闘している誰かのために祈りましょう。

5　現代の文化では、礼拝の消費者になるのは簡単です。自分の心を探ることより礼拝を批評することに集中していることを示す徴候は何ですか。

6　二六六―二六七頁にある『ジェイバー・クロー』からの引用を読んでください。この物語はあなたの内側でどのような感情をかきたてますか。この物語は礼拝、信仰共同体、その共同体での自分の位置についての見方をどのように変えるでしょうか。

みことばに取り組む（一〇―二〇分）

誰かに、詩篇95篇1―3節を声に出して読んでもらいます。

1　この詩篇を読むとき、自分の礼拝経験について励まされますか、それともがっかりさせられますか。それはなぜですか。

2　私たちの礼拝経験が詩篇記者の経験と一致する必要があるように感じるのはなぜですか。

3　ダビデが描いているような喜びを礼拝のなかで感じたことはありますか。あなたの経験を語ってみましょう。

4　この詩篇のなかで語られているダビデの物語は、神が岩であり、主であり、すべての神々にまさる王である、というものです。素晴らしいそして美しい方というダビデの神観と、礼拝におけるダビデの応答にはどのようなつながりがありますか。

す。

平安のうちに出ていく（五分）

集まりの時間のための祝禱として、誰かに、この本からの次の引用を声に出して読んでもらいます。

キリスト教とは宗教ではなくて、神がキリストによってこの世界と和解されたというよい知らせの福音を通して人々が造り変えられていくことです。宗教とは人間が神を探し求めることですが、キリスト教とは神が人間を探し求めておられることです。私たちは礼拝しているというよりは、応答しているのです。「キリストを通して、聖霊において、私たちは父なる神の愛に応答します。それこそがキリスト教礼拝の基礎となる型です」（二四九頁）

次週

この本の最後の章は、魂を形づくるプランを立てるための手引きです。次週の集まりでは、小グループで魂を鍛えるプランについてじっくり考え、できればグループ全体のための魂を形づくるプランを作成します。

第9章　魂を鍛えるプランを書く

今回の集まりは、小グループ全体のルールを作り出す指針を提供するだけでなく、メンバーそれぞれのルールへの取り組みをグループのなかで吟味する助けとなることを意図しています。

神に心を開く

最初に五分間沈黙し、そのあと、あなたのグループが共有してきた旅路を感謝して短く祈ります。

この章に取り組む

以下の質問を活用して、あなたの個人的ルールを作り出すプロセスを吟味し、小グループのほかの人から学んでください。

1　魂を鍛えるエクササイズから自分のルールの基礎をなすものを選び出すプロセスについて話し合ってください。そのリストを作る際に、何が簡単で、何が難しかったでしょうか。

2　魂を鍛える戦略を作り出すなかで第二のステップは、「弟子シリーズ」にはないエクササイズを付け加えることです。他のどのようなエクササイズをリストに付け加えましたか。あなたの選んだもののどれかに驚いたことはありますか。

3　あなたの霊的訓練のリストを最初に見たとき、バランスの悪いところはありましたか。継続できるようにするために、何かを減らさなければなりませんでしたか。

4　今週自分のルールに従ったとき、それは神との関係にどのような影響を及ぼしましたか。

5　自分のルールを書く前は、日々の、また週ごとの神との相互関係はどのようなものであったか話してください。あなたの霊的旅路において、何が豊かな恵みとなることであり、何が困難なことでしたか。あなたのルールはどのようにこれらの強さ・弱さに向き合うものとなりますか。

グループ全体として、著者の提案に従ってグループのルールを作り出すかどうかをまず決める必要があります。グループのルールを構成する霊的実践一つ一つを守るために、いつもみんなで集まる必要はないということをはっきりさせておくことは助けになるでしょう。グループのルールを作ると決めた場合に、従うべきステップと、考慮すべきポイントをここにあげておきます。

1　グループの一人一人に、リストのなかから、自分にとって特別意味がある訓練を一つ紙に書いてもらいます。ほかの人にも同時にこの訓練に関わってもらうと助けになるかどうかも考えてもらっていいかもしれません。

2　紙に書いたリストを比較します。

3　それぞれの訓練をどれくらいの頻度で守るかを決めます。このことに関しては神の恵みを考慮しましょう。ある人は一日二時間の沈黙をするスケジュールを組んでいるかもしれませんし、ほかの人は五分間を確保するために格闘しているかもしれません。訓練と格闘している人の支えとなるようにルールを計画してください。より多くのことができる人は、自分自身のためにそうできるはずです。

4　リストが完成したら、バランスと達成可能であるかをチェックしましょう。明らかに欠けているものはありませんか。神を愛するためのエクササイズと、自己を愛するためのエクササイズ、隣人を愛するためのエクササイズの間のバランスは取れていますか。必要な調整を行ってください。

5　グループの各メンバーは、ルールと、それを守るためのスケジュールを書いてください。また、メンバーにとって、ルールをノートカードに書いて持ち歩けるようにすることは役に立つでしょう。

その他考慮すべきこと

- 互いに励まし支え合うためにいつ再び集まるかを決める（二―四週間ごとがいいでしょう）。
- Eメールやブログその他を通して、集まりと集まりの間に互いに連絡し合う方法を確保しておく。その連絡手段を用いて、訓練について話し合うだけではなく、祈りの課題や、神があなたの人生でどのように働いておられるか見せていただいたことも共有すること。

今後の集まり

小グループで集まって、グループのルールについて、また神がメンバーの生活のなかでどのように働いておられるかについてじっくり考えるとき、以下のおおよその手順を用いてください。

神に心を開く

最初に五分間沈黙し、そのあと、始まりの祈りを捧げるか、メディテーション・チャイムを鳴らすか、ただアーメンと言います。

グループのための糾明の質問

1　前回会ってから、どの古い偽りの物語で葛藤していましたか。
2　前回の集まり以来、どの真実な物語がより力強くなっている、あるいははっきりしてきていますか。
3　あなたのルールにうまく取り組めていますか。
4　ルールを実践することを通して神は何を教えてくださっていますか。
5　このグループからどのようにして支援と励ましを受けることができますか。

見直し

グループのルールを見直して、グループとしての旅路とつながりがないように思われる訓練を取り去ります（ただし、個々人はこれらをまだ実践することができるということを覚えておいてください）。付け加えるべき訓練はありますか。このようにして新しいルールを作成し、再び集まるときまで用います。

平安のうちに出ていく

聖書を一節読むか、役に立つ引用を読むか、あるいは主の祈りを唱えて集まりを締めくくります。

原注

序章

（1） Eugene Peterson, *Living the Message: Daily Help for Living the God-Centered Life* (San Francisco: HarperSanFrancisco, 1996), p. 5. 弟子仲間の一人であるデニス・スタイナッカーが、一番最初にこの引用文献を教えてくれた。

（2） 二〇一〇年一月二十八日フレンズ大学チャペルでトニー・カンポロが行った講演から引用。

第1章　変わった共同体

（1） アテナゴラスの言葉とされる。Athenagoras, *Epistle to Diognetus*, in *Early Christian Writings* (London: Penguin, 1968), pp. 244-45. 〔邦訳としては「ディオグネートスへの手紙」佐竹明 訳（『使徒教父文書』荒井献 編、講談社文芸文庫、一九九八年所収）など〕

（2） Rodney Stark, *The Rise of Christianity* (San Francisco: Harper- One, 1996), p. 7. 私がスターク氏のことを「世俗の」歴史家と述べたのは、その本を執筆したとき、彼は信仰を実践しているクリスチャンではなかったからである。ただしこの状況は変化したと最近聞かされた。「世俗の」と書くのは、クリスチャンが持ち出す統計は疑わしい場合が少なくないからである。スターク氏が信仰的立場から書いているのではないと述べておくことは、彼が数字を水増ししていないことを示す助けになる。

（3） 二〇〇九年七月三日のテレビ番組「ビル・モイヤーズ・ジャーナル」でのコーネル・ウェスト。ウェスト博士は他の教授二人と並んで登場し、二〇〇八－二〇〇九年の金融危機の神学的意味について論じた。

（4） Cornel West, *Hope on a Tightrope* (New York: Smiley, 2008), pp. 9-10.

第2章　希望に満ちた共同体

（1）N. T. Wright, *Colossians and Philemon*, Tyndale New Testament Commentary (Downers Grove, Ill.: InterVarsity Press, 1986), p. 56.〔邦訳としてはN・T・ライト『コロサイ人への手紙、ピリピ人への手紙』岩上真歩子 訳（いのちのことば社、二〇〇八年）〕

（2）John D. Zizioulas, *Being as Communion* (Crestwood, N.Y.: St. Vladimir's Seminary Press, 1977), p. 59.

（3）N. T. Wright, *Surprised by Hope* (San Francisco: HarperOne, 2008), pp. 269-70.

（4）Ibid., p. 270.

（5）Walter Brueggemann, *Biblical Perspectives on Evangelism* (Nashville: Abingdon, 1993), p. 41.

（6）Stanley Hauerwas, *The Peaceable Kingdom* (Notre Dame, Ind.: University of Notre Dame Press, 1983), p. 94.〔邦訳としてはスタンリー・ハワーワス『平和を可能にする神の国』東方敬信 訳（新教出版社、一九九二年）〕

（7）Ibid., p. 116.

（8）これは、トム・アルビンによる初期メソジストについての研究から来ている。アルビンは、人々が最初にメソジストの集まりに来る（神とのより深い生活を求める思いに明らかに目覚めて）時間枠と、「回心」を経験する日付とを研究した。最初の問い合わせから回心までの平均期間は二十八か月であった。Scott J. Jones, *The Evangelistic Love of God and Neighbor* (Nashville: Abingdon, 2003), p. 90 参照。一次資料は Tom Albin, "An Empirical Study of Early Methodist Spirituality," in *Wesleyan Theology Today: A Bicentennial Theological Consultation*, ed. Theodore Runyan (Nashville: Kingswood Books, 1985), p. 278.

第3章　仕える共同体

（1）Eugene Peterson, *Living the Message: Daily Help for Living the God-Centered Life* (San Francisco: HarperSanFrancisco, 2007), p. 5.

(2) Macrina Wiederkehr, *Seasons of Your Heart* (San Francisco: HarperOne, 1991), p. 71.

第4章　キリスト中心の共同体

(1) Stanley Hauerwas, *The Peaceable Kingdom* (Notre Dame, Ind.: University of Notre Dame Press, 1983), p. 91.

(2) 教会で最も広く用いられている信条は、使徒信条とニカイア信条である。初期の数世紀に教会指導者たちがクリスチャンの基本的な信条を定義しようと努力して作成した。

(3) この句の起源と著者に関して学者たちの意見は一致しない。この句はもともとラテン語では "In necessariis unitas, in non-necessariis [または dubiis] libertas, in utrisque (または omnibus) caritas." となっていた。

(4) Serene Jones. Miroslav Volf, *Exclusion and Embrace* (Nashville: Abingdon, 1996), p. 176 に引用。

(5) N. T. Wright, *Colossians and Philemon*, Tyndale New Testament Commentary (Downers Grove, Ill.: InterVarsity Press, 1986), p. 144.

(6) Richard J. Foster, *Streams of Living Water* (San Francisco: HarperSanFrancisco, 1998), pp. 273-74.

(7) John Wesley, "The Catholic Spirit," sermon 39. <www.ccel.org/w/wesley/sermons/sermons-html/ serm-039.html>で入手できる。

第5章　赦し合う共同体

(1) スタンは私の教え子だった。スタンの物語は一九九五年の拙著『神の愛を抱きしめて』(*Embracing the Love of God*) に初めて記した。今回と同じくそのときも、スタンは彼の物語を語ることを許可し、励ましてくれさえした。それをもう一度語る理由は二つある。第一に、私がこの物語を理解するには長い年月がかかり、今になって初めて、物語とエクササイズと共同体の重要性に気づくことで、スタンがどのようにして変えられたかを理解できたからである。第二に、あのとき以来起こったいくつかのことが彼の物語の持つ力をさらに強めているので、そのことを他の人々に伝えたいと思うからである。

(2) この表現は、著作家でありラジオ講師であるボブ・ジョージから恩恵を受けている。彼はこの表現をどこか別のところから得たのかもしれないが、別のところに私は心当たりがない。この概念を非常に明確に、そして私の魂に大いに益となるように説明してくれたのは、ボブが初めてである。

(3) R. T. France, *The Gospel of Matthew*, New International Commentary on the New Testament (Grand Rapids: Eerdmans, 2007), p. 707.

(4) Joachim Jeremias, *The Parables of Jesus* (Upper Saddle River, N.J.: Prentice-Hall, 1963), p. 213.

(5) L. Gregory Jones, *Embodying Forgiveness* (Grand Rapids: Eerdmans, 1995), p. 166.

(6) N. T. Wright, *Colossians and Philemon*, Tyndale New Testament Commentary (Downers Grove, Ill.: InterVarsity Press, 1986), p. 147.

(7) Miroslav Volf, *Free of Charge: Giving and Forgiving in a Culture Stripped of Grace* (Grand Rapids: Zondervan, 2005), p. 200.

(8) Jones, *Embodying Forgiveness*, p. 176.

第6章　励ます共同体

(1) この物語は www.claypot.co.za で見ることができる。

(2) Fanny J. Crosby, "Blessed Assurance" (1873).〔讃美歌（一九五四年版）五二九番、聖歌二三二番、新聖歌二六六番、教会福音讃美歌三〇七番、の原詞〕.

(3) John Wesley, *The Works of John Wesley*, vol. 21, *Journal and Diaries IV*, ed. Reginald Ward and Richard Heitzenrater (Nashville: Abingdon, 1992), p. 424.

第7章　気前のよい共同体

(1) 二〇〇九年秋の、マット・ジョンソンと筆者との個人的なやり取り。マットはカンザス州ウィチタの牧師で、弟子ミニストリーにおける私の同労者である。

(2) Dallas Willard, *The Spirit of the Disciplines* (San Francisco: Harper & Row, 1988), pp. 194, 199.

(3) Shane Claiborne. *School(s) for Conversion: 12 Marks of a New Monasticism*, ed. the Rutba House (Eugene, Ore.: Cascade Books, 2005), p. 32 に引用。

(4) David Wann, *Simple Prosperity* (New York: St. Martin's Griffin, 2007), p. 61 参照。

(5) Richard Foster, *Celebration of Discipline* (San Francisco: Harper & Row, 1978), p. 119.〔邦訳としてはリチャード・J・フォスター『スピリチュアリティ　成長への道』中島修平 訳（日本キリスト教団出版局、二〇〇六年）〕

(6) Willard, *The Spirit of the Disciplines*, p. 168.

(7) 天では気前よくすることができるようになると、私は信じている。天では、たとえば金銭はないと思うが時間はあると信じているし、それぞれの人が固有の自己を持つのではないかと思っている。そのことは他の人々の祝福となりうるであろう。要するに、地上で私たちが自らの資源を与える方法はいつか終わりを迎えるので、与えることができるうちに与えることがより重要になるのである。

第8章　礼拝する共同体

(1) J. D. Crichton, "A Theology of Worship," in T*he Study of Liturgy*, ed. Cheslyn Jones et al. (London: Oxford University Press, 1992), p. 11.

(2) C. S. Lewis, *Letters of C. S. Lewis*, ed. W. H. Lewis (New York: Harcourt Brace Jovanovich, 1966), p. 224.

(3) James K. A. Smith, *Desiring the Kingdom* (Grand Rapids: Baker Academic, 2009), p. 153.

(4) Wendell Berry, *Jayber Crow* (New York: Counterpoint, 2000), pp. 164-65.

(5) Richard J. Foster, *Celebration of Discipline* (San Francisco: Harper & Row, 1978), p. 140.

(6) Ibid., p. 142.

(7) Ibid., p. 148.

謝辞

この本、それから「イエスの弟子シリーズ」の全巻は、ダラス・ウィラードがいなければ存在しなかったでしょう。ダラスはイエスの本当の弟子として、生きた模範であり、数えきれない仕方で私を鼓舞《こぶ》してくれました。ダラスの描いた「キリストに似た者になるためのカリキュラム」の青写真が、このシリーズの枠組みとなっています。ダラスの人生とその著作が私の魂に与えた影響は、計り知ることができません。

これらの本はまた、リチャード・J・フォスターがいなければ書かれなかったでしょう。二十五年以上ものあいだ、リチャードはいのちと知恵とを私に注いでくれたからです。リチャードのように聡明《そうめい》で信頼できる先生を誰《だれ》もが持つべきです――その点で私はとても感謝しています。ありがとうございます、リチャード先生。私のなかに信頼に足るものを見出し、それに賭《か》けてくれたのはあなたでした。

最も大きな犠牲を払ってくれた人物は、素晴らしく・美しく・楽しく、そしてとても忍耐強い妻メガン・スミスです。何か月もの間、妻は「作家のやもめ」のような暮らしを耐え忍んだのですが、一言も不平を言いませんでした。ありがとう、メガン。私にとってこのシリーズがどれほど大切なのかを理解し、その行程のすべてにおいて支え励ましてくれて。またこのあいだ、教材を編集してくれたことも感謝します。私の人生すべてがよくなっているのは、あなたのおかげです。私は今でも、あなたにはっとさせられます。

息子のジェイコブと娘のホープも、父さんが執筆に取り組んでいるあいだ、多くのことを我慢してくれました。きみたちのことを書かせてくれてありがとう。また父さんがこの教材を何度も書き直し、編集し、教えていたこの数年間、ずっと支えてくれてありがとう。父さんがほかの人たちと過ごしていた時間は、きみたちから取り上げた時間だったことは分かっているよ。これからは頑張ってその埋め合わせをするからね！

以前は生徒でしたが今は同僚となっている四人の人にも感謝を表したいと思います。この四人からも多大な励ましと援助を受けました。そのうちの二人は「雷の子」で、その片方のパトリック・セル、私に情け容赦のない援助を与え、この教材に愛情を注いでくれてありがとう。もう片方のC・J・フォックスもありがとう。あなたは誠実と情熱との模範ともいえる存在でした。あとの二人は「賢いホビット〔イギリスの作家J・R・R・トールキン著『ホビットの冒険』に登場する小人〕」で、その片方はマット・ジョンソン、あなたの静かな確信、王なるお方と王国とに対する献身、そしてあのパチョリの香りを感謝します。もう片方のジミー・テーラーもありがとう。あなたの独創性と深い思慮、イエスに対するひたむきな愛を感謝します。この四人の青年は世界を変革することになるでしょう。

フレンズ大学の同僚のうち、この二人に謝意を表したいと思います。二人とも「イエスの弟子シリーズ」の原稿を読んで、役に立つ提案をたくさんしてくれ、いくつかの誤謬《ごびゅう》から私を救い出してくれたからです。スタン・ハースタイン博士は聖書に精通し、ダーシー・ゼーベル博士は文学的な技巧に長《た》けていました。

迷路のような出版界において、私の代理人となり案内人となってくれたキャシー・ヘルマーズにはたいへんお世話になりました。私と同じようにキャシーはこのシリーズに対して愛情を抱き、よい形に仕上げ、そしてふさわしい出版社を見つけてくれました。キャシー、あなたはまさに適材適所の人材であり、あなたと一緒に働けて幸運でした。

インターバーシティー出版のジェフ・クロスビーとシンディー・バンチに感謝します。初めて会ったその瞬間に、優秀な方々だと分かりました。お二人には驚くほどの技量と、良書を出版したいという情熱とがあります。またこのシリーズがどのようなものであり、どのようなものになりうるかについて明確な見通しを持っています。お二人と一緒に働けることは祝福です。

隠れたところで貢献してくれた他の人々にも感謝したいと思います。

ボブ・キャスパー。あなたは私とこれらの書物を信じ、また明晰《めいせき》な頭脳の持ち主でした。

ジェフ・ガノン。あなたは私の牧師かつ友人であり、神の国のために働く同労者でもあります。

ライル・スミスグレービール。あなたは「イエスの弟子シリーズ」を一度も疑ったことがありませんでした。

ヴィッキーとスコット・プライス夫妻。あなたがたは私を愛し、このシリーズを信じてくれました。

アシュリー・ブルックス。あなたは作業が終わるように励まし、補助してくれました。

また、ウィチタ市のチャペルヒル合同メソジスト教会の皆さんと牧師たち、本当にありがとうございました。皆さんは本シリーズのアイディアを学んで実践し、私も皆さんの経験や洞察から学ばせてもらいました。皆さんの存在が、本シリーズのどのページにも流れています。

最後に、エイス・デイ・ブックスのウォレン・ファーハに感謝したいと思います。読んで研究するのにまさにふさわしい本を見つけるのを手伝ってくれました。この世で彼ほどよい「読書家」はおらず、ここほど優れた「書店」はありません。

訳者あとがき

昨年の五月に次女の神学校卒業式に出席するために渡米した際に、著者のジェームズ・ブライアン・スミス氏を訪ねることができました。カンザス州ウィチタにあるフレンズ大学の先生のオフィスに夫と二人で伺うと、先生は温かく迎えてくれました。夫の牧会している高座教会で、先生の本を訳して「エクササイズ」に取り組んでいることなどを話し、霊的形成の大切さや、霊的形成への関心が高まっていることを話すと、先生は夫のことをこの分野での日本のパイオニアだと呼んで励ましてくれました（夫はそうではないと申していましたが）。また、先生の書棚にはこの三巻本がポルトガル語、フランス語、韓国語、中国語に訳されて本として並べてあり、世界中で読まれていることが分かり、とても嬉しくなりました。

三巻目のこの本は、とくに共同体として教会がどのように私たちの信仰を現していくかを扱っています。

第3章の「仕える共同体」の冒頭に出てくる、委員会のなかでこそその人が弟子として成長しているかが現れるという話は、初めは驚きました。けれども、私たちの大切にしていることが私たちの言葉のなかに現れること、私たちに刷り込まれているこの世の価値観（競争の論理）で物事をとらえようとすることから、神の国の価値観（私は神の子で、神の国に生きている）で判断するように変えられることの大切さを教えられました。

第6章の「励ます共同体」に出てくる、教会という器のなかに、キリストという宝がどのように入っているか、クレイポット教会の割った壺をもう一度くっつけて、そのなかに光を入れて教会を現している話も、とても興味深かったです。そして、私たちには耳慣れない「説明責任の関係」を負う信仰の友を持つことをここでは勧めています。これは、私たちの高座教会ではバルナバ・ミニストリー（クリスチャン・コーチングの関係）や今回のエクササイズのときに分級に分かれる四〜五人の小グループがそのような機能をいくらか果たしていると思いました。

第7章の「気前のよい共同体」にある時間や才能や宝物に余白を持つという考え方も、忙しく追い立てられるように生活している私にとってはとても新鮮で、今も日常生活で活用できていることの一つです。余白という言葉は第一巻でも出てきましたが、一日のうちに余白の時間を意識的にとることで、立ち止まってリセットし、上を見上げることで、焦ったりイライラすることから守られています。「充分にあるという神学（A Theology of Enough）」という考え方も、これからもっと紹介されていくものだと思います。

第8章の「礼拝する共同体」にある、十八歳から三十歳の教会から失われた世代を長期休暇（サバティカル）に入っていると表現する若者への見方はとても温かく、我が家の四人の子ども（と言うよりもう大人ですが）も、ちょうどこの年齢でしたので、その大らかな見方にとても励まされ、心が温かくなりました。「私は神の素晴らしさを信じていますし、神は何年にもわたってご自身をジェイクに示してくださいました」という著者の言葉は本当に慰めに満ちています。私たちがイエスの知っておられる父なる神を知れば知るほど、私たちの心は内側から変えられていき、私たちの神観も変えられていきます。息子のジェイコブに対する手紙形式での説明は、特に最後の部分が圧巻でした。

最後の章、第9章では、自分のオリジナルな「魂を鍛えるエクササイズ」のプランを立てます。それは、神・自分・隣人を愛するためのエクササイズのリストからいくつか取り入れ、さらにそのリストに載っていない自分がリフレッシュできて充実した思いになることも加えることを勧めています。これはとても斬新で、やりたくなるエクササイズだと思いました。ちなみに私は「映画を月に一回観ること」を入れました。

著者を真ん中に、訳者夫妻

昨年から私たちの教会でこの三冊目に取り組み、私は毎月一章ずつ資料を教会員に渡していたのですが、それはさまざまの事情から、とても骨の折れる作業となりました。けれども、夫が教えている聖契神学校の牧会学の学生が、三十週間『エクササイズ』の課題に意欲的に取り組み、本書の翻訳が完成するのを心待ちにしてくれたことで、私は大いに励まされました。

第一巻の睡眠（神に委ねること）の「魂を鍛えるエクササイズ」で始まったこの『エクササイズ』三冊が、日本のクリスチャンの霊的形成に役立つことを心から願っています。

最後になりましたが、訳語と神学的なアドバイスをしてくれた夫、またさまざまなフィードバックと祈りで支えてくれた居垣章子姉と高座教会の皆さん、日本語を読みやすく直してくれた瀬底正博兄といのちのことば社の方々、そして完成まで導いてくださった神さまに心より感謝したいと思います。

二〇一八年七月

松本徳子

松本徳子（まつもと・のりこ）

1958年に東京で生まれる。

1982年、国際基督教大学卒業。

1984年に結婚し、夫はカンバーランド長老キリスト教会高座教会担任牧師。

二男二女の母。

訳書にビル・ダナヒュー、ラス・ロビンソン共著『小グループで教会は変わる』（福音社）、ビル・ハイベルズ著『リーダーシップを育てる76の知恵』、ゲーリー・L・マッキントッシュ、サミュエル・D・ライマ共著『リーダーシップのダークサイド――心の闇をどう克服するか』、ジェームズ・ブライアン・スミス著『エクササイズII――神の国の生き方を身につける』（以上、いのちのことば社）がある。

エクササイズIII
――ともに神の愛に生きる

2018年9月1日発行
オンデマンド
2023年7月20日発行

著　者　ジェームズ・ブライアン・スミス
訳　者　松本徳子

印刷製本　㈱デジタルパブリッシングサービス
発　行　いのちのことば社
〒164-0001 東京都中野区中野2-1-5
電話 03-5341-6923（編集）
03-5341-6920（営業）
FAX 03-5341-6921
e-mail: support@wlpm.or.jp
http://www.wlpm.or.jp/

ISBN978-4-264-04315-7